★ 京津冀协同与创新驱动发展研究

# 论津问津

## 天津发展的战略思考与对策

唐家龙◎著

知识产权出版社

全国百佳图书出版单位

**图书在版编目（CIP）数据**

论津问津：天津发展的战略思考与对策/唐家龙著．—北京：知识产权出版社，2018.5
ISBN 978-7-5130-5515-4

Ⅰ.①论…　Ⅱ.①唐…　Ⅲ.①区域经济发展—研究—天津 ②社会发展—研究—天津
Ⅳ.①F127.21

中国版本图书馆 CIP 数据核字（2018）第 066992 号

**内容提要**

2006 年，天津滨海新区进入国家战略，被赋予综合配套改革的历史性重任，被誉为中国经济的第三个增长极，国家给了天津一个历史性的发展机遇。2017 年，雄安新区横空出世，千年大计畔侧津沽。

本书从一个战略研究者的视角，对天津的经济发展、京津冀与天津、产业体系、科技创新、人才开发五个方面做了阐述。探源天津发展之谜，战略格局、市场理念和京津关系始终是天津避不开的重大议题。三者在天津的发展历程中交织，使得天津自改革开放以来经济发展起起伏伏。中国进入了新时代，天津须有新作为。全书提出，天津要以融入国家战略、融入世界发展大格局的高度，聚焦产业创新中心定位，着力顶尖平台建设、顶尖机构打造、顶尖人才集聚、顶尖环境塑造，铸就一个创业家、研发人、投资者耦合的复合网络体系，用新经济、新动能替换掉落后的老旧重产业，将"居京冀之中"优势转化为自身发展优势，建设一个充满创新力、竞争力、影响力的国际化天津。

责任编辑：黄清明　韩　冰　　　　　责任校对：谷　洋
封面设计：邵建文　　　　　　　　　责任出版：刘译文

论津问津：天津发展的战略思考与对策
唐家龙　著

| | | | |
|---|---|---|---|
| 出版发行 | 知识产权出版社 有限责任公司 | 网　　址 | http://www.ipph.cn |
| 社　　址 | 北京市海淀区气象路 50 号院 | 邮　　编 | 100081 |
| 责编电话 | 010-82000860 转 8117 | 责编邮箱 | hqm@cnipr.com |
| 发行电话 | 010-82000860 转 8101/8102 | 发行传真 | 010-82000893/82005070/82000270 |
| 印　　刷 | 北京嘉恒彩色印刷有限责任公司 | 经　　销 | 各大网上书店、新华书店及相关专业书店 |
| 开　　本 | 787mm×1092mm 1/16 | 印　　张 | 18.5 |
| 版　　次 | 2018 年 5 月第 1 版 | 印　　次 | 2018 年 5 月第 1 次印刷 |
| 字　　数 | 315 千字 | 定　　价 | 69.00 元 |
| ISBN 978-7-5130-5515-4 | | | |

# 序 言
## FOREWORD

　　家龙发微信，要我给写个序。一开始，我并未答应，觉得自己虽然研究天津发展，特别是研究天津科技发展与创新超过 30 年了，但天津与整个国家一样，现代化的过程是迅速而复杂多变的，我对许多问题并没有清晰的认知，自己思想观念甚至跟不上转型的实践发展进程，这也正是做战略决策与资政研究的困难所在。既然如此，我有什么资格评说别人的多年艰辛思考的资政之成果呢？但毕竟，我和家龙合作共事十几年，这本著作绝大部分内容又是在这段时期对天津发展的深度思考，是天津改革开放事业的见证，是天津科技创新事业的见证，也是我们共同为科学学事业奉献知识智慧的见证，所以便斗胆写下这点文字。

　　首先，我觉得把天津作为一个样本，从经济发展、产业体系、区域协同、科技创新、人才开发等全方位记录一个战略研究人员长期、系统的思考，不仅对天津自身进一步深化改革开放和加快转型发展具有多方面的价值，对其他地区也具有可借鉴的意义。改革开放以来，天津的发展也可以算作全国的一个典型案例，与其他省市有许多共性。例如，天津是我国率先开放的沿海地区，靠"三来一补"的加工制造逐步得到发展，但在向内生发展动力转换中却变得不适应起来；又如，在京津冀协同发展上升为国家区域发展重大战略后，如何在协同发展体制机制上主动作为，有更大突破等。这些问题，天津视为至关重要的环节，其他地区同样十分关注，本书对这样的问题的研究，在多方面有作者独到的见解。

　　其次，研究一个区域或城市的发展问题，不论是经济转型发展问题，还是创新发展问题，或是更为根本的人才资本问题，都需要更为广阔的视野。天津的问题既是天津自身的问题，又不仅仅是天津的问题。所以，研究天津的发展，就必须研究天津与北京的关系，就需要把天津放在京津冀的区域大格局中，放在"三北"（华北、东北、西北）中去思考，放在东北亚乃至全球经济大环境大背景之下去考量。同时，研究提出一个重要的决策事项，还需要学习借鉴国内外成功的经验。作者曾经先后在我国香港、澳大利亚、美国或攻读学位，或进修学习，具有国际化的背景与视野。所以，本书以比较研究见长，以较宽广的视角见长。

最后，做战略研究，提出资政见解，面对的是一个个极其复杂的多目标决策问题，牵涉多学科、多领域、多部门、多因素，所以，任何这样的决策课题，既需要具有较为宽广的知识面，又需要专业化的深入分析论证。本书的许多问题涉及不少课题研究成果，作者并未将课题研究的细节全部展示出来。但作者由于具有经济学博士的专业素养和长期的人力资本专业积累，所以能够驾驭一些复杂决策课题的研究。

2018 年，恰逢中国改革开放 40 周年，本书内容涉及最近十多年天津发展的一些重要问题，是天津乃至中国改革开放 40 年来经济、科技发展的重要内容。本书的出版，对于总结回顾过去、把握现在、洞察未来，无疑是一件及时和有意义的事情。

李春成

天津市科学学研究所所长

2018 年 3 月 19 日

# 前　言

　　天津，在中国的近现代史上是一个响当当的名字。自清末民初以来，到新中国成立后，到 1978 年改革开放，到 2006 年滨海新区开发开放，到 2013 年京津冀协同发展成为国家战略，再到当前雄安新区千年大计，天津的发展经历可谓波折起伏。在改革开放进入第 40 个年头，在中国特色社会主义进入新时代的今天，天津，你要去向哪里？这是天津的命运，也是身在天津的天津人的命运。

　　本书将笔者过去十五六年来从事科技战略研究咨询的一些成果汇集成册，以期给读者分享一些关于地区发展的陋识浅见。笔者将其大致分为五个篇目：

　　第 1 篇针对天津的经济发展。主要研究分析了天津自新中国成立后经济发展从衰落到再兴的过程。在这个过程中，天津与北京、上海相比，大大的落后了。主要的原因在于思维观念的落后，在于对待京津关系、改革开放、域内发展、国际化等十大方面存在不足。天津需要主动融入全球发展的大格局，融入京津世界级城市群的发展中，凝练好自身的发展目标，做好品牌化、智慧化和绿色化发展，从物质资本、人力资本、技术进步等供给侧革故鼎新，寻觅天津的世界，成为世界的天津。

　　第 2 篇针对京津冀中的天津。京津冀协同发展是重大国家战略，雄安新区横空出世，天津怎么办？笔者做了一些浅陋的思考。京津冀三地曾经浑然一体，地缘近而人缘亲，但在北京巨大的政治光环下，津冀成为依附。在当前阶段，天津要充分利用"比京不足、比冀有余"的居中优势，增强并发挥在综合交通、产业空间、户籍与教育等方面的优势，深度融入京津冀创新圈，大胆实施走进雄安新区战略，走出去，引进来，做好京津冀创新共同体的园区建设和融合，实现产业协同、分配协同、区域协同，为京津冀协同发展提供坚定支撑。

第3篇针对天津的产业体系。天津是传统的工业城市，工业结构偏重偏旧。面向新经济、新技术、新模式时，存在着新兴领军企业和人才不足、转身慢、投入少等现实问题。需要借鉴发达国家产业更替演进的先进经验，着力加强供给侧结构性改革，依靠科技进步扩大生产可能性的边界，依靠技术效率提升生产潜能，将产业创新、金融创新、科技体制改革等融入产业现代化的进程中，大力推进战略性新兴产业的发展，构建具有先进性、持续性的产业体系。尤其要将关键产业技术的研发与先进的制造结合起来，做到微笑曲线和武藏曲线双结合，做实做优天津的先进制造，实现天津经济向高质量的发展转变。

第4篇针对天津的科技创新。创新驱动发展是国家战略。地方科技只有更好地融入国家科技布局，才能取得和形成更好的发展优势和能力。依托天津雄厚的制造业优势，抢抓全国产业创新中心定位，是天津科技创新的重要方向。借鉴美国西南研究院、我国香港建设研发中心的经验，通过使用外包思维，充分利用海内外研发资源，面向国家战略需求、天津城市定位，大手笔推进建设一批顶级的产业科研平台，吸纳集聚一批顶级的科技人才，形成一批顶级科技企业和产品品牌，打造一个国际一流的创新创业环境，营造一个创业投资、研发、产业化的复合创新网络，将是天津科技创新的重要选项和努力方向。唯活力，新天津。

第5篇针对天津的人才开发。波特提出了国家发展的阶段理论，却忘记了国家竞争力变迁的根本动力——人。天津当前面临着高层次人才和创业人才严重落后于粤、浙、苏、京等省市的局面。需要着力构建具有国际竞争优势的人才制度，解决人才开发国际化、市场化、职业化的接轨问题，解决人才的薪酬待遇、发展空间、职级待遇等内在激励问题。需要通过加大对人才开发的投入力度，聚焦重点学科和产业领域，以体系化的政策扶持手段，发挥用人主体的自主性，着力聚集和培养创业型人才、投资型人才、研发型人才和技能型人才，为天津产业创新中心建设提供强有力的智力支撑。

以上是笔者对本书的梳理。书中内容有不妥和错漏之处，敬请各位专家、领导和读者朋友批评指正。

# 目　录

CONTENTS

## 第1篇　论天津的经济发展

**第1章　对新中国成立以来天津经济落后的解释与思考** …………………… 3

　1.1　引言／3

　1.2　天津建卫以来的发展轨迹／4

　1.3　新中国成立以来天津经济相对落后的表现／5

　1.4　对新中国成立以来天津经济落后的解释／9

　1.5　简要结语／13

**第2章　京津沪经济发展的比较研究及对天津的启示** ………………… 14

　2.1　京津沪三地经济发展比较研究／14

　2.2　京津沪地区生产率差距比较／16

　2.3　天津经济未来发展的着力点／17

**第3章　天津经济发展需要面对的十大关系** ………………………… 19

　3.1　引言／19

　3.2　影响天津经济发展的十大重要关系／19

　3.3　简要结语／28

**第4章　天津——迈向 2025 年世界级城市** ………………………… 30

　4.1　城市在世界经济版图中的地位和作用／30

　4.2　下一轮中国经济的增长驱动力／34

　4.3　对天津建设世界城市的几点思考与建议／35

I

# 第2篇　论京津冀中的天津

**第5章　京津冀创新圈** ⋯⋯⋯⋯⋯⋯⋯⋯⋯⋯⋯⋯⋯⋯⋯⋯⋯⋯ 39

5.1　区域创新圈的概念与组织特征／39

5.2　构建"京津冀区域创新圈"的基础与需求／40

5.3　国内外重点区域创新合作的经验与启示／41

5.4　构建京津冀创新圈的思考与建议／43

**第6章　日本建设国家战略特区的构想及其启示** ⋯⋯⋯⋯⋯⋯ 47

6.1　日本创建国家战略特区的基本构想／47

6.2　日本国家战略特区建设面临的问题／48

6.3　日本国家战略特区建设对中国和天津的启示／49

**第7章　京津冀协同发展中的天津优势与对策** ⋯⋯⋯⋯⋯⋯⋯ 51

7.1　问题的提出／51

7.2　京津冀竞合的文献简述／52

7.3　对京津冀协同发展战略意义的再认识／54

7.4　天津在京津冀协同发展中的六大优势／57

7.5　实现天津在京津冀协同中高水平发展的对策建议／59

**第8章　京津冀协同发展进展、问题与对策** ⋯⋯⋯⋯⋯⋯⋯⋯ 63

8.1　研究问题与背景／63

8.2　京津冀三地协同发展的进展和事实／65

8.3　深入推进京津冀协同发展的对策建议／74

**第9章　实施走进雄安战略** ⋯⋯⋯⋯⋯⋯⋯⋯⋯⋯⋯⋯⋯⋯⋯⋯ 78

9.1　深刻认识天津与雄安新区的新关系／78

9.2　明确雄安新区定位与需求，找准协同发展的切入点／80

9.3　发挥多重优势，在雄安新区建设中扮演重要角色／81

9.4　加强联动，天津与雄安新区协同发展的路径与措施／83

## 第 3 篇　论天津的产业体系

**第 10 章　现代化与现代产业体系** ························· 89

　　10.1　现代化与经济现代化 / 89

　　10.2　现代产业体系的内涵与特征 / 95

**第 11 章　现代产业体系演进的美国经验** ················· 102

　　11.1　美国产业结构演进历程与产业发展 / 102

　　11.2　三次产业发展情况 / 103

　　11.3　三次产业内部结构变化情况 / 106

　　11.4　产业结构演进与劳动力收入分配 / 113

　　11.5　结论与启示 / 116

**第 12 章　中国省际生产率增长的实证分析（1995—2006）** ········· 120

　　12.1　问题的提出 / 120

　　12.2　研究方法 / 122

　　12.3　数据来源与处理 / 123

　　12.4　实证分析结果 / 125

　　12.5　结论与讨论 / 132

**第 13 章　滨海新区现代产业发展和制度创新研究** ············ 134

　　13.1　什么是现代产业体系 / 134

　　13.2　产业体系演进的一般规律和事实 / 135

　　13.3　滨海新区产业体系发展现状及存在的问题 / 135

　　13.4　滨海新区建设现代产业发展阶段判断、目标和重点 / 137

　　13.5　滨海新区建设现代产业制度创新的方向和举措 / 142

**第 14 章　微笑曲线、武藏曲线与先进制造** ··············· 149

　　14.1　微笑曲线与武藏曲线的内涵 / 149

　　14.2　"威武曲线"与先进制造的典型案例 / 152

　　14.3　推动天津先进制造业发展的思考与建议 / 154

# 第4篇　论天津的科技创新

**第15章　建设具有国际影响力的科技创新强市** …………………… 159

15.1　天津应当发挥更大作用／159

15.2　天津科技创新发展的战略目标构想／161

15.3　科技创新发展要突出的围绕的重大方向／163

15.4　加快天津科技创新的重大战略举措建议／165

**第16章　建设有特色高水平的全国产业创新中心** …………………… 172

16.1　创新创业生态的典型范例／172

16.2　天津创新创业新生态的局限和问题／174

16.3　天津构筑创新创业新生态的若干建议／175

**第17章　借鉴美国经验，建设产业科研平台** …………………… 179

17.1　美国西南研究院起源、组织与特点／179

17.2　美国西南研究院发展概况／180

17.3　思考与建议／185

**第18章　香港新建研发中心对滨海新区的启示** …………………… 188

18.1　香港研发中心建设的背景／188

18.2　香港建设研发中心的四大优势／189

18.3　香港新建研发中心的基本情况简介／190

18.4　香港五大研发中心的运作管理／191

18.5　研发中心与业界合作的模式介绍／192

18.6　香港研发中心建设对滨海新区开发开放的启示／194

**第19章　发挥天津外资研发功效的调查建议** …………………… 195

19.1　在津外资研发机构的基本情况／195

19.2　在津外资研发机构的研发活动情况／198

19.3　基于统计调查和调研活动的结论／202

19.4　对天津市进一步集聚外资研发机构的几点建议／202

**第 20 章 用外包思维推进创新** ···································· 205

20.1 外包思维与中国改革的轨迹 / 205

20.2 中国外包式改革的重点案例 / 207

20.3 关于外包式改革的几点建议 / 211

**第 5 篇 论天津的人才开发**

**第 21 章 构筑人力资本高地，推进滨海新区开发开放** ············ 217

21.1 人力资本是创新发展的第一要素 / 217

21.2 滨海新区开发开放需要人力资本的引领和支撑 / 218

21.3 制约滨海新区人力资本聚集的因素分析 / 220

21.4 对策建议 / 221

**第 22 章 建设具有国际竞争力的人才制度** ······················ 223

22.1 形势和意义 / 223

22.2 国内外经验借鉴与启示 / 224

22.3 天津构建人才制度竞争优势的基础和问题研究 / 227

22.4 建设具有国际竞争力人才制度的思路与举措 / 231

22.5 构建具有国际竞争力的人才制度的保障措施 / 235

**第 23 章 加强高层次创新型科技人才队伍建设** ·················· 237

23.1 高层次创新型科技人才的内涵和操作性定义 / 237

23.2 国内外高层次创新型科技人才队伍建设的实践及启示 / 238

23.3 天津市高层次创新型科技人才队伍建设的综合分析 / 242

23.4 天津市高层次创新型科技人才队伍建设的思路与目标 / 247

23.5 天津市高层次创新型科技人才队伍建设的重点工作 / 250

23.6 天津市高层次创新型科技人才队伍建设的保障措施 / 254

**第 24 章 进一步加强高层次创新人才培养** ······················ 256

24.1 天津高层次创新人才发展及其与先进省市的差距 / 256

24.2 天津高层次创新人才建设面临的主要不足 / 259

24.3 加快培养造就高层次创新人才的若干思考 / 265

**第 25 章 人力资本效能损失与知识型团队管理** …………………… 268

25.1 知识型团队的人力资本效能特征 / 268

25.2 影响知识型团队人力资本效能的公平因素解析 / 269

25.3 知识型团队人力资本效能损失的函数解析 / 270

25.4 公平失衡导致人力资本效能损失的团队表现 / 273

25.5 增强知识型团队人力资本管理的几点建议 / 274

**参考文献** ……………………………………………………… 276

**致　谢** ……………………………………………………… 283

# 第1篇

# 论天津的经济发展

# 第1章

# 对新中国成立以来天津经济落后的解释与思考

## 1.1 ▶ 引 言

　　天津曾经辉煌过。"天津在中国近现代史上是一个响当当的名字"，曾长期与北京、上海相提并论（齐良书，2003）。如金融和经济方面，天津被称为与上海相对的北方中心。在解放初期，天津的经济指标甚至超越了北京，天津的工业产值是北京的5~6倍。但是，在新中国成立后尤其是改革开放以来，天津落下了发展的步伐，当京沪成为国际化大都市的时候，天津还在致力于城市品牌和形象的构建。天津在落后于京沪的同时，受到广州等一批城市的极大威胁，国内老三的地位和优势已经难以显现，在很多指标方面，天津不可否认地落后了。

　　曾经辉煌过的天津渴望再度辉煌。天津滨海新区作为天津复兴的引爆点（刘涓涓，2005），进入了十七大报告，成为比肩深圳、上海浦东的第三增长极，要"在改革开放和自主创新中发挥重要作用"。毫无疑问，天津已经进入了一个新的阶段，进入晚清及袁世凯北洋时代之后的一个重大的发展机遇期。机遇摆在面前，天津未来的发展蓝图跃然纸上。如何切实地把握这一千载难逢的历史性机遇，重拾曾经的辉煌？敢问路在何方？一大批理论家与实干家在思考，在探索，在执着地寻求天津在新形势下发展的新思路与新举措。

　　从文献看，近期探讨天津和天津滨海新区发展的文献大量涌现，但对于天津经济落后的原因还缺乏较为深刻的认识。本文将对此加以探讨。本文结构安排如下：第二部分简要回顾天津建卫以来的发展历程；第三部分阐述天津经济衰落的事实；第四部分尝试给出衰落的原因解释；第五部分为结束语。

## 1.2 ▶ 天津建卫以来的发展轨迹

天津是一个与水结缘的城市，天津作为"天津渡口"是与水结缘最有力的证据。天津在元、明、清逐渐兴盛发达更是与漕运、港口有着密切的关系。根据天津政务网资料，天津建卫始于1404年12月23日，这是天津城市的诞生日，这也是第一个明确了城市生日的城市。天津城市历史已经跨越了600年。

事实上，天津的发展渊源还可追溯到更久远的年代。在《600年：诉说天津沧桑》中对天津的渊源有简要的描述（王平，2003）。书中指出，天津一带古为退海之地和黄河古道淤成的陆地。有九条河流在这里汇聚，所以有"九河下梢"之称。现在仍有永定河、大清河、子牙河、南运河、北运河等在天津市区汇成海河。蓝色的海河像一条玉带，穿越天津城，进入渤海。古时，天津是一片渔村。据考证，战国时代已有人散居在天津市郊从事农渔生产，人烟遍布（王平，2003）。到汉代，天津的北边是泉州、雍奴两县，属渔阳郡；南有东平舒、章武两县，属渤海郡。现在的军粮城在汉、唐时代已是沿海重镇。到北宋年间，这一带的泥沽、小沙窝、小南河等村寨已见于志书。到金代，天津市区叫直沽寨，元代改名为津海镇，明永乐年间建卫成城。清朝初年沿用天津卫的叫法，雍正三年改卫为州，九年改设天津府。民国成立后废府留天津县，民国十七年才改为天津市。

各朝代都在天津驻兵屯守，作为京师屏障。因此，天津的发展与北京的地位变迁有着密切的关系（王玲，1986）。唐代中期以后，经济中心已经南移，北京的政治地位和经济地位不相称，因此漕运需求旺盛。为了维持北京地位，对于粮、盐等物品的军用和民用需求，天津的河、港优势得以大大提升和发挥。金元时期是天津城市雏形的奠基阶段。明永乐建都北京，则成为天津城正式形成和发展的时期。今天的天津市就是在明永乐二年（1404年）建立天津卫的基础上发展而来的，因此人们现在有时还提天津卫这个名称。

1860年，天津开埠，进入"被掠夺"的资本主义"殖民"和封建主义统治共存的时期。先后有英、法、美、德、日、俄、意、奥、比9个国家在天津设立租界，天津成为当时中国乃至世界上租界最多的城市（高福美，2008）。开埠之后，租界的聚集促进了天津近代商业的繁荣和新的城市中心的形成。在租界之内，金融业、娱乐服务业得到大力发展，英租界内的解放路被誉为天津的"华尔街"，原法、英及美租界内的滨江道至小白楼地区目前已成为天津最为繁华的商贸旅游中心（高福美，2008）。到 20 世纪 30 年代，天津已经成为仅次于上海的全国性综合经济中心、第二大进出口港，还是埠际贸易港和北方货物中转分配港（汪寿松，2007）。到解放初期，天津已经成为北方交通枢纽和近代工业基地、商贸金融中心（齐良书，2003）。可以说，晚清时期，天津的发展达到了鼎盛阶段，在民国时期，天津的发展依然保持了足够高的水准。

1949 年中华人民共和国成立后，北京成为首都。计划经济体制下的权力和资源分配方式，使得有限的资源都被北京抢占。在"一五""二五"期间，天津几乎没有"被安排"一个像样的大型工业建设项目，经济发展受到抑制，致使天津城市发展缓慢，城市基础设施欠账越来越多，城市载体功能逐年下降，与作为直辖市的地位越来越不相称（张旭，1993）。从国家统计局的数据资料来看，这种相对劣势的发展进程一直持续到今天。

## 1.3 ▶ 新中国成立以来天津经济相对落后的表现

在元代，天津已经是重要的漕运中转之所，商贾云集，有着"河水一响，黄金万两"之说。到晚清时期，天津是京畿重地，是河、海两运的转输城市，也是著名的商贸中心。新中国成立之初，天津是仅次于上海的全国第二大商埠，我国北方的经济中心和金融中心。但是，之后天津的经济没落了。虽然天津在工商业、政治、文化、教育方面也落后了，但最为突出的表现还是在经济发展上的相对落后。当然，经济的落后与其他方面的落后有着因果关系。这里所说的落后主要是指天津相对于上海、北京，尤其是相对于北京的落后。事实上，天津相对于全国多数省份仍然是城市整体发展水平较高的先进城市。

鉴于改革开放在中国经济社会发展中的里程碑性质，将天津经济相对落后划分为改革开放之前和之后两个阶段来分析说明更具有说服力。

第一阶段（1949—1978 年）。相对于上海而言，在新中国成立初期，天津和北京都很落后，但天津的总量指标优于北京，尤其是工业增加值指标，有关增长变动情况如图 1-1～图 1-3 所示。首先看一下初期的基本情况。从 1952 年现价 GDP 看，上海是 36.66 亿元，天津是 12.8 亿元，北京是 7.88 亿元，天津的总量高于北京。从人均 GDP 看，1952 年北京的人均 GDP 是 170 元，天津是 299 元；但 1953 年时，北京上升到 394 元，天津为 393 元，上海为 590 元，北京的人均收入很快就超越了天津。从工业增加值看，1952 年北京的工业增加值只有 2.69 亿元，上海为 18.22 亿元，天津为 6.12 亿元，北京与天津的差距较大；但 1953 年时，北京的工业增加值就上升到了 6.12 亿元，天津的增幅只有 2 亿元左右；到 1960 年以后，北京达到 33.57 亿元，天津仅为 28.46 亿元。从此，北京的工业增加值超过了天津的总体规模。

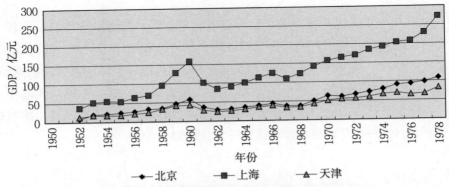

图 1-1　京津沪国内生产总值变动情况（1952—1978）

数据来源：国家统计局有关年鉴，见参考文献。

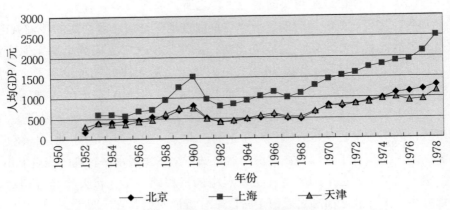

图 1-2　京津沪人均国内生产总值变动情况（1952—1978）

数据来源：国家统计局有关年鉴，见参考文献。

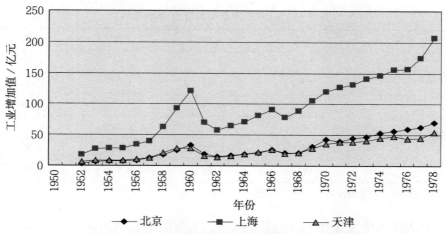

**图 1-3 京津沪工业增加值变动情况（1952—1978）**

数据来源：国家统计局有关年鉴，见参考文献。

到 1978 年改革开放伊始，京津沪在经济发展上的差距已经相当明显了。数据显示，GDP 方面，北京 108.84 亿元，上海 272.81 亿元，天津 82.65 亿元；人均 GDP 方面，北京 1290 元，上海 2498 元，天津 1160 元。工业方面，北京的工业增加值达到 70.22 亿元，上海 207.47 亿元，天津 54.39 亿元。

可见，在关键的经济指标方面天津都落后于北京了，与上海的绝对差距则进一步扩大。例如，1952 年时，北京的 GDP 是天津的 62%、人均 GDP 是天津的 57%、工业增加值是天津的 44%；但 1978 年时，北京的相应指标成长为天津的 132%、111%、129%。1952 年时，上海的 GDP 是天津的 286%、人均 GDP 是天津的 150%（1953 年数据）、工业增加值是天津的 298%；但 1978 年时，上海的相应指标成长为天津的 330%、215%、381%。由此可见，天津相对于北京和上海的落后是一种绝对的落后，在数量上的差距越来越大（见表 1-1）。

第二阶段（1978—2007 年）。在改革开放初期，1978 年京津沪三地的现价 GDP 分别为 108.8 亿元、82.7 亿元、272.8 亿元，京津差距在 30 亿元左右，津沪差距为 190 亿元。到 2007 年，北京 9353.3 亿元，天津 5050.4 亿元，上海 12188.9 亿元，京津差距扩大到 4300 亿元，津沪差距扩大到 7130 亿元。从发展历程来看，这种京津、津沪、京沪间差距的扩大始于 1992 年，天津与京沪的差距一直在扩大，但 2000 年以来，北京缩小了与上海的差距。1992 年是中国进入改革开放第二阶段的初年，这意味着京沪的领先主要得益于第二阶段的改革开放。

表1-1　以天津为基准的经济指标差异

| 指标 | 年份 | 北京 | 上海 | 天津 |
|---|---|---|---|---|
| GDP | 1952 | 0.62 | 2.86 | 1.00 |
| | 1978 | 1.32 | 3.30 | 1.00 |
| 人均 GDP | 1952 | 0.57 | — | 1.00 |
| | 1978 | 1.11 | 2.15 | 1.00 |
| 工业增加值 | 1952 | 0.44 | 2.98 | 1.00 |
| | 1978 | 1.29 | 3.81 | 1.00 |

数据来源：国家统计局有关年鉴，见参考文献。

　　从天津的传统优势——工业领域看，上海的工业增加值达到了4670.11亿元，北京为1821.86亿元，天津为2292.73亿元。因此，天津对北京的工业优势仍然得以保持。

　　但这一时期的差异更大地体现为产业结构上的差距。首先来看北京的产业结构变迁。从数据的直观变化看，北京的三次产业比重已经由1952年的22.2∶38.7∶39.1转变为1978年的5.2∶71.1∶23.7，到2006年变为1.3∶27.8∶70.9。也就是说，从新中国成立到改革开放之前，北京经历了第二产业，尤其是工业产业比重由40%左右逐渐上升到70%左右的工业化阶段，在改革开放以后第三产业快速发展，使得产业结构向更高级形态转变，北京的发展进入了所谓的发达国家的产业结构形态阶段。从这一点看，上海的产业结构相对于北京并不占优。三个关键年份的比例分别为：5.9∶52.4∶41.7（1952），4.0∶77.4∶18.6（1978），0.9∶48.5∶50.6（2006）（见图1-4）。

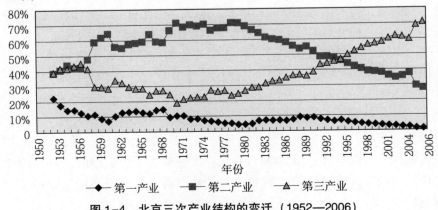

图1-4　北京三次产业结构的变迁（1952—2006）

数据来源：国家统计局有关年鉴，见参考文献。

　　天津的发展则经历了一个与通常的认知相违背的"反潮流"过程，天津的产业结构变迁并没有像北京那样实现一个巨大的变迁。数据表明，天津的三次产业比重由 1952 年的 14.4 : 49.3 : 36.3 转变为 1978 年的 6.1 : 69.6 : 24.3，到 2006 年变为 2.7 : 57.1 : 40.2。这意味着天津的工业化过程还没有完成，或者说在改革开放后，天津并没有迎来北京那样发展服务业的机遇（见图1-5）。

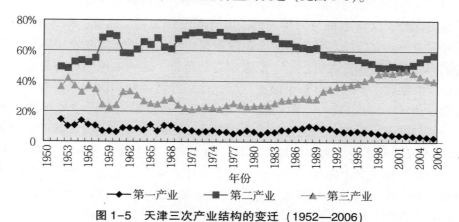

图 1-5　天津三次产业结构的变迁（1952—2006）

数据来源：国家统计局有关年鉴，见参考文献。

## 1.4 ▶ 对新中国成立以来天津经济落后的解释

　　天津经济的没落是一个系统过程，是一个城市角色"主动"与"被动"发挥作用共同产生影响的过程。从主动角度看，天津作为城市的发展观念是重要原因，也是主导性因素。从被动角度看，计划经济、北京压制等国内外环境的不利影响也是落后的重要诱因。关于天津经济落后的直接原因，可以从一系列的经济数据中得到解释，最关键的数据在于资本积累数据。无论是从全社会固定资产投资还是固定资本形成总额来看，天津 600 多年的历史中，近 60 年的发展成绩犹在而且显著，而相对于北京和上海的落后也毋庸置疑。

　　如果从经济运行模式看，天津的没落是从市场经济向计划经济转轨，再由计划经济向市场经济转轨这两次转轨过程中迷失自身的。这两次转轨过程中，天津经历了两个阶段：一个阶段是 1949—1978 年，是市场经济向计划经济转轨的阶段；另一个阶段是 1978 年以后，天津逐渐由计划经济向市场经济转变，这个过程还没有彻底完成。这两个阶段天津的发展与相对落后表现出了不同的形式，因此，落后的原因也存在着一些细微的差别。下面主要从两次转轨两个阶段的角度来解释天津落后的原因。

1949—1978 年，天津的落后可以归结为计划经济下和相对封闭经济情况下既有优势的丧失。晚清时期，天津成长为北方经济中心和金融中心的优势在哪里呢？主要在于三个方面：一是北京对天津的大力依靠，天津发展与北京历史地位的变化关系密切；二是天津开埠以来的对外开放优势；三是天津的商贸优势。这三点都与天津的河、海有着密切关系，因此，归结到一点，天津的对外开放门户、港口和交通运输枢纽作用决定了天津在新中国成立以前的国际地位和北方商贸中心、金融中心的地位。这种地位的取得是建立在市场经济基础之上的。但新中国成立后，计划经济体制和西方国家对中国的封锁制约了天津优势的发挥。北京的地位变迁直接影响着天津城市的发展（王玲，1986）。所以，当北京转身要做经济中心时，天津也必须要"华丽转身"，从依靠别人变为自主发展。但在计划经济下，天津自主发展并非易事，因为当时只有北京才是真正的经济中心（傅韬，2003），这是决策中心带来的经济中心。在全国一盘棋的条件下，商品流通取缔了，只剩下产品的交换，天津作为九河下梢、货物贸易的重要作用直线下降。

交通运输方式的转变也直接影响了天津港口地位的发挥。"天朝津梁"是天津得名的另一个传说（王平，2003）。北京成为新中国首都后，铁路运输逐渐成为替代河运、海运的重要方式，天津不再是"拜见天子必经的渡口"。而且，新中国成立后天津的军事地位也直线下降，与此相关的产业和企业纷纷转移，天津作为京畿重地的作用不复存在。因此，天津的交通枢纽地位逐渐被北京所取代，港口、航运等天津辉煌曾经的优势点被北京政治经济中心的光环——击破。

同时，从新中国成立以来到改革开放前，天津的对外开放门户作用也日渐消失。在只有计划的经济体制下，天津只是计划的一部分，传统的港口和商贸优势不复存在。当然，"文化大革命"、1976 年地震对于天津发展的影响也是不可忽视的（傅韬，2003）。

而且，全中国的发展在改革开放前都处于一种封闭状态，对于解放初期已经具备较高国际化水平的天津而言，这种封锁的打击也是致命的。错失 20 世纪六七十年代的国际发展机遇对于天津而言，遭受的损失远大于国内其他城市。由于是东部沿海地区，天津还承担了大量支持三线建设❶的任务。因为这一阶段的迷失，天津失去了发展的方向，传统的优势丧失，几乎完全处于"被落后"的状态。转换论认为，当一种优势得不到充分利用和发挥时，不但会逐渐丧失优势，原有的优势还会成为发展的掣肘。根据天津市委原秘书长吴敬华同志在 20 世纪 90 年代初的记述，新中国成立以来直到改革开放前，国家对天津的投资不多，很多有利条件得不到合理利用，几十年来主要是靠挖潜改造、修修补补发展经济，今后若没有一定的投入，后劲不足的问题将会越来越突出。

1978 年改革开放以来，天津落后的面貌没有明显改善，相对于京沪而言则变得更加弱小。虽然天津较早地进入了沿海 14 个开放城市之列，但一直没有进入国家战略的中心。对比 20 世纪 80 年代的深圳、20 世纪 90 年代的上海浦东，天津一直没有得到国家强有力的扶持。虽然这一时期恢复了天津港口的发展，天津泰达开发区（TEDA）成为了蜚声海外的国家级经济技术开发区，但天津的发展一直落后于京沪，甚至相对于广州和深圳，天津也落后了。

这一时期的落后与天津的发展理念有一定的关系。主要有两个方面，一是处理与北京的关系问题，二是天津的发展模式选择问题。在处理与北京的关系方面，改革开放虽然赋予了天津较好的改革定位，但北京的政治、经济、文化中心地位并没有削弱。天津还过于沉浸在晚清时期和北洋时期的辉煌中，

---

❶ 1964 年到 1978 年，在中国中西部的 13 个省、自治区进行了一场以战备为指导思想的大规模国防、科技、工业和交通基本设施建设，称为三线建设。它历经三个五年计划，投入资金 2052 亿元，投入人力高峰时达 400 多万人，安排了 1100 个建设项目。决策之快、动员之广、规模之大、时间之长，堪称中华人民共和国建设史上最重要的一次战略部署，对以后的国民经济结构和布局产生了深远的影响。"三线"的一般概念是，由沿海、边疆地区向内地收缩划分三道线。一线指位于沿海和边疆的前线地区；三线指包括四川、贵州、云南、陕西、甘肃、宁夏、青海等西部省区及山西、河南、湖南、湖北、广东、广西等省区的后方地区，共 13 个省区；二线指介于一、三线之间的中间地带。其中，川、贵、云和陕、甘、宁、青俗称为大三线，一、二线的腹地俗称小三线。根据当时中央军委的文件，从地理环境上划分的三线地区是：甘肃乌鞘岭以东、京广铁路以西、山西雁门关以南、广东韶关以北。这一地区位于我国腹地，离海岸线最近在700 公里以上，距西面国土边界上千公里，加之四面分别有青藏高原、云贵高原、太行山、大别山、贺兰山、吕梁山等连绵山脉做天然屏障，在准备打仗的特定形势下，成为较理想的战略后方。用今天的区域概念来说，三线地区实际就是除新疆、西藏之外的中国西部经济不发达地区。

企图与北京在各个方面一争长短。结果造成北京的逆向选择，大力扶持秦皇岛，甚至曹妃甸的港口路线，天津与北京两个重量级城市的较量当然以天津的发展受损为结局。

从发展模式看，天津在改革开放的 20 世纪 80 年代，陷于计划经济的老思维制约了天津经济发展思路的转换。一个明显的例子就是火柴涨价问题。根据杨继绳的记述，天津在价格改革中的一系列"孤岛"行动是导致天津整体社会经济发展滞后的重要原因。1986 年以后，全国 28 个省市自治区的 130 多家火柴厂陆续调高火柴价格，唯有天津火柴厂一家直到 1988 年还维持了 2 分钱一盒火柴的低价。这样做的结果是天津火柴大量外流，政府补贴越多，流出量越大，财政亏得越多。火柴只是当时的一个缩影。天津长期以来自诩的价廉物美影响了天津发展的财富效应。杨继绳指出，这种低工资低物价的政策，吃亏的还是老百姓，到 20 世纪末，天津的工资还比北京低 1000 多元，经济地位下降对老百姓造成的损失更大，同时也使有限的财政支出献身于保护"物价稳定"，使天津工业失去了发展的后劲，成为改革大潮中的孤岛。不仅物价方面如此，住房改革、金融改革、所有制改革等天津都落后于很多省市。这一时期，改革滞后成为天津经济地位快速下降的主要原因（杨继绳，2004）。

综上，改革开放之前天津的落后主要是基于"被落后"了，体现为：①北京的资源分配权集中和资源聚集度高而天津几乎没有投资；②在计划经济体制下和对外闭塞的情况下，天津的港口优势和商贸优势得不到较好的发挥。改革开放之后，天津的落后则是"被落后"与"主动落后"的交织，体现为：①仍然没有得到国家的大力的政策扶持，在与北京的资源竞争中处于下风，港口优势的发挥受到北京的压制；②地方发展的思路还被计划经济模式制约，没有很好地发挥价格（市场）对资源配置的主导作用。

这种被落后为天津经济今后的发展带来了较大的困难。根据经济增长理论，增长的源泉来源于资本、劳动、土地等要素的投入，天津目前除了土地资源较为丰富外，由于 60 年来的积弱，资本存量积累、劳动者素质，尤其是高端的人力资本资源密集度远不如北京、上海。因此，加大资本积累速度、完善基础设施，大力加强高端人力资本建设成为天津未来追赶京沪的重要的基础性因素。

## 1.5 ▶ 简要结语

新中国成立以来，尤其是改革开放以后，天津的经济衰落了。基于历史视角的分析框架认为，天津的衰落是全国政治经济大格局下被动没落的结果，也是改革开放后天津在发挥市场对资源配置作用中相对滞后带动的主动沦陷。这一结果，是全国发展大环境的变迁中原有区位优势沦落的影响的直接体现，也是不再拥有北洋时期重要政治、军事、门户地位的必然结果，也是在改革发展方面的实践操作落后于其他东部省市的结果。

目前，滨海新区开发开放纳入国家战略视野，天津已经进入了发展的重大机遇期，走上了复兴之路，需要进一步深化认识发展过程中的关键点。如何重塑天津的比较优势和竞争优势，真正使天津成为发展的第三极，推进天津的复兴，需要天津吸取发展历程中点点滴滴的经验和教训，把握发展中的关键。中国的改革开放已经进入了第三阶段（田国强，2008），天津雄起的日子为我们所期待。借用《600年：诉说天津沧桑》中的一句话："义和团的刀光剑影、望海楼的熊熊烈焰、金汤桥的胜利欢呼，也都在印证一个道理：抗争只是无奈的奋起，自强才是唯一的出路。"

说明

本章内容初稿成于2009年8月8日，是天津市科学学研究所2009年学术论文的一部分，略有修改。当时正值天津滨海新区纳入十七大报告之后的第三年，天津成为全国乃至全球关注的焦点。但当时学术界和政府对于天津落后原因的思考还不多，笔者主要从丰富个人对天津认识的角度对天津的发展历史进行了一些回溯。

**第 2 章**

# 京津沪经济发展的比较研究及对天津的启示

作为经济发展水平、城市化水平较高的三大直辖市，京、津、沪有着诸多共同之处。然而，从天津当前发展来看，寻找共同特征之外的差异无疑更具重要意义。本文根据改革开放 30 年来三地在经济发展过程中的一些综合数据，对这些差异加以分析，希望对天津在今后的科学发展中提供可资借鉴之处。

## 2.1 ▶ 京津沪三地经济发展比较研究

### 2.1.1 经济发展水平比较

在改革开放初期，1978 年京津沪三地的 GDP（现价）分别为 108.8 亿元、82.7 亿元、272.8 亿元，京津差距为 26 亿元，津沪差距为 164 亿元。到 2007 年（现价），北京 9353.3 亿元，天津 5050.4 亿元，上海 12188.9 亿元，京津差距扩大到 4300 亿元，津沪差距扩大到 7130 亿元。

从发展历程来看，这种京津、津沪、京沪差距的扩大始于 1992 年。此后，天津与京沪的差距一直在扩大。但 2000 年以来，北京缩小了与上海的差距。1992 年是中国进入改革开放第二阶段的初年，这意味着京沪的领先主要得益于第二阶段的改革开放。

尽管名义 GDP 的比较上天津落后北京较多，但天津真实 GDP 与北京的差距并不如想象中那么大，但上海的真实 GDP 优势更加明显。核算显示，1978—2007 年，天津的累积 GDP 缩减指数为 3.32，北京为 4.76，上海为 2.65。因此，天津的现价 GDP 如果以北京的缩减指数计，将增加 43%，上海则要增加 80%。这意味着北京的现价 GDP 相对于天津和上海存在着"虚高"现象。

从真实 GDP 增长率来看，在 1998 年之前，天津和上海的 GDP 增长率各有千秋，进入 2000 年以后，天津的 GDP 增长率一直高于北京和上海。但由于前期增长基数较低，当前的 GDP 快速增长没有消除基数低带来的影响，导致天津与上海在 GDP 总量上的差距在短期内难以消除。

### 2.1.2 物质资本投资和总量比较

投资是增长的重要构成和源泉之一，甚至被认为是经济增长的终极源泉。从投资形成额来看，以年度固定资本形成总额为基数计算的历年资本存量数据显示，1978 年京津沪三地资本存量分别为 118.25 亿元、102.09 亿元、166.34 亿元，2007 年分别为 7341.38 亿元、2305.77 亿元、6412.42 亿元。

可见，天津在资本积累方面与京沪之间的差距拉得太大。对比 GDP 差距与资本存量差距，可以看到二者的变动是基本一致的。这是天津的经济增长与京沪形成差距的重要原因。

从资本产出比来看，2007 年京津沪三地的资本/产出比率分别为 3.73、1.52、1.40。这表明北京的资本运行效率并不高，天津和上海的资本运行效率基本相同。事实上，笔者的博士论文研究发现，上海是全国技术效率的领先者。

### 2.1.3 人力资本水平比较

知识经济时代，人力资本的作用越来越明显。从三地平均受教育年限（6岁以上人口）来看，北京和上海人均受教育程度较高，天津较为落后（尽管天津仍然领先于全国其他省市）。2007 年，京津沪三地平均受教育年限分别为11.08 年、9.81 年、10.45 年。这意味着北京的平均受教育年限相当于高中二年级水平，天津接近于高中一年级，上海略高于高一水平。尽管从平均年头上相差不大，但考虑到北京、上海较大的人口基数以及"北漂""沪漂"人口，天津在高层次人才上的缺口可以想见。

### 2.1.4 劳动力总量比较

劳动力是与资本并列的经济增长源泉。2007 年京津沪三地的从业人口分别达到了 942.7 万、613.9 万、909.1 万，较 1978 年分别增长了 500 万、150万、200 万左右，天津的增幅最小、总量最低。因此，天津在吸纳新增劳动力方面和劳动力人口总量方面与京沪都有着明显的差距。

由于北京和上海分别是中国的政治经济文化中心、金融中心，在产业发展规模和产业结构上都优于天津。天津当前定位于北方经济中心、中国北方的国际航运中心和物流中心，从一定程度上来说，经济规模要上去，需要各类人才，而劳动力人口总量和质量的上升都是不可或缺的。

当然从另一个角度看，如果天津的经济规模上去了，但劳动人口规模还相对较低的话，可以说天津实现了更科学的发展，因为这意味着单位劳动力创造的产值更高了。

## 2.2 ▶ 京津沪地区生产率差距比较

### 2.2.1 生产率增长比较

OECD 在 2001 年的报告中指出，生产率指标可以作为实际成本节约的一种测量指标。全要素生产率即是生产率指标的一种，是用于测量投入产出水平的重要指标。对于长期研究而言，它的重要性超过了劳动生产率指标。通过利用非参数方法估计发现，北京的累积生产率增长水平最高，上海次之，天津第三。在 1990 年之前，天津在累积生产率增长方面略有优势，这种优势在 1992 年之后消失了，京沪脱颖而出。

### 2.2.2 技术进步水平比较

根据相关理论，生产率差异可以分解为技术进步水平差异和技术效率差异。技术进步水平指生产潜力提升的速度。从技术进步水平看，1979—1984 年天津的技术进步水平领先于京沪，但随后的技术进步水平均落后于京沪。这意味着天津的生产潜力扩大的速度与北京和上海存在着较大的差距。从累积技术进步水平来看，北京达到 5.136，天津为 1.267，上海达到 2.677。这意味着北京、上海的潜在生产能力比天津高出许多倍。这可能主要得益于京沪在新的产业增长点和产业规模扩张上的巨大效应。

### 2.2.3 技术效率比较

技术效率指实际生产量相对于潜在生产能力的大小程度。如果以上海为100%，我们可以得到京津的相对技术效率水平。分析表明，北京的技术效率在年度间变化不稳定，时高时低；天津的技术效率基本在 1.0 之上，个别年份低于 1.0，在 2000 年以后技术效率基本稳定在 1.0 附近。从累积技术效率指数看，北京为 0.625，天津为 1.349。这意味着北京的实际生产量低于潜在产出能力 37.5%，天津相对于上海的技术效率高出 34.9%。这可能基于两个方面的原因：一是天津的技术进步水平较低，导致整个产出的潜在扩张能力有限；二是天津的产出组织能力较好，在既定投入下的产出效率较高。

## 2.3 ▶ 天津经济未来发展的着力点

### 2.3.1 加大物质投资，夯实生产基础

物质资本存量的差异是导致天津与北京、上海在产出上存在差距的主要原因。自 1992 年以来，天津在固定资产投资方面落后于首都北京和第二轮改革开放的最前沿——上海。作为第三轮中国经济增长的前沿，天津正大力聚集国内外资源。数据表明，天津应当进一步弥合与京沪在资本存量上的差距。尤其要优化投资结构，通过国家大项目的带动，全面提升资本存量水平，夯实生产能力基础，为促进经济发展好中求快奠定基础。

### 2.3.2 加大技术创新，提高生产潜力

从生产率变动的角度看，天津的技术进步水平远远落后于北京，也落后于上海，需要加大技术创新的力度，高质高效地开展研发转化基地建设，迅速将产业规模推向更前沿，实现既定投入下生产潜在水平的大幅提升。

### 2.3.3 加大组织创新，提高生产效率

外向型经济为天津的经济效率提升带来了可喜的变化。从长远来看，一旦天津的资本积累和技术创新水平取得大的进步，天津的技术效率的有效性就将面临挑战。因此，必须未雨绸缪，完善组织管理，提高生产的标准化水平和规模化程度，实现既定投入下实际产出水平的大幅提升。

### 2.3.4 加大人力投资，增强核心竞争力

物质资本投资和技术创新离不开高层次人才的支撑。天津与京沪相比，最显著的差异在于集聚高层次人才上的差异。当前，天津全市深化落实人才强市战略，已经推出了吸引海内外高层次人才创新创业的有关计划和措施。

但高层次人才对发展的支撑，还需要切实做到人才与项目结合，人才与创新结合，人才与生产结合，增强整体的核心竞争力，保障天津经济的发展好字优先。

---

**说明**

　　本章数据来源于作者 2009 年博士论文中的分省数据，原文发表于《天津经济》杂志 2009 年第 10 期。总体来看，物质资本、人力资本、技术水平、劳动力等是概览经济增长的一个框，在这个框里，天津过去发展的差距可以一览无余。这是近 10 年前笔者的一个简要分析。当前，天津的发展仍然面临这样的问题，但可能在新资本、新人才、新技术方面的落后更加明显，经济增长的新动能，如互联网经济、新的商业模式等基本都不以天津为诞生地。可能成为天津实现持续增长、保持区域竞争力要解决的最大问题。

**第 3 章**

# 天津经济发展需要面对的十大关系

## 3.1 ▶ 引　言

天津在中国近现代史上曾经长期与北京、上海相提并论。在金融和经济方面，天津被称为与上海相对的北方中心。在解放初期，天津的经济指标优于北京，天津的工业产值更是北京的 5~6 倍。但新中国成立后，尤其是改革开放以来，相对于京沪而言，天津落下了发展的步伐。2006 年以来，中央和天津加大了发展天津的力度，曾经辉煌过的天津渴望再度辉煌，希望成为比肩深圳、上海浦东的第三增长极，在改革开放和自主创新中发挥重要作用。天津迎来了千载难逢的历史性机遇。如何切实把握这一重大机遇，重拾曾经的辉煌？一大批理论家与实干家在思考、在探索、在执着地寻求新形势下天津发展的新思路与新举措。笔者认为，正确地认识天津发展面临的一些重要关系，是实现更好发展的重要前提。"十二五"的五年规划也好，中长期规划也罢，要使天津沿着正确的轨道更好地迈向巅峰并超越历史，成为中国城市发展的一面旗帜，必须清醒地认识这些重要关系。唯知不足，始能创新，始能超越。

## 3.2 ▶ 影响天津经济发展的十大重要关系

从天津历史发展轨迹以及有关文献论述来看，天津发展中有一些重要的关键词——港口（漕运、航运），北京，滨海新区，商贸中心，金融中心，经济中心，国际大都市。这些关键词与天津的历史有关，与天津的现实有关，与天津的未来更是息息相关。例如，一部分关键词已经融入了天津的历史，一部分关键词也将在很大程度上决定天津的未来。结合当前的国际形势和区域竞争态势以及过去的一些研究文献，笔者套用毛泽东同志 1956 年 4 月 25 日发表的《论十大关系》，将天津经济发展需要重点关注的重要问题提炼归纳为十大关系。这十大关系包括：①北京地位与天津发展的关系问题；②改革开放与天津发展的关系问题；③航运物流与天津发展的关系问题；④服务业振兴与天津发展的关系问题；⑤金融创新与天津发展的关系问题；⑥滨海新区与天津发展的关系问题；⑦区县经济与天津发展的关系问题；⑧自主创新与天津发展的关系问题；⑨文化环境与天津发展的关系问题；⑩国际化与天津发展的关系问题。

在十大关系中，蕴含了与天津经济发展紧密相关的区域定位和发展思路问题，本质上是利益关系问题，牵涉发展的战略选择与平衡问题，对于天津能否将城市地位重新提升到历史巅峰水平而言，有着非常重要的作用。在新时期，天津要超越历史，落实国家赋予天津的北方经济中心、国际航运物流中心、生态宜居城市的功能定位，充分发挥滨海新区在改革开放和自主创新中的重要作用，把握这些关系事关重大。

### 3.2.1 北京地位与天津发展的关系问题

之所以将北京与天津的关系摆在十大关系之首，原因是不言而喻的。首先，历史地看，天津和北京总体上是一种依存关系，但天津更多地依存于北京的发展。即使是天津历史上最辉煌的时期——清末和民国时期，其政治经济地位的上升与北京的政治地位和经济需求也有着紧密的联系，而新中国成立后天津城市地位的下降则与北京直接相关（王玲，1986）。新中国成立后，天津有很长一段时期都处于北京的光环照耀之下，成为"灯下黑"。在计划经济下，天津自主发展并非易事，因为只有北京才是真正的经济中心（傅韬，2003）。其次，天津和北京的竞争直接影响了天津的发展。天津和北京的经济中心之争沦为兄弟阋墙，直接影响到天津在新中国成立以来，尤其是近 30 年来的经济发展。直到最近（指 2006 年 3 月），中央政府将北京定位为"国家首都、世界城市、文化名城"，将天津定位为"国际化港口城市、我国北方经济中心和生态宜居城市"，京津的功能定位才算有了一个明确的说法。最后，天津与北京既是地方和中央的关系，又有地方与地方之间的关系，在不对等中有平等之处，处理与北京的关系需要政治智慧。现实地看，北京是政治中心、现实的经济中心、文化中心、交通枢纽、科教资源密集区。天津的发展摆脱不了现实的约束关系。

从现阶段的选择来看，天津应当积极主动地与北京搞联合，甚至形成与北京一体化的发展思路，充分利用北京资本积累的优势以及高端资源密集的优势，借鸡生蛋，借"北京"的翅膀展翅高飞。一些文献中对北京和天津的关系做了类比，有人从产业结构角度将北京—天津关系与首尔—仁川的关系进行类比（江曼琦、唐茂华，2005），还有人认为北京是华盛顿，天津应当是纽约。但需要注意的是，中央对北京的最新定位中虽然没有经济中心一词，但这并不意味着北京不致力于做大经济地位。事实上，北京丝毫没有停止过经济发展的步伐。因此，北京不会成为华盛顿，天津也不可能成为纽约。因此，关于京津一体化的构想（如韩万满、许文建，1996）更符合实际。通过形成同城效应，实现京津双赢，是对天津最有利的发展格局：形成双核，做到天津就是北京，北京就是天津。

从发展的条件来看，天津和北京的双赢发展还有很大的余地。首先，中央目前正大力推进天津和天津滨海新区的建设，一系列的先行先试政策将从天津走向全国。其次，从国家 2006—2020 年的土地使用总体规划来看，天津的建设用地人均平方米数也大大高于北京和上海，因此，天津的城市总体发展空间还比较大。最后，天津与北京之前的城际高铁和高速公路联结已经达到了半小时经济圈的程度，相对便捷的交通将有助于京津的融合和共同发展。尤其是不断加强互补关系建设，从而逐步抹平天津与北京之间存在的产业结构差异、收入水平差异、科教资源密度差异，实现资源共享与效率共增。

### 3.2.2　改革开放与天津发展的关系问题

改革开放为天津发展带来了巨大的机遇，天津抓住了一些机遇，也面临着一些问题。中国的经济改革起步于农村改革，但天津作为一个城市更多的是沐浴改革开放的春风。1984 年 5 月，党中央、国务院批转了《沿海部分城市座谈会纪要》，决定全部开放中国沿海港口城市，从北到南包括了 14 个大中港口城市，天津位居其列。但现在看来，20 世纪 80 年代天津开放的思路和改革的步伐并不一致，开放走在了改革的前面，使得天津的改革开放没有做到齐头并进。当时，天津作为服务和服从首都北京稳定的一个重要毗邻城市，有着稳定压倒一切的重要使命，这直接制约了其改革的推进。也许这不是主要的原因，但当时沿袭计划经济的思路确实制约了天津经济发展思路的转换。

前面已经提到杨继绳（2004）讲述的火柴涨价问题。不光是物价，住房改革、金融改革、所有制改革等天津都落后于很多省市。这一时期，改革滞后成为天津经济地位快速下降的主要原因（杨继绳，2004）。

与此同时，天津对外开放之路取得了丰硕的成果。1986 年 8 月 21 日，小平同志亲临天津经济技术开发区视察，欣然题词："开发区大有希望"。视察中，他还发表了"对外开放还是要放，不放就不活，不存在收的问题"的著名讲话。1994 年，天津市委决定建立滨海新区，成为滨海新区发展的历史性事件。这也是落实 1992 年小平同志南方谈话、党的十四大"加速环渤海地区的开放和开发"决策的天津行动。当时，滨海新区被定义为"将成为中国北方最有增长力的经济中心和高度开放的标志性区域"。对滨海新区基本建成的指标主要有两个：一是 GDP 达到天津的 40%，二是外贸额达到天津的 50%。目前，天津的外向型经济已经成为天津经济发展的重要支撑，天津滨海新区的 GDP 已经超过全市总量的 50%，已经有超过 120 家世界 500 强企业在天津投资建厂。开放为天津的发展带来了快速的经济成长。

在改革中开放，在开放中改革，是发展路径的选择。过去 30 年是开放为主带来的天津发展，未来的道路改革和开放应当形成一股合力来推动天津的发展。天津滨海新区已经成为全国综合配套改革试验区，是继深圳经济特区、浦东新区之后，又一带动区域发展的新的经济增长极。如何在"改革开放和自主创新中发挥重要作用"已经成为天津滨海新区的历史使命，而天津如何在改革开放中实现超越自我、超越别人，更是值得期盼。这也是天津人民的期盼。

### 3.2.3　航运物流与天津发展的关系问题

天津历史的辉煌离不开港口的巨大作用，天津的未来寄托于天津港的兴衰命运。天津与北京的自然资源禀赋差异最大处就在于天津拥有华北地区最大的港口。天津港的兴盛与天津发展渊源深厚（满维钧，2004；刘明哲，2005；王玉明，2008）。从元代的漕运到明清的航运，再到当前的国际航运中心和国际物流中心的定位，天津开始重拾昔日港口和商贸中心的优势。建设国际化港口城市已经成为国家对天津的首要定位，也是天津与北京互补的重要资源禀赋。港口经济的发展必将成为天津城市发展的重要支撑。目前，天津已经将"双城双港"提到了一个新的高度，港口经济将在新中国成立 60 多年后迎来新的辉煌。

　　然而，港口经济这一概念过于狭隘了，新时期的天津发展过度地关注"水"了，天津的发展在交通运输方面还缺少重要的航运和铁路支撑。港口只是航运的一个重要方面，且主要以物流和观光旅游为主，缺少了当代社会经济赖以发展的信息流、技术流、劳动力的载体——人的运输。近几年来，天津的陆地交通（包括高铁、地铁、高速公路）建设都取得了巨大的进步，但在航空运输方面的进展，尤其是国际国内航线的开拓上缺乏大的突破，在铁路枢纽工程建设上也缺乏突破。这涉及天津发展的重要方面，人才的输入与信息的输入。首都机场扩建改建，天津没有抓住发展的机遇，没能将哪怕一小部分的国际航线移位天津，这对天津发展总部经济、高端服务业无疑是一个大的掣肘，对于天津引进人才而言更是积弊深重。后来，首都第二机场落户天津武清也成为一大奢望，尽管吴良镛院士在 2005 年就曾经大声疾呼实行这一有助于京津冀整体提升的门户型交通枢纽战略（吴良镛，2005）。

　　从另一个角度看，国际航线稀缺的劣势使得天津和北京实现同城化的需求更加迫切，其重要意义就在于借北京的航空"翅膀"，打通天津对外人才、信息开放的管道，并抢占一部分总部经济的份额。在国内航线方面，天津航空的发展应该学习和借鉴国外经验，力争在国内大中城市间开辟更多的航线，利用便捷、快速的服务抢占未来的"机场快线"，从强化国内竞争优势的角度打造信息流和人才流的航空高地，服务全局发展。另外，天津应当争取成为更多铁路线路的始发站，与铁道部沟通，争取将天津发展为通往东北地区和东北地区通往东南沿海地区的铁路枢纽，争取更多的流动人群。唯有穿梭的"人"气，才能带动天津的"地"气，才能实现经济的"景"气。

### 3.2.4　服务业振兴与天津发展的关系问题

　　1952 年天津第三产业比重占 GDP 的 36.3%，北京为 39.1%；1978 年，天津为 24.3%，北京为 23.7%；2006 年，天津为 40.2%，北京为 70.9%。也就是说，天津经济结构并没有如预期或类似北京那样经历工业化过程向后工业化过程的转变，相反的是服务业的发展速度相对滞后于工业化的发展。这与天津金融经济的不发达，总部经济不发达有着明显的关系。

　　如果追溯根源，服务业不振与天津由于计划经济后港口优势丧失、商贸传统被耗散和服务于北京消费需求的功能丧失有着密切关系。天津在新中国成立前很长一段时期，一直作为漕运中心和外贸中心。集市的繁荣是天津卫历史的印迹。过去，利用交通枢纽和港口运输的优势，天津成为南北方货物的集散之地。今天，天津的大胡同仍然是小商品的集散中心。但现代服务业的发展早已经超脱了传统的商贸模式，天津在推进新的商业模式方面已经滞后于其他地区的发展。

服务业发展的滞后对城市整体发展具有较大的不利影响。首先会影响到一、二产业的发展。在全球化浪潮下，资本、产业、技术、人力资本的国际流动已经成为一种不可逆转的趋势。服务业发展滞后使得天津在获取外国优质的资本资源、机构资源、技术资源和人力资源时，与毗邻的北京相比缺乏了竞争优势，在承接产业转移方面缺乏竞争力。其次，对于提升城市功能，扩大就业吸纳能力，形成强大的人气，促进社会均衡发展有不利影响。天津的服务业不仅总量不高，而且服务业还主要集中于传统的服务行业，在创意设计、文化发展、制造服务和科技咨询方面缺乏集中度或规模较大的国内知名企业，直接影响到城市功能的发挥。

发达国家之所以发达的重要标志，就是服务业占经济总量的比例较高，通常在70%以上。天津要实现城市功能定位，实现整体经济结构的优化，进入"发达"行列，服务业的兴盛发达不可或缺。金融企业聚集、总部经济发达、软件信息、文化创意产业兴盛，繁多的大型会议、大型会展、大型主题活动已经成为取代传统商贸的重要活动形式。甚至于有人将一年举办的国际会议次数作为一个城市国际化的标志。因此，天津未来的商贸形式除了在传统的商贸领域维持发展不断创新之外，还需要开辟新的商贸形式，在新形势下打造新优势。当然，这与航运物流、金融以及很多的其他因素相关联。江苏、河北等地都出台了服务业振兴规划，天津的服务业振兴，同样需要高屋建瓴，长远规划，重点突破，以取得实质性的进展。

### 3.2.5　金融创新与天津发展的关系问题

金融与经济发展的关系在诸多学者的笔下有过探讨，金融在现实中的作用更是众所熟知。研究已经证实，金融体系对于经济增长具有重要作用。天津有着金融中心发展的优良传统（杨义芹，2005；刘继欣，1989；周立群、潘宏胜，2003），重整金融中心的昔日风采已经到了紧迫的时刻。在戴相龙任天津市长期间，天津的金融业取得巨大发展，渤海银行、天使基金等涌现，当前的产业基金、航空金融等为天津经济发展注入了新的活力因素。但必须反思的是，天津能恢复到新中国成立前全国第二大金融中心的地位吗？我们必须要探讨成为金融中心的基本条件。深圳、上海已经建立了股票上市交易的深交所、上交所，这些机构不可能在天津重复建设。当前，天津过去的解放路金融华尔街已经成为了各大银行分行的聚集地，而不是金融机构的中国总部。天津成为金融中心的历史并不意味着天津的金融业还能恢复到历史水平。

当金融中心已经"脱手"而不可得的情况，天津的选择是什么？天津目前拥有渤海银行、天津银行以及各个金融机构在津的分支机构。出路只有两条，一是做大自己的，二是用好别人的。如何做大渤海银行、天津银行，使之真正成为全国性的金融机构，是天津金融壮大自身的重要选项。另外，促使外地金融总部迁往天津，将来成立的全国性银行或非银行金融机构的总部设在天津，尽早允许天津经营境外人民币业务（冯之浚，1995）也是天津金融壮大的可选项。同时，天津滨海新区是国家综合配套改革试验区。金融是综合配套改革的重中之重。在金融方面，滨海新区被确定为全国保险改革试验区；滨海农村银行、工商银行金融租赁公司、摩托罗拉财务公司、渣打银行服务外包中心等一批金融总部机构落户滨海新区。而利用好现有的金融为经济发展服务，成为全中国乃至全世界利用金融促进经济发展最有活力的地方，扩大资金融通量，为发展对外经贸提供强大的金融支持是天津的现实选择。

### 3.2.6 自主创新与天津发展的关系问题

金融危机下，自主创新上升到了更加重要的地位。连老牌的资本主义国家英国也提出"要将英国的科技置于21世纪产业生产革命的核心地位"。天津作为科技中心城市，自主创新对天津发展的重要性更是不言而喻。事实上，外向型经济对天津的发展起到了重要的支撑作用。但是，天津经济的内生性不强，外资经济在天津的根植性不高。因此，加强自主创新，发展具有自主知识产权的本土经济是天津的必然选择。

时任天津市委书记张高丽同志在讲话中指出，自主创新不大不强已经成为制约天津发展的重要因素。自主创新的关键在于将发明、专利等技术付诸应用，实现商品化，做到规模化和产业化。天津虽拥有天津大学、南开大学等一批中国最早的大学，拥有雄厚的科教资源，但科技成果产出及成果的转化远不及京沪有效，迄今也没有因科研院所的成果而产生类似联想、华为这样世界知名的大型高科技企业。要在新经济下抢占全球价值链的高端，提供高技术产品和高附加值的商品与服务，天津自主创新任重道远。

系统地看，自主创新不是孤立的，需要创新型科研人才和创新型企业家，需要科技金融的早期扶持和后期放大，需要"产学研官金"的共同推动。从天津的基础来看，高层次人才、高水平机构、高科技成果的缺乏是掣肘因素。因此，充分地利用外部（国际国内）的科技资源——机构资源（研发机构、科研院所）、人才资源、成果资源以及创新型创业人才到天津来发展，已经成为天津后发居上必须借助的重要力量。这个过程中，还必须辅以大量的物质资本投资（含公共基础设施投资）、人力资本投资——为过去60年的物质资本和人力资本积累不足补课。以此为基础，通过实施大项目、建设大平台、开创新事业为自主创新的实现提供舞台。

### 3.2.7 滨海新区与天津发展的关系问题

北方国际航运中心和国际物流中心，逐步成为经济繁荣、社会和谐、环境优美的宜居生态型新城区，滨海新区目前已经成为国内外媒体炙手可热的词汇。甚至有人说，滨海新区是天津的滨海新区，更是国家的滨海新区，也是世界的滨海新区。无论措辞为何，"开发滨海新区，振兴天津，服务全国，面向世界"是滨海新区肩负的责任。

随着滨海新区开发开放的深入，滨海新区资源吸纳集聚能力不断上升，中心城区和各区县发展的压力也越来越大，关于推进滨海新区、中心城区和各区县三个层面联动的需求越来越迫切。有分析表明，滨海新区集国家战略与良好的政策氛围于一身，资金和产业增长如此之快，以至于区县的资源吸纳集聚能力出现了负增长（闫凌州，2009）。目前，滨海新区的经济贡献已经达到天津全市的50%以上，如果这种趋势发展下去而区县和中心城区滞后，一增一减之间，全市的平衡发展、和谐发展可能就会被打破，将不利于天津整体城市功能定位的实现。

因此，正确处理好滨海新区在天津发展中的地位和作用值得深入研究与思考。目前，天津规划在国家赋予的功能定位上进一步发展，提出了"双城双港、相向拓展、一轴两带、南北生态"的总体发展战略，将滨海新区提升为与中心城区并列的双城之一，成为天津的城市副中心。通过双城及居间地带的开发与发展，带动天津整体空间布局优化。这也意味着新区与城区的关系要进一步明晰，滨海新区对于全市发展的龙头带动作用不仅要以经济发展为纲，还要全面服务于天津的经济社会发展和区县发展。

### 3.2.8 区县经济与天津发展的关系问题

区县是天津推进滨海新区、中心城区和各区县三个层面联动的重点和难点。这里的切入点在于县域经济与天津发展。与北京的区县和江浙的一些区县相比，天津的区县面临着总体经济实力不强，私民营经济不活，科技竞争水平不高的现象。经济实力不强使得区县的财政收入不高和人均收入受到制约，对于更优的环境和基础设施只能"望"而远之。区县经济的不强同时也制约了天津总体经济和形象的发展，导致产品消费需求和服务需求不如发达地区旺盛，直接影响到天津的综合经济实力和竞争力。

因此，区县发展的水平已经成为制约天津经济发展再上一个台阶的重要因素。着力打造天津的"华西村"，壮大县域经济，需要激发区县的私民营经济发展。新时期的县域经济发展已经脱离了乡土经济的范畴，需要实现生产的现代化、规模的扩大化和市场的国际化，并最终形成自主的知识产权和自主品牌。如何凭借自身的资源禀赋优势以及创新的活力、创造的动力实现区县经济的迸发式增长，与滨海新区的发展错位和补位，值得深思。

### 3.2.9 文化环境与天津发展的关系问题

这里的文化更多指商业文化。冯之浚指出，"今天的经济就是明天的文化。今天的文化就是明天的经济"（冯之浚，1996）。吴良镛院士也曾指出，经济建设的高潮必然要带来文化建设的高潮。可见经济和文化之间有着多么紧密的联系。其实，区县经济也好，金融服务、科技创新也罢，都与文化环境有着密切的关系。津卫文化属于北方文化，一个"卫"字局限了天津文化的拓展。天津在晚清和北洋时期的兴盛主要得益于北京地位的提升对天津提出的军事及民用品需求，以及娱乐文化需求。而天津正好也具备这样的区位条件。即使如此，天津的商贾也极少转战异地，反倒是广东、安徽、山西的商人在天津开辟了一番事业。当北京不再需要天津"卫"的时候，计划经济的压制便使天津失去了商业文化发展的外援。

天津的文化有一些"小"文化的气息——注重的层面和着力的氛围缺失放大为产业的基础或能力，与现代的产业体系之间缺乏一种天然的联系。而且，缺乏一种碰撞型的文化，缺乏一种变革型的文化。最近掀起了对武汉的城市文化的讨论，说武汉具有江湖气和侠气。与之形成反差的是，天津的文化更多的是一些市民气，而少有商业气，更缺失了独立、自由和冒险精神。如果将天津的卫文化转变为开放型的文化形态，打造一个开放、创新的文化环境，增强天津城市发展的软实力，将成为天津经济发展的重要方面。因此，文化的培育和转变不是单纯的宣传诱导所能实现的。加大对创业和创新的各类人才和各种行为的激励力度，形成全社会重视发明创造、创新创业的氛围不可或缺。

### 3.2.10　国际化与天津发展的关系问题

"国际化港口城市"是国家赋予天津的首要的城市功能定位。根据王爱兰（1999）的分析，天津具备国际化港口城市的基本条件，但经济实力偏弱、经济活动国际化程度不高、金融中心功能偏弱、现代化基础设施不健全等制约了天津的国际化港口城市建设。因此，如果定位为国际港口城市，天津还存在较大的差距，与伦敦、鹿特丹、汉堡等比较，需要提升的内容还比较多。然而，天津绝不仅仅是一个港口城市。在历史的长河中，天津扮演过经济中心、金融中心、贸易中心，绝不缺港口城市这个称号。天津对国际化的理解还需要进一步升级和模式化，以便向全世界传递一个"正确"的信号——天津是一个国际化大都市，这恰恰是人们（至少是天津人民）对天津的期望。

天津的目标不能缺少了国际化，但从天津的基础看，距离国际化大都市还较远。从发展来看，天津的国际化首先要回到和北京的关系上来，要借北京的国际地位来不断提升天津的国际地位。目前，天津在生产的外向型上已经取得了巨大的成效，外籍高级经营管理人员和技术专家不断加入天津。但天津在国际交流与合作，尤其是国际航空、总部经济、星级宾馆以及服务水平的国际化方面还存在着明显的短板。根据一般的理解，国际大都市的标准要求外国居民在城市人口中占有一定的比例，通常还要求具有国际化的航空运输条件，国际化水平的服务业发达程度，拥有大量的公司总部或国际机构的总部，大型国际会议频繁等。国际化虽然还很遥远，但作为天津的既定目标，仍需要继续努力实现，也许首先成为像汉堡、鹿特丹那样的国际化港口城市正是前进的第一步。

## 3.3 ▶ 简要结语

天津的发展面临着重大的历史机遇，把握这一机遇需要我们准确地把握内外部环境和关系。通过京津同城、金融助力、科技起舞、双城双港，天津的发展必将走上新的高峰。我们希望看到天津作为一个现代国际化大都市崛起屹立于渤海之滨，在 21 世纪迎来属于自己的辉煌。

说明

　　本章内容由天津市科学学研究所 2009 年学术论文的一部分扩充而成，后来以《天津经济发展需要面对的十大关系》为名正式发表在《天津经济》杂志 2010 年第 8 期上（唐家龙，2010）。当时困惑于天津发展没有大开大合的气势，就希望从多方面找找原因，借鉴毛泽东同志《论十大关系》写了这篇文章。今日看来，这十大关系在过去、现在、将来都是天津发展需要正视的重大问题，有的方面已经得到国家层面或天津市委市政府层面的高度重视，如京津关系、天津的金融定位、天津的文化问题等。

# 第 4 章

# 天津——迈向 2025 年世界级城市

城市是经济增长的主要驱动源泉。2011 年 3 月发布的麦肯锡英文报告《城市的世界：映射城市的经济实力》（Dobbs，2011），通过分析全球 2000 多个城市发现，600 个大中城市聚集了全球 20% 的人口，却创造了全球 60% 的 GDP。报告认为，到 2025 年城市仍将是全球经济增长的驱动力量，中国的上海、北京、天津、重庆、深圳、广州等将是全球最具经济活力的城市，天津被认为是最潜力的 25 个大城市之一。本文对相关资料数据做了编辑整理，并借此提出了天津发展要以更高目标——建设世界城市为引领，通过实施绿色计划、创新计划、品牌计划（简称 BIG 计划）走向新的征程。

## 4.1 ▶ 城市在世界经济版图中的地位和作用

### 4.1.1 大城市将成为未来经济增长的支柱

当前，世界上一半的人口已经生活在城市，创造了全球 80% 以上的生产总值。全球 380 个发达国家和地区的 600 个大城市，聚集了世界上 20% 的人口，创造了全球 60% 的 GDP。报告预测，到 2025 年，600 个大中城市仍将贡献全球 60% 的 GDP。当然，到时这些贡献最大的城市可能并不全是当前的这些城市，但全球城市的布局基本稳定（见图 4-1）。

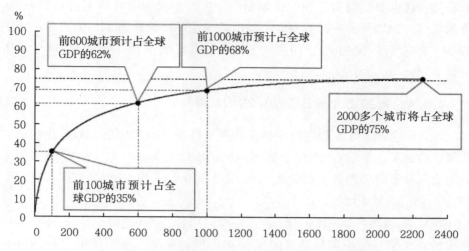

图 4-1　麦肯锡报告对未来城市对全球经济增长贡献的预测

### 4.1.2　城市经济贡献的重心将向发展中国家转移

今后 15 年，前 600 城市的重心将向南和更明确地向东转移。到 2025 年，预计有 136 个新城市进入前 600 城市中，其中 100 个将来自中国，包括哈尔滨、汕头、贵阳等。另外，印度会有 13 个城市入围，包括海得拉巴和苏拉特。从增长角度来看，报告筛选出 230 个增长型城市，这些城市的人口在 15 万到 1000 万之间，是一些中量级城市，例如我国的抚顺就进入了这个名单。但是，认为只有新兴市场的城市才会出现快速发展是一个错误的观点。报告指出，北美的 98 个城市可能在 2025 年之前贡献 10% 左右的增长份额，发达国家仍将在世界经济版图中占据重要地位。

### 4.1.3　城市经济贡献的来源主要是人口增长和劳动率提升

基于诺贝尔经济学奖获得者卢卡斯和贝克尔的经济增长模型，经济增长的贡献将主要来源于人力资本禀赋相关的人口增长和劳动生产率提高。麦肯锡预测，从 2007 年到 2025 年，前 600 城市的经济总量将从 29.7 万亿美元上升到 63.5 万亿美元，人口将从 14.8 亿人上升到 20 亿人左右，人均收入将从 2 万美元上升到 3.2 万美元；前 600 城市的经济总量占全球比重达到 62% 左右，年复合增长率将达到 4.3%，其中人口增长将贡献 1.6%，而人均收入（劳动率）增长将贡献 2.7%。

麦肯锡发现，城市经济增长最快的国家拥有着大规模的人口和高水平的城市化。这也与目前对巴西、俄罗斯、印度、中国等金砖四国的观察一致。预测显示，2025年，中国的602个城市将为全球增长做出31%的贡献，美国的244个城市将贡献10%，印度的177个城市贡献3.7%，巴西的34个城市贡献2.8%。

### 4.1.4 到2025年最具活力的25大城市

麦肯锡全球研究院利用对中国、印度、拉美等国家和地区城市化的研究积累，构建了一个超过2000个城市地区的城市数据库，基于这些城市的人口、收入和家庭户趋势，结合各城市GDP现状、人均GDP等数据，提出了25个最热门的城市地区。

预计到2025年，纽约、东京、上海位居城市GDP前三位，人均GDP奥斯陆、多哈、卑尔根居前，GDP增长上海、北京、纽约居前，总人口东京、孟买、上海居前，年收入超过2万美元的家庭户东京、纽约、伦敦居前。天津多项排名指标位居前列，其中GDP增长排位最前，列第4位，GDP列第11位，总家庭户列第17位，成为国内继上海、北京之后的热点城市（见表4-1）。

表4-1 2025年的25个世界经济发展热点城市

| 排名 | GDP | 人均GDP | GDP增长 | 总人口 | 儿童 | 总家庭户 | 年收入超过2万美元的家庭户 |
|---|---|---|---|---|---|---|---|
| 1 | 纽约 | 奥斯陆 | 上海 | 东京 | 金沙萨 | 东京 | 东京 |
| 2 | 东京 | 多哈 | 北京 | 孟买 | 卡拉奇 | 上海 | 纽约 |
| 3 | 上海 | 卑尔根 | 纽约 | 上海 | 达卡 | 北京 | 伦敦 |
| 4 | 伦敦 | 澳门 | 天津 | 北京 | 孟买 | 圣保罗 | 上海 |
| 5 | 北京 | 特鲁赦姆 | 重庆 | 德里 | 加尔各答 | 重庆 | 北京 |
| 6 | 洛杉矶 | 布里奇波特 | 深圳 | 加尔各答 | 拉各斯 | 纽约 | 巴黎 |
| 7 | 巴黎 | 华城市 | 广州 | 达卡 | 德里 | 伦敦 | 莱茵鲁尔 |
| 8 | 芝加哥 | Asan市（韩） | 南京 | 圣保罗 | 墨西哥城 | 孟买 | 大阪 |
| 9 | 莱茵鲁尔 | 圣荷西 | 杭州 | 墨西哥城 | 纽约 | 德里 | 莫斯科 |
| 10 | 深圳 | 丽水市（韩） | 成都 | 纽约 | 马尼拉 | 墨西哥城 | 墨西哥城 |
| 11 | 天津 | 卡尔加里 | 武汉 | 重庆 | 东京 | 莱茵鲁尔 | 洛杉矶 |

（续）

| 排名 | GDP | 人均 GDP | GDP 增长 | 总人口 | 儿童 | 总家庭户 | 年收入超过 2 万美元的家庭户 |
|---|---|---|---|---|---|---|---|
| 12 | 达拉斯 | 艾因市 | 伦敦 | 卡拉奇 | 开罗 | 巴黎 | 圣保罗 |
| 13 | 华盛顿特区 | 爱丁堡 | 洛杉矶 | 金沙萨 | 拉合尔 | 加尔各答 | 首尔 |
| 14 | 休斯敦 | 夏洛特市 | 佛山 | 伦敦 | 圣保罗 | 拉各斯 | 芝加哥 |
| 15 | 圣保罗 | 旧金山 | 台北 | 拉各斯 | 喀布尔 | 大阪 | 米兰 |
| 16 | 莫斯科 | 达勒姆 | 德里 | 开罗 | 布宜诺斯艾利斯 | 达卡 | 孟买 |
| 17 | 重庆 | 蔚山 | 莫斯科 | 马尼拉 | 罗安达 | 天津 | 开罗 |
| 18 | 兰斯塔德 | 华盛顿特区 | 新加坡 | 深圳 | 伦敦 | 深圳 | 香港 |
| 19 | 广州 | 波士顿 | 圣保罗 | 洛杉矶 | 洛杉矶 | 莫斯科 | 台北 |
| 20 | 墨西哥城 | 贝尔法斯特 | 墨西哥城 | 布宜诺斯艾利斯 | 科伦坡 | 成都 | 兰斯塔德 |
| 21 | 大阪 | 纽约 | 沈阳 | 里约热内卢 | 巴格达 | 开罗 | 深圳 |
| 22 | 费城 | 大维多利亚（巴西） | 西安 | 天津 | 上海 | 里约热内卢 | 伊斯坦布尔 |
| 23 | 波士顿 | 堪培拉 | 东莞 | 巴黎 | 巴黎 | 武汉 | 德里 |
| 24 | 旧金山 | 西雅图 | 孟买 | 雅加达 | 雅加达 | 洛杉矶 | 布宜诺斯艾利斯 |
| 25 | 香港 | 苏黎世 | 香港 | 伊斯坦布尔 | 伊斯坦布尔 | 布宜诺斯艾利斯 | 马德里 |

说明：①发达国家包括美国、加拿大、西欧、澳大利亚、日本和韩国；②2025 年 GDP、人均 GDP、2007—2025 年 GDP 增长预测均基于预测汇率；③儿童指年龄低于 15 岁的人口；④家庭户年收入超过 2 万美元以购买力评价计算；⑤墨西哥城指都市区域。以上数据来源于 MGI Cityscope 1.0。

预计天津将在家庭户数量上取得突破性增长，成为继拉各斯、成都、深圳之后的家庭户快速增长城市，表现优于开罗、加尔各答等大都市；在收入方面也将超过开罗、伦敦、莫斯科等大型城市；同时，天津在老龄化方面将面临严峻的挑战。

## 4.2 ▶ 下一轮中国经济的增长驱动力

### 4.2.1 中国经济发展的内在驱动力

改革开放以来，农村农业改革抓住了家庭主体和土地权益关系，城市工业抓住了企业主体和所有权、经营权之间的关系，实现了中国经济持续 30 多年的快速增长，创造了世界经济史上的中国奇迹。未来，中国经济发展的内在动力是什么？

从国家层面看，"十二五"规划强调世界多极化、经济全球化、科技创新孕育新突破等世界性议题，强调国内工业化、信息化、城镇化、市场化、国际化深入发展，提出要坚持把经济结构战略性调整作为加快转变经济发展方式的主攻方向，坚持把科技进步和创新作为加快转变经济发展方式的重要支撑，将工业结构优化、战略性新兴产业取得突破作为重要的发展目标。

这与一些学者的观点相一致。如清华大学胡鞍钢认为，未来 20 年，中国五大发展引擎：工业化、城镇化、信息化、国际化、基础设施现代化，将为中国经济增长提供新的、源源不断的动力。北京大学的周其仁则突出强调了城市化的引擎作用，指出城市化将成为中国经济的下一个增长极，并介绍了成都经验。成都通过合理地利用国家土地增减挂钩的政策，实现了"城市土地扩大，农村建设用地减少"的挂钩之举，通过城市、农村级差土地收益分配模式的改变，在土地资源、资金投入之间找到了一条推进城市、新农村建设发展的路子，具有很好的借鉴作用。

这些观点，仍然可以归结到投资驱动和消费驱动，但进一步地明确了投资的方向和消费的来源，对中国经济未来的整体走向起到了把脉诊断的作用，具有较好的实践指导意义。

### 4.2.2 城市和城市群在未来发展中的主导作用

从世界各国的趋势来看，经济发展越快，人们越富有，人的聚集程度反而越高，而不是分散开来。中科院地理所封志明的最新研究发现，新中国成立 60 多年来，中国的人口聚集程度进一步提高，主要的一个趋势就是向城市聚集。可见，城市在中国发展中的作用日益重要。

国内很多地方也提出了建设城市群、城市圈的概念，探索在更大范围上的城市群落共赢发展。获得 2011 年国家最高科学技术奖的吴良镛先生，曾提出了京津冀都市圈的概念，国家有关部委也组织编制了相应规划，着眼从区域和城市群的角度推动发展。在中部崛起战略中，湖南提出两型社会建设，将长株潭三市并举，提出了"3+5"城市集群——实现长沙、株洲、湘潭三市与衡阳、常德、岳阳、益阳、娄底五市社会经济的一体化发展。

麦肯锡报告中将中国分为了 22 个城市集群，其中有 7 个巨型集群，从北向南包括京津冀、山东半岛、南京、上海、杭州、广州、深圳等为中心的七大城市集群，包括了 37 个城市，占全国 GDP 的 10% 以上，中心城市的 GDP 占到 7.3% 以上；10 个大型集群，包括长春—哈尔滨、辽中南、关中、中原地区、合肥、长江中下游、成都、重庆、长株潭、海西等城市集群，包括 25 个城市，集群 GDP 占全国 2.7%，中心城市占 1.1%；5 个小集群，包括以呼和浩特、太原、南昌、昆明、南宁等为中心的城市集群，包括 15 个城市，集群 GDP 占全国 1.2%，中心城市约占 0.6%。

## 4.3 ▶ 对天津建设世界城市的几点思考与建议

自 2006 年滨海新区开发开放纳入国家战略以来，天津受到了全世界的关注，在经济社会发展中取得了受全国瞩目的优异成绩，近两年经济发展增速保持在全国前列。2010 年，天津人均 GDP 突破 1 万美元；2011 年，地区 GDP 总量达到 1.1 万亿元，成为省区万亿俱乐部集团中的一员，进入了创新驱动、内生增长的经济发展新阶段。经济发展带来了人口和人才的大汇聚，天津登记人口总量已经突破 1600 万，在人口规模上已经进入世界城市的范畴。

根据麦肯锡报告，人均 GDP 和人口的增长是未来城市增长的驱动力，天津具有极大的潜力。紧紧抓住第三个黄金增长期的机遇，将巨大潜力转化为发展动力和实力，建议：天津以建设世界城市为目标，围绕打造"世界活力之城"，以世界城市标准加强"软实力"和"硬实力"建设，提升天津的国际形象和地位。

（1）加强软实力建设，在城市品牌塑造上，面向"世界活力之城"目标，整合天津发展的高端产业高地、自主创新高地、"智慧天津"等建设发展目标，加强部门委办协调，在经济发展、科技发展和社会发展领域形成大一统、融合化的发展体系。例如，探索推出天津发展 BIG 计划（或类似计划），以品牌化（Brand）、智慧化（Intelligence）、绿色化（Green）为三大支撑，形成全市对外的统一形象设计，加强全球推广，强化科学技术在城市发展中的创新驱动作用，打造天津城市的国际化品牌。

（2）加强硬实力建设，围绕世界指标（通常包括人口规模、地区 GDP、金融储备与服务、跨国公司总部数量、国际组织的总部、国际化的先进交通网络、重要的海港、国际学生就学、著名博物馆等一系列软硬指标），着力加强聚集国际化高端人才、世界级研发机构，建设世界级邮轮母港等，增强劳动率提升、内需增长对天津发展的贡献。

（3）借助城市集群发展，加快构建世界级区域发展新高地。要紧紧把握世界城市发展的趋势和中国区域城市群发展的趋势，推动国家实施京津冀城市群发展战略，以京津冀都市圈和创新圈建设为抓手，促进京津科技资源的聚集、开发，带动京津城市群、高新技术产业带的共生发展，抢占国家城市群发展和新兴经济体城市群的先机，占领世界 600 城市发展的鳌头。

---

**说明**

本章内容主要借用了麦肯锡报告和一些网络上的观点以及自己的所思所想，曾以《天津——迈向 2025 年的世界城市》为名，作为特稿发表在《环渤海瞭望》杂志 2012 年第 5 期（唐家龙，2012）。本章内容最初是阅览麦肯锡报告时的一个想法，觉得天津的定位需要更宽的视野，面向更大的空间。如果说天津要建设世界城市，当然有夸大之处，但如果天津的发展不以"世界的天津"着眼，又如何能够打造"天津的世界"？回头来看，当时借鉴麦肯锡报告提出的打造世界级城市群的建议，已经成为了京津冀协同发展规划中的重要国家目标。但是，天津如何抓住京津冀协同发展的机遇，更好地推进社会主义现代化大都市建设，依然还在路上。

# 第2篇

# 论京津冀中的天津

# 第5章

# 京津冀创新圈

京津冀都市圈作为环渤海区域的核心，是未来中国北方参与国际竞争的主要依托，具有十分重要的战略地位。2004年，国家发改委启动"京津冀都市圈区域规划"编制工作，标志着推进京津冀区域经济全面协调发展进入国家战略层面。"十一五"以来，随着京津冀区域合作的不断深入，区域内主要城市功能定位和分工进一步明确，基础设施共建与产业转移已开始实现。当前，在国家大力推进自主创新、促进战略性新兴产业发展的背景下，京津冀区域经济发展迎来了新的重要机遇，区域联合创新、协调发展成为地区经济可持续发展的重要途径。

## 5.1 ▶ 区域创新圈的概念与组织特征

区域创新圈是指在既定的经济区域内，各种与创新相关联的主体与非主体要素以及协调各要素之间关系的制度和政策所构成的组织与制度网络，在网络内部以实现创新要素的最优配置为目标，各创新主体要素通过创造、扩散和使用新的知识和技术，对区域经济、社会和生态产生重要影响，实现区域内经济社会的协调可持续发展。

区域创新圈的组织特征可以概括为三点：松散耦合、结网竞争、优势互补。

（1）松散耦合。创新圈的各个组成部分保持着既相互联系又彼此独立的关系。虽然存在着客观上的行政分割，但是各级政府部门通过营造政策环境和规范市场秩序，实现创新要素在创新圈内自由流动，在产业协作、基础设施共享、民生保障等方面有机结合。

（2）结网竞争。创新圈内部的经济联系日趋密切，合作共赢成为内部共识，区域竞合关系由创新圈内的"单点"之争转向创新圈之间"结网"竞争。以创新圈为整体，与国内外其他创新集群竞相抢占科技创新和经济发展的先机，提升区域的整体竞争力和活力。

（3）优势互补。创新圈内各政府部门重视和强调区域合作，将产业、科技、人才、交通等规划思路普遍放置于区域格局中定位审视，以资源共享优势互补为目标，在创新圈内建立平衡机制，进行分工协作，保障区域统筹协调发展。

## 5.2 ▶ 构建"京津冀区域创新圈"的基础与需求

### 5.2.1 打造京津冀创新圈的基础与条件

京津冀地区是我国高校、科研院所和科技产业园区最为密集的地区，拥有广博的科技学科体系和完整的技术体系、丰富的创新人力资源和比较充足的创新资金投入。区域内创新成果丰硕，技术交易市场保持活跃运转，特色产业创新链已初步形成。国家科技部发布的 2009 年全国及各地区科技进步统计监测结果显示，北京和天津的综合科技进步水平名列国内三甲，而河北省虽然排名中游，但是科技进步水平指数比 2008 年提高了 2.17 个百分点。京津冀都市圈区域规划已上报国务院，即将上升为国家发展战略。在三方的共同推动下，京、津、冀已从过去"争资源、争项目"的模式向"互相协调、共促发展"的模式转变。随着区域经济整合发展的程度不断加深，京津冀三地应在产业链、产业集群、产业升级和产业一体化等方面尝试进行体制和机制创新，初步形成了适应于京津冀发展的区域科技合作新发展模式，为区域创新圈的构建提供了良好的基础（见表5-1）。

表 5-1　我国三大创新区域科技资源占全国的比重（2008 年）

| | 研发机构数 | 研发机构科技活动人员 | 研发机构 R&D 人员全时当量 | 研发机构科技活动经费 | 研发机构课题数量 |
|---|---|---|---|---|---|
| 京津冀 | 13.3% | 27.7% | 29.4% | 34.9% | 31.9% |
| 沪苏浙 | 10.4% | 14.5% | 14.8% | 17.8% | 17.2% |
| 粤 | 5.0% | 3.2% | 2.2% | 3.1% | 5.8% |

数据来源：《中国科技统计年鉴2009》。

### 5.2.2 问题与需求

京津冀区域科技合作缺乏一个整体的协调机制,三省市的科技政策与科技计划衔接性较差。当前合作主要表现在定期举办的会议和比较小的项目合作上,跨省、市的区域合作项目很少,对区域经济发展的带动作用不大。创新要素流动性较低,尤其是人力资本,极大地影响了科技创新资源的配置效率;科技和经济落差大,甚至形成了"产业悬崖",技术扩散和产业转移难度大,难以形成区域合作共赢的局面;科技中介服务水平不高,市场化运作有待规范,制约了科技成果跨区域转化和科技要素的跨区域流动。

## 5.3 ▶ 国内外重点区域创新合作的经验与启示

当前我国的区域经济发展正在发生深刻转变,在发展方式上,各省市努力向产业提升、结构优化的"质量型"转变;在发展动力上,由要素投入驱动向要素效率和自主创新效率驱动转变。区域一体化趋势逐步加深,区域竞合关系由各地区间的"单点竞争"转向地区间的"结网竞争"模式。选择合作共赢,避免恶性竞争已经不言而喻。

### 5.3.1 东京创新圈

东京都市创新圈主要指日本东海岸太平洋沿岸城市带,从东京湾的鹿岛开始,经千叶、东京、横滨、静冈、名古屋、大阪、神户到北九州的长崎,总面积约 10 万平方公里。在东京都市创新圈中,东京是日本全国的政治中心、文化中心和经济中心,在都市创新圈内的首位度和经济集聚度很高。东京总部经济功能十分突出,集纳了全国信息发布的 1/3、媒体从业人员的 45%、网络服务的 80%、大型文化设施的 33%、科学研究人员的 46% 和外资法人企业的 90%。同时东京都市创新圈还拥有一批与东京错位发展、适度分工的次级中心城市,如大阪、名古屋等,这些城市虽已先后进入服务经济阶段,但其作为制造业中心城市的特征依然明显。

经验与启示:一是以政府为主导积极推动都市创新圈的规划建设。以东京为核心的都市创新圈规划大约每十年修订一次,每次均根据国际背景变化、国内战略要求和东京承担的历史使命的变迁，做出适应性调整和完善。最新一次规划主要体现在抑制东京首都职能过度集中、推进核心城市与周边中枢据点城市的职能分工与协作上。二是构筑不同层次和各具特色的创新单元。为了缓解中心城区压力及促进产业集群化发展，东京在其中心城区及外围区域合理布局和建设了一批以新城体系建设为支撑的创新功能区，如筑波科学城、八王子大学城、尖端科技和情报交流中心等，逐步形成了支撑东京都市创新圈的战略性空间框架。三是高度发达的现代交通网建设，实现了创新要素的高效聚集和扩散。全世界最密集的轨道交通网构成了东京与周边城市的重要纽带，有效地支撑了东京都市创新圈。

### 5.3.2　深港创新圈

深圳市于 2005 年提出深港创新圈的建设构想，得到了香港特区政府的支持。经过两年的调研和商讨，2007 年 5 月 21 日，深港两地政府签订了《深港创新圈合作协议》，深港创新圈进入实施阶段，并逐步形成了创新圈模式效应。目前，深港创新圈在创新及科技合作、创新制度、创新模式、创新效益等各个方面已取得了重大进展。深港两地投放了大量的资源，合作资助项目涉及通信技术、照明技术、机械人制造系统、中药检测等，已经设立了 5 个创新基地、12 个服务平台以及 4 个重大专项实施工程，推动相关企业实现了快速发展。在国家"十二五"规划即将推出和实施之际，深港两地将在绿色科技、生物科技、新能源等领域还会继续展开深入合作。

经验与启示：一是自上而下积极推动创新圈的发展。深港两地政府签订合作协议，制订具体的行动计划，并且定期召开督导会议检查、评估和总结创新圈建设的对策措施，双方合作的操作性很强。二是充分利用各自的资源禀赋，实现优势互补。利用香港的人才、研发和金融中心的优势，同时依托深圳的相对较低成本和产业化优势，实现合作共赢。三是注重基础创新平台的建设。在深港合作计划中，安排了十余项研发基地、创业园区、公共技术平台、成果转化中心等项目的建设，为深港地区的科技创新引领经济发展奠定了基础。四是配合珠三角地区产业发展与升级的需要，联合资助创新专项合作研究，共同推进重大项目的产业化发展，实现经济效益提升。

## 5.4 ▶ 构建京津冀创新圈的思考与建议

### 5.4.1 总体思路与基本原则

总体上，以深化京津冀区域合作、加快产业发展为目标，以增强京津冀整体创新能力为主线，以改革创新、扩大开放为动力，充分发挥比较优势，着力加强在发展空间、产业功能、资源要素、基础设施和产业政策等方面的对接融合，推进战略性新兴产业壮大发展、实施区域重大科技专项工程、实现区域创新要素自由流动，加快京津冀区域一体化进程，为京津冀地区成为我国经济发展的"第三极"提供创新支撑。在这个过程中要坚持以下原则：

一是坚持需求驱动。京津冀创新圈建设要有利于解决经济和社会发展中所面临的重大问题，既要满足区域经济社会的迫切需求，又要考虑科技自身发展的长远需要；既要解决加速实现产业结构优化升级的需求，又要着眼于资源环境、民生等经济社会的协调发展的需要。

二是坚持能力提升。京津冀创新圈建设要着眼于提升区域的综合竞争实力，通过寻找合作基点，启动区域创新引擎，促进区域发展所需的资金、技术、人才、信息等创新要素的流动，并选择具有良好基础和优势的领域进行合作，迅速提升层次和自给度，增强国际竞争力。

三是坚持优势互补。三地要整合地区存量资源、打破区域合作中的体制障碍，充分发挥北京研发中心、信息中心和总部聚集的作用，发挥天津制造、研发、物流基地的功能，发挥河北服务、产业配套的功能，树立以开放促合作的理念，形成全方位的协调互动格局。

四是坚持战略接轨。京津冀创新圈是一个超出省级行政区划而又从属于国家创新体系的子系统，京津冀创新圈的发展战略既要与国家总体战略相衔接，为推进创新型国家建设服务，同时又要注重与三地各自的发展战略相衔接，发挥三省市的积极性，促进共同繁荣和发展。

### 5.4.2 创新圈建设的突破口

紧紧抓住国家加快转变经济发展方式、大力发展战略性新兴产业的历史机遇，开拓思路、制订若干重点任务，多方面实现突破，切实推进区域创新能力的提升与产业结构的完善。

一是面向京津冀经济社会发展的重大需求，开展区域合作攻关。从区域重大科技需求入手，有效集成中央和地方科技资源组织，实施好具有重大战略意义的重大科技工程，实现重点技术的突破，切实解决区域经济、社会发展中的重大关键科技问题，大幅提高区域整体的竞争能力。在京津冀区域内设立区域科技发展专项计划和专项资金，围绕一些重大问题组织联合攻关，力争获取一批重大原创性科技成果，抢占前沿制高点；推进科技体制和机制创新，培育创新文化，创建具有国际竞争力的环渤海科技创新中心区。加强对重大项目的支持力度，通过地方科技计划与重大科技项目之间的衔接和协调，充分发挥地方科技资源的优势，同时加大企业对重大科技项目的参与力度。充分反映企业技术创新的需求，确保重大项目的顺利实施。

二是共同推进战略性新兴产业发展，创新京津冀区域产业链。围绕战略性新兴产业集群开展京津冀区域科技合作，按照产业链关系和专业分工要求组织、引导企业集聚成群，培育集群内的纵横向产业链条，形成相互依存的协作体系。在战略性新兴产业集群的形成和发展过程中发挥政府的作用，完善基础设施配套，改善产业氛围，制定合理的政策框架，降低潜在企业的进入门槛，营造有利于创新与合作的制度文化氛围。合理引导企业的创新活动。突破重点技术瓶颈，增加技术供给。提高企业再研发能力，增强创新动力。增强技术外部响应度，持续推动创新。以电子信息、新能源、新材料和生物产业等为重点，促进创新要素和产业项目向京津冀创新圈聚集，形成分工合理、特色各异的战略性新兴产业区域发展格局。

三是加速区域经济科技融合化，推进基础设施的共建共享。推进京津冀创新圈基础设施统一规划、同标准设计、同步建设，实现基础设施网络和服务一体化。加快建设京石、津秦、京沈、京唐客运专线，津保、京张城际铁路，大广、张涿、张承、涿密等高速公路，京涿、京廊、京燕等轨道交通，以及唐山港、黄骅港集疏运通道，打造京津冀创新圈一体化安全、方便、快捷的综合交通运输体系。加快曹妃甸、黄骅、沙岭子等骨干电厂建设和输配电网改造，完善风电站、热电站、抽水蓄能电站、生物质电站和太阳能电站等新电源生产供应体系，提高电力保障能力。加强卫星通信、移动通信、网络通信和固话通信等信息网络设施建设，积极推进电子政务、电子商务、数字工程和数据产业的发展，大力整合信息和网络资源，建设通信多元化、视频多元化等多功能通信网络，提升区域内信息设施的综合服务能力。

### 5.4.3　对策措施

一是加强政府规划引导。切实加强政府层面上的沟通和合作，制定切实可行的合作方案，将前期签订的协议框架付诸行动。按照小政府、大社会的管理模式，理顺开发区、产业聚集区和产业园区条块分割的行政管理体制，探索区域产业开发与经济社会发展一体化管理的有效途径，加快各级各类开发区（产业聚集区）由托管管理体制向独立行政管理体制过渡，强化产业功能区行政管理和统筹协调职能，实现区域一体化管理、产业一体化开发、基础设施一体化建设、经济社会共同发展。创新区域合作体制机制。突破行政区界限，探索建立京津冀产业发展的一体化规划、执行和监督体制机制，完善区域合作会商制度、产业政策衔接制度、重大项目对接制度和资源环境补偿制度等。

二是完善政策支持体系。抓住国家实施产业振兴规划的有利时机，落实好相关支持政策。积极争取国家财政性专项资金对京津冀地区产业发展的支持力度，增强企业发展的内生动力。加强区域科技政策的协调与沟通，营造科技合作氛围，经两市一省科技部门认定的科技企业、产品、机构等资质，均予以互认，并享受本地同等优惠政策。积极探索将京津的政策和优势项目适当向河北进行延伸。滨海新区拥有先行先试的政策优势，北京的产业园区也有政策优势，通过适当的方式将这些政策延伸到河北省环京津城市的产业园区，实行与京津两地相同的政策举措，加快实现河北与京津两地的产业对接。

三是推进要素顺畅流动。充分发挥京津两地智力资源密集的优势，创新京津冀创新圈的合作方式。在有利于促进产业结构升级的重点技术领域开展合作，促进基地、平台、人才、项目一体化发展。加速京津科技资源的集聚、流动、辐射与共享，促进生产要素的顺畅流动及产业的合理布局，最大限度地发挥京津科技资源的效能。河北省通过提高服务质量，改善综合环境，增强承接京津产业转移的吸纳承载能力，提升接续京津产业链条的配套发展能力，提高京津科技研发成果的转化吸收能力，形成"洼地效应"。

**说明**

　　本章内容是与原同事栾明共同完成的一篇论文，作为承担市科委科技战略研究项目的一个阶段性成果。当年项目立项是应北京方面一位专家的建议而立，目的就在于进一步从战略研究的角度加强区域的合作，为形成一种三地以战略合作为开端的紧密科技合作铺路，也是为寻找京津冀如何实现更均衡发展，更好地发挥京津作用提供一些决策思考。

第 6 章

# 日本建设国家战略特区的构想及其启示

2013 年 6 月 12 日，日本政府的"产业竞争力会议"❶ 审议讨论了日本的经济增长战略（或称日本再兴战略）。日本政府提出将健康、环境能源、下一代基础设施、地区资源列为四大重点领域，制定重点扶持的"战略市场创造计划""日本产业复兴计划"及"国际化战略"，并采取放宽管制及税收优惠等扶持政策，以期克服通缩、重振日本经济。在再兴战略中，提出创建"国家战略特区"，作为恢复日本地方经济活力、增强国际竞争力的重要战略支点，定于 2013 年 9 月启动实施。本文结合公开文献，对日本"国家战略特区"的构想和布局及其存在问题进行简要介绍，并结合天津发展提出有关建议。

## 6.1 ▶ 日本创建国家战略特区的基本构想

一是打造引领国家发展的战略特区。日本国家战略特区不是区域性特区，是引领国家发展的"国家级特区"。日本政府提出，要与地方自治体合作创设"国家战略特区"，以大城市为中心大幅放宽限制，通过经济和行政结构改革吸引世界的技术、人才和资金，打造能与伦敦、纽约匹敌的国际商业环境。根据《日本经济新闻》2013 年 4 月 16 日报道，国家战略特区的重点是放宽对大城市的限制和实行税收优惠，希望通过举意打造"世界最容易从事商业活动的业务环境"，在大城市主导下提升日本的整体竞争力。

二是形成推进特区发展的全新机制。为了保障特区发展规划，日本政府计

---

❶ 日本产业竞争力会议是日本政府于 2013 年 1 月 8 日决定成立的，由日本政府负责经济的 6 名阁僚和 10 名民间专家组成，安倍晋三担任会议主席，主要职责是制定促进日本经济发展战略的具体方案。

划成立以安倍晋三为首的特区咨询会议，并新设特区担当大臣以管理特区事务，以国家主导的方式来创建全新的特区机制。在特区内，日本将在外国医生执业、国际学校设立、都市公寓容积率等方面放宽管制。还将实施特别的投资减税政策，并放宽外资企业的市场进入限制，以提升日本的国际竞争力。

三是以大城市中心构建特区布局。各个候选的特区地方所在政府向中央政府提出申请，打造具有区域特点和国家引领性的新特区。预计以东京、名古屋、大阪三大城市圈为中心，选择5~6个地区建立新特区。

四是国家战略特区的规制改革举措。三大城市圈围绕企业所得税、企业运营成本、产业和创新、人才等初步提出了打造国家战略特区的规制改革建议。

东京都主要措施：①为实现最先进的医疗都市的目标，提出开放外国医生在日执业，在特区放宽"外国医生若未能持有日本的医师资格证就不能在日行医"的规定，允许外国医生进行某些诊察，计划引进会说英语的外国医生，建立通用英语的医疗体制，并配置相应的救护车和药剂师等。②同时对公共交通运输系统提出要求，实行都营地铁和公交车24小时运行，降低企业夜间业务的人员成本，同时促进夜经济的发展。以东京为例，配合羽田机场的国际化，如果地铁也实行24小时运行，就可以扩大外国的商务和旅游需求，进而推动晚间进行的经济活动。此外，如果深夜工作的员工能够乘坐地铁回家，企业负担也将减轻。已经有方案提出限定周五和周六深夜实行24小时运行。③进一步放宽东京都中心和临海地区容积率与用途限制等。放宽容积率与用途限制的范围将包括丸之内等东京都中心与临海地区、新宿车站、涩谷车站周边。

爱知县名古屋市主要措施：①允许航空航天产业按亚洲地区最低水平征收企业所得税。②放宽国外高端人才引进标准和入境、入籍的规制。③要求允许在公共道路上进行汽车自动行驶试验。

大阪地区的主要措施：①允许创新特区大幅下调企业所得税。②扩大科研机构等组织的捐赠扣除范围。③解除对民间运营公立学校的限制。

## 6.2 ▶ 日本国家战略特区建设面临的问题

日本经历了"技术立国""知识产权立国""创新立国"等发展战略演进，当前提出了构建国家战略特区，以图振兴日本经济。但无论是国内还是国外，无一例外的是，改革和发展必然受到规制和利益集团的抵制。日本的特区也面临着类似的挑战。闫海防在中国经济网上发表文章认为，问题主要体现为两个方面：

（1）特区产生程序存疑。日本的特区不是由中央政府决定的，没有划定固定区域推行特殊政策。日本特区设立是由地方政府向中央主管部门提出申请，对某些领域实施优惠措施。但由于政府主管部门在审批时不愿触犯既得利益集团，导致"特区"政策大打折扣。过去 10 年，日本的"特区"完全没有发挥经济增长和结构改革"火车头"和"发动机"的作用，变成徒有虚名的口号。

（2）特区举措突破性不大。为了吸引外国投资和海外人才，日本的措施以扩大中心城区容积率和住房用途、税收优惠为主要内容，一些地区提出将享受日式温泉公寓、延长餐馆营业时间、健全各种娱乐设施作为着力点。将日本的税收政策作为重要突破口是可取的，但非关税壁垒、排外性措施以及不利于外国资本进入也存在着较大的问题。

因此，"国家战略特区"的政策过于局部和"小家子气"。日本经济专家呼吁，日本政府应该虚心研究各国吸引外资的政策措施，在税收、劳务、技术、土地、审批手续等各方面制定出诱人的政策，才能真正发挥"国家战略特区"的作用。

## 6.3 ▶ 日本国家战略特区建设对中国和天津的启示

随着金融危机的深化，欠发达国家以金砖五国为首竞相发展，而发达国家为了保就业和维护竞争地位开始推行再工业化政策和贸易保护主义，这些都直接影响到中国经济发展的内外部环境。在进入升级版经济的转型时期，目前我国面临着品牌不彰、外需不振、大国不强的发展局面。如何在过去 30多年改革开放的基础上寻求新的发展动力，日本建设国家战略特区的动向对我们有所启示。过去，中国通过特区推动改革开放，实现了增长极效应，取得了突出成效。今天，我们是否仍然可以通过政策特区或创新特区来实现新一轮的发展？笔者认为，特区仍然可以是、应当是中国未来发展的重要选项。为增强区域发展动力和国际竞争力，有必要加紧自主创新和打造自主品牌，建设创新驱动的新特区。

一是争当国家创新驱动发展先行区。国家可以考虑针对"三强一弱"（经济实力强、科教实力强、产业实力强、资源禀赋弱）的东部沿海地区，尤其是京津冀、长三角、珠三角区域，选择有实力的区域和城市群，打造创新驱动发展先行区。例如，京津地区的科教资源在全球也堪称最为密集的地区，中关村的创业影响已经具有世界影响力，但还没有形成区域带动性，在中国经济升级版中的作用没有得到充分发挥。可以考虑，沿京津高铁、高速公路沿线，聚焦具备在全球领先的优势科研和产业领域，形成高技术产业集群带，打造"京津科技新干线"，将京津地区发展成为国家创新驱动发展战略的先行区。

二是建设具有世界影响的创新共同体。充分发挥北京中关村堪比硅谷的创新驱动能量，围绕京津科技新干线，沿北京中关村、河北廊坊、天津武清、北辰、东丽、滨海新区等发展节点进行布局，选择优势科研领域和（或）焦点产业领域，构建一批科技园区、大学与学院、重点实验室、民营研发企业融合发展的创新共同体，实现"知识产权与实物产权的融合，人力资本与金融资本的碰撞"，推动以研发集群为核心的投资与经济开发，促进研发成果产业化。

三是建设有利于技术转移的创新生态。在建设创新共同体的过程中，将硅谷、中关村的风险投资等与共同体的技术、创业项目结合起来，形成具有国际竞争力的创新创业政策、人才制度优势，尤其要优化和完善研发、税收、股权激励政策并加强落实，让新干线沿线高技术产业带分享到中关村创新创业氛围的红利，让股权激励创新创业，通过资本资金纽带优化技术转移体系，真正实现科技与经济结合。

---

**说明**

本章内容源起于十八届三中全会召开前夕，时任天津市委市政府领导和天津市科委主要领导高度关注天津在国家新一轮发展中的战略定位。因此组织天津市科学学研究所的骨干力量开展了系列研究。本章内容发表在天津市科学学研究所主办的《科技战略研究报告》2013年第14期（2013年8月），现略有修订。在本稿成文前期，天津市科学学研究所李春成所长带领团队已经初步提出了建设京津冀创新驱动发展特区、打造京津冀创新共同体的概念和构想，这一构想经过天津市科学学研究所组织京津冀专家多轮论证和不断修订，最终在2013年9月得到了天津市委主要领导同志的认可，推动形成了重大的政府决策。本章内容则是对发达国家如何推动区域发展的一个简要的经验借鉴。

## 第7章

# 京津冀协同发展中的天津优势与对策

■ 7.1 ▶ 问题的提出

十八大以来，新一届党中央形成了以习近平同志为总书记的领导集体。习近平总书记亲自谋划，将京津冀协同发展提高到重大国家战略的高度，以期在国家层面打破各个区域一亩三分地的行政壁垒，促进区域的共同发展。这一决定大大提升了京津冀区域在国家战略中的地位。

事实上，早在 20 世纪 80 年代，国内政界和学术界就已经提出过环渤海经济圈概念，21 世纪之初也曾提出过京津塘科技新干线的概念，国家"九五"计划、"十一五"和"十二五"规划曾将首都经济圈（环渤海、京津冀区域）作为重点规划内容。类似这些建议和研究很多（李勇，2004；孟广文，2009；马海龙，2009；王红茹，2011），但各类研究以纸面规划和学术研讨居多，政府间的实践行动还甚少。中央对京津冀的新定位和新要求，引发了新一轮有关京津冀协同发展的研究与实践高潮，在三地出现了一系列探讨如何协同和各地应当怎么干的声音。然而，这些举措缺乏对重大战略的深层认识，缺乏从政府与市场关系角度的探讨，中央政府所关注的"一亩三分地"问题没有得到实质性回应。要想发挥市场在资源配置中的决定性作用，打破行政壁垒至关重要。

但从京津冀的一个单元——天津来看，如何在京津冀协同发展中发挥天津作用呢？需要做一些思考。基于此，笔者认为，理论上和实践中都需要从思想高度、政府与市场关系角度来考察京津冀协同发展中的天津。内容安排如下：第二部分对相关文献进行简要回顾；第三部分提出京津冀协同发展的相关理论认知，并对京津冀协同发展前景做出初步判断；第四部分探讨天津在协同发展中的比较优势；第五部分提出天津在协同发展中的发展对策。

## 7.2 ▶ 京津冀竞合的文献简述

在经济全球化背景下，区域作为竞争的一个重要维度，已经在世界经济舞台中占据越来越重要的地位。然而，在区域间，存在着不同的行政主体或利益主体，主要是大大小小的城市主体。他们之间的竞争和合作与区域的发展和竞争力有着密切的关系。中国自加入 WTO 以来，面临着更加激烈的国内外竞争。在此背景下，如何加强国内各区域间的经济合作以实现区域经济一体化，同样是中国政府必须面对的一个重大课题（陈剩勇和马斌，2004）。

当然，可以观察到的是，经过 30 多年的改革开放，国内逐渐形成了一些相对紧密的行政区域，如以广东省为代表的珠三角，以上海为首的沪浙苏长三角，而京津冀或环渤海区域的经济合作显得并不那么紧密。这些区域增长三角的形成并非一帆风顺，同样存在着行政壁垒和利益冲突，行政区间"一亩三分地"问题明显。有学者认为，这种冲突本质在于政府职能转变与市场经济发展需求不相适应（王健等，2004）。因此，他们提出了政府范式转变的思路，使政府从统治者向治理者转变❶。以长三角为例，区域政府间的合作机制已经成为一种新的制度安排，2002 年就在构建区域大交通体系、信息资源共享、旅游资源合作、生态环境治理、天然气管道网络建设中达成了共识（马斌，2004）。这些共识转化为区域共同的实践，为区域市场的繁荣提供了有利环境。

尽管如此，无论是珠长角还是长三角，都只是中国辽阔大地上的东部沿海地区较为发达的代表，虽然其一体化程度较高，区域合作较为顺畅，但从国内来看，不同行政区划的区域间过度竞争、合作不足是最典型的表现，从而出现区域产业同构、地区贸易封锁和公共物品提供不足等现象（李伟和夏卫红，2011）。从京津冀区域来看，这些现象依然严重。京津冀内部差异没有随着改革进程缩小，而且还有扩大的趋势（孙久文等，2008）。北京作为中国首都，集聚了最优质和丰富的战略性资源，如人才、信息、科教等资源；天津作为直辖市和传统的工业城市，拥有相对丰富的科教和人才资源、雄厚的

---

❶ 中国共产党十八届三中全会的决定已经提出了现代治理的理念。

产业基础；河北则对京津进行自然资源、廉价劳动力的供给，成为北京巨大虹吸效应的最大受损方。近年，京津冀区域经济合作进展缓慢的障碍，在宏观、中观、微观三个层面的原因都存在（孙翠兰，2007）。归根结底，政府在中宏观的管制和微观市场的越位、失位、缺位是京津冀区域一体化不充分的原因所在。严重的产业结构同构、产业链断裂、经济梯度不合理、基础设施建设薄弱等问题困扰着三地的共同发展（蒋满元，2008）。当然，新中国成立以来，由于城市政府间行政等级制的影响（李伟和夏卫红，2011），在北京作为首都的巨大磁力效应下，津冀的发展出现了较大的滞后，政治地位的不平等导致资源分配的不平等是重要的原因（唐家龙，2010）。而北京由于累积的优势形成发展中的马太效应，日渐拉大了与津冀，尤其是与河北的距离。直接的后果就是，出现了大都市与贫困县区隔墙而立（王红茹，2011）。

陈剩勇和马斌（2004）认为，在中国的体制下，为了促进区域一体化或合作，政府间合作是重要途径。李伟和夏卫红（2004）提出了府际治理的概念，意图通过各级政府间为执行政策、解决跨区域公共问题与提供区域公共服务所形成的相互关联的互动机制，以解决问题为导向，加强联系，实现资源共享，并提倡私人部门的积极参与，来解决行政壁垒问题。蒋满元（2008）建议建立区域协调机构，完善地方政府考核机制。在传统的行政区划升格、合并破解行政壁垒的手段之外，王健、鲍静、刘小康等人（2004）提出了复合行政概念，即为促进区域经济一体化，在跨行政区划、跨行政层级的不同政府之间，吸纳非政府组织参与，经过交叠、嵌套形成多中心、自主治理的合作机制。区域间的一体化本质上体现为资本、人力、技术、信息等要素的优化配置和自由流动。人力资本作为技术载体，与资本、信息等紧密相关，是实现区域一体化的最重要因素。因此，依靠人力资本的配置与优化，突破区域边界效应，有利于缩小区域差异，促进区域协调发展（张树建，2012）。

如何实现京津冀区域更高水平的发展？从区域合作演进的历史看，观念、体制和利益是迫切需要突破的三道坎（马海龙，2009）。利益最被视为是阻碍京津冀合作的第一因素（王海稳，2008）。从发展的路径看，制定区域一体化发展规划，加强基础设施建设，构建区域交通基础设施网络体系，培育一体化市场和加强环境保护成为关注的焦点（蒋满元，2008；韩士元和唐茂华，2005；吴良镛等，2013）。在区域合作过程中，政府与市场关系非常重要。协调好政府推动与市场主导关系，关键在于逐步形成有利于协调区域利益的制度安排（韩士元和唐茂华，2005）。需要加强区域规划，并建立强有力的区域协调管理机制（彭永芳等，2011）。有学者以区域空间结构为研究对象，从点、线、网络和域面四个基本空间要素入手，针对京津冀区域城镇和交通体系，提出了"三轴、四区、多中心、网络化"的空间整合构想（陈红霞等，2011）。

区域发展和合作中，产业是最重要的因素，但不能重复产业趋同的传统路径。京津冀区域要素一体化是实现区域一体化的重要条件，祝尔娟认为，实现产业集聚、扩散、整合、链接以及产业结构优化升级是当前的紧迫任务（祝尔娟，2009）。事实上，京津冀产业一体化具备结构调整的驱动力、技术创新的原动力、通信交通的支撑力、成本攀升的推动力、制度层面的契合力（赵黎明和张莉，2011）。京津冀区域必须实行"优势互补，错位发展"，京津应该重点发展高科技产业和现代服务业，河北省应该走新型工业化道路，重点发展现代化的重化工产业和制造业（杨连云和石亚碧，2006）。建设京（廊坊）津塘高科技产业带是京津冀经济合作的重点，这与一系列研究的呼吁相契合（李勇，2004；赵黎明和张莉，2011a；于永达，2003；赵黎明和张莉，2011b；李春成等，2013）。从北京功能定位出发，孙久文等人提出北京应当在京津冀都市圈区域合作中发挥要素集散、发展服务、辐射带动和区域创新四项功能（孙久文，2008）。当然，他们关于北京建成区域创新基地、人才培养输送基地、产业升级和转移基地、物流产业发展基地的提法也反映出北京功能定位与发展手段存在严重错位。

京津冀地区被认为是珠三角、长三角地区之外最有潜力的发展区域（张树建，2012；韩士元和唐茂华，2005）。2006年，天津滨海新区上升为国家战略，天津被国家定位为北方经济中心；2013年，习近平考察天津时提出京津"双城记"，随后提出了京津冀协同发展战略，将三地协同上升到国家战略地位。在中国当前的形势下，京津冀协同发展迎来了历史最好的发展机遇。

## 7.3 ▶ 对京津冀协同发展战略意义的再认识

### 7.3.1 国家层面再认识

京津冀协同发展上升为重大国家战略，为本区域的发展带来了千载难逢的历史性机遇。这已经形成一种共识（张云等，2014）。习近平提出要立足各自的比较优势、立足现代产业分工要求、立足区域优势互补、立足合作共赢的发展理念，从实践上提出要加强顶层设计、加大对协同发展的推动、加快推进产业对接协作、调整优化城市布局和空间结构、扩大环境容量生态空间、构建现代化交通网络系统。这与前述的研究存在诸多契合之处，但更加全面和系统，对于协同的方向有了更加具体的指向。我们认为，京津冀协同发展不仅是党中央、国务院面向区域、面向生态发展的重大战略举措，更是面向中国未来、面向新型城镇化、面向全面深化改革建设的重大战略举措。从三地现实来看，京津冀两市一省，环京津有大片贫困人口，共同受到大气污染、水资源短缺等因素的制约。因此，区域协同、生态问题是国家战略最直接和表象的基点。但进一步看，还有着更深层次的因素。

首先，对落实创新驱动发展战略，在打造中国制造的品牌效应中需要发挥更大作用。中国已经成为世界第二大经济体，成为人均 GDP 中上的发展中国家，但中国经济在全球的竞争力并不尽如人意，世界知名的中国品牌还很稀缺。经济形态上，北京服务业产值占优，天津工业进入发展后期且工业制造占优，河北省还处于工业化中期。京津拥有丰富的科教资源，中关村拥有堪比硅谷的创新创业资源，天津拥有雄厚的现代制造能力，但中国在关键技术、核心技术上还受制于人，还没有涌现出一批与经济总量地位相当的国际知名品牌，因此，面向中华民族伟大复兴，京津冀，尤其京津还没有发挥应有的作用。

其次，对实现城镇化进程和新型城镇化，构建合理的城市群建设有重要的启示意义。京津冀拥有过亿人口，两个超大城市和若干中型城市，但北京作为首都，出现了功能布局拥堵的大城市病，河北却出现了人才短缺和流向京津的人才输出现象，城市对要素聚集的马太效应和虹吸效应在京津冀地区得以完美展现，同时也直接影响了城市群的布局，对全国而言则压制了中国城镇化与工业化的进程。如何探索工业化进程中，城市群布局、城镇化发展、农民市民化和职业化，作为北方地区的京津冀如何破局，对于中、西部地区能够起到更多的表率作用。

最后，对全面深化市场、政府关系，发挥市场配置资源的决定性作用具有重要启示意义。创新驱动发展、城镇化都离不开改革的全面深化，尤其要发挥市场在资源优化配置中的决定性作用和更好地发挥政府作用。政府和市场，一只看得见的手和一只看不见的手，如何才能理顺，不让看得见的手阻碍了看不见的手，阻碍竞争，不让看不见的手瞎摸导致资源误配或配置缺失，是全面深化改革中的重中之重。而北京和天津，尤其北京正是中国行政力量最集中的地区，河北由于距离权力中心最近，也直接感受到了行政力量对自身发展的影响。选择京津冀协同发展，正是向权力中心的最直接的进击，向市场最直接的呐喊。根本在于建设一个"强化市场"作用的新型政府，使政府在合理边界内发挥作用，维护好无形之手促进经济发展的自然秩序。

### 7.3.2 实践层面再认识

京津冀两市一省，多年来竞争与合作并存，但一直是竞争多、合作少。虽然近年来三地的经济都得到了快速增长，三地经济总量跨越了 5 万亿元的门槛，接近于韩国的经济总量。但两两之间（更遑论三者之间）在产业互动、资源对接、要素流动、服务共享、生态共治等方面却进展不大，甚至出现了交通线在两地间的"最后一公里"现象，长期以来形成了自管"一亩三分地"的狭隘思维，长期制约束缚了三地的协同共赢。

当前，三地政府为推进京津冀协同发展，已经采取了一系列的行动，天津主动作为，与北京、河北签署了合作协议，在促进交通基础设施相连相通、人才流动、生态环境联防联控等方面取得了制度上和实践上的进展。这都是可喜的现象，值得进一步总结并细化落实。

合作实践取得成功得益于三个因素，这三个因素正好体现了当前深化改革的触发点。一是主动克服"一亩三分地"的思维，用实际行动跨越行政边界，尤其是京津克服了高人一等的自大心态和城市"情绪"，当老大的心态有所节制；二是切实寻求共同关注的交通、资源、要素、环境等问题，利用共同的聚焦催生共同的行动构想；三是将利益机制导入是三地合作实践的重要驱动因素，北京的溢出效应和疏解首都功能是一体两面，天津、河北的承接和自我改进同样如此，针对污染的联防联治更是三地问题和利益的直接关切。

### 7.3.3 天津层面再认识

首先，要清醒认识京津冀协同发展的维度的意义。京津冀协同发展的基点不是在同一水平、同一维度上的发展，但是在未来却是在同一时间和实践维度上的发展。基点不同，意味着不能盲目地将北京的现在当成天津的未来，也不能将北京的未来当作天津的未来。北京在发展水平、发展能力和发展方向上与天津有很大不同。因此，要贯彻落实习近平总书记讲话中"四个立足"的要求，将天津摆在立足比较优势、立足现代产业分工、立足区域优势、立足合作共赢的基础和现实条件下，明确天津的定位和优势，着力发展天津、融合京冀，加快区域市场一体化进程。

其次，要充分认识京津冀协同发展对天津的意义。天津作为国家定位的"中国北方经济中心、国际港口城市和生态宜居城市"，在三地协同发展中，处于一个居间的地位，京、津、冀，天津正好在字面上位于其间，而在现实中也是如此。可以把这叫作"居中"优势，既有追赶的压力，又有领先的优势，同时具备内生增长理论中的蛙跳优势和传统比较优势理论中的相对优势。北京的功能定位和首都功能的疏解，天津因为居中优势将成为京津冀协同的有效受益者。

最后，要明确天津在京津冀协同发展中与京冀的差异性目标。天津与北京是错位发展，与河北相比是更高水平上的发展。天津在京津冀发展中，目标是成为世界级（至少是具有国际影响力）的产业科技创新中心，打造现代制造中心和世界影响力的区域经济中心。实现这样的目标，本质上是要保证天津经济社会发展拥有持续的原动力。这个原动力就是创新驱动力，就是持续创新和创业。这就要求天津必须坚持目标导向，创新和创业两手都要抓，还要让政府和市场合起手来抓，要在创业上增强创业资本引导，在创新上增强价值实现，在产业上增强现代制造能力，最终实现创新和创业的经济和社会价值——就业、收入、生态这三类可持续发展。

## 7.4 ▶ 天津在京津冀协同发展中的六大优势

天津具备什么优势？这是一个很大的问题。首先，什么叫优势，英文是 advantage，也叫有利条件，是一个相对概念。在京津冀协同发展中，我们从天津在协同发展中求发展的角度来看，天津就具有相对于北京和河北的有利条件。具体而言，这些相对有利条件包括两大方面六大表现。两大方面是软环境优势和硬环境优势，软有三大表现，是发展能动优势、人才吸纳优势、制度环境优势；硬有三大表现，是综合交通优势、发展空间优势、产业吸纳优势。硬优势就好比软优势的身体，软优势好比是硬优势的翅膀，软硬优势相互结合，才能在京津冀协同中起飞，实现天津在协同中的大发展。

### 7.4.1 软优势

发展能动优势主要体现为，天津市委市政府清醒而充分地认识到了天津在国家和京津冀协同发展中的地位和作用，主动出击，市委市政府主要领导牵头行动，充分调动全市各部门、各区县的积极性，将联合、融合、协同的观念深入烙进了微观个体的思维体系，转变成为具体的行动。近几年，天津已经用行动实践做出了充分的注脚，借助首都资源、与河北对接，在促进三地合作上突破了新中国成立以来的历史限度。区县作为能动的主体和直接的受益单元，将能动优势体现得更为充分。一个可以检验的现实就是，天津当前大力发展科技型中小企业，谁（区县）在当前科技型中小企业上发展得成效越明显，纵向比较变动越大，自身的能动作用也就越显著，反过来说，能动性与发展的成效正相关。从各区县经济规模近年来的增长变化看，也印证了这一观点。

人才吸纳优势主要体现为，天津正致力于构建具有国际竞争力的人才制度。天津在科教资源上非常丰富，在吸引人才时，具备相对容易的人才准入门槛——相对优良的人才就业、创业空间，拥有一批正在崛起的科技创新的研发平台。在当前户籍制度改革略显滞后的情况下，在吸纳高水平人才和海外人才时更容易得到认同，在北京严控人口总量下，天津拥有较北京、河北更大的弹性和吸引力。这一点，对于转北漂人才为"津地"人才尤其重要。天津需要进一步构建吸纳高层次人才的优势制度。

制度环境优势主要体现为，天津的制度环境正在向有利于创新创业的生态转变。全市正在营造一个科技型中小企业大发展的良好局面，尊重创业、引导创业、促进创业、成就创业已经成为天津近年来最巨大的改变。天津的行政审批制度改革，将企业注册的时间大幅降低，一条龙式的行政服务将简政放权落到实处。全市大范围的科技园区和孵化器建设，为创新创业提供了更加广阔的前景。

### 7.4.2 硬优势

综合交通优势主要体现为，天津的陆海空综合交通体系正在成型，天津港和机场成为全球物流的一个新枢纽，正逐步成长为区域性和国际性物流中心和航运中心。滨海国际机场扩容，天津港正成为国际游轮惠顾和国际货运物流的要地，首都第二机场将成为津冀发展共同的推动力量；天津市区、区县与京津冀、华北地区，乃至全国各地已经拥有丰富的高铁、高速公路往来线路，拥有广阔的发展腹地，将成为中国北方重要的、有利于资源交互、货物交换、人才交流的国际化港口城市。

发展空间优势主要表现为，天津是一个拥有较多可转化用途和提升租值的盐碱地，这将为天津吸纳"北漂"提供广阔的空间。过去几年来，天津加快了产业发展空间的布局和规划，在滨海新区兴建了于家堡商业区、中新生态城，在市区、四郊区县拥有一批高质量的商业楼宇。自2010年以来，天津市委市政府大力推进科技型中小企业发展，一批高水平的产业孵化+成果转化+产业化的科技园区兴盛发展起来，已经具备了容纳大批创新创业人才的发展空间。辅之以天津在户籍准入、教育资源（大学升学率）、交通配套、政府能动方面的优势，空间优势将成为北京功能疏解下的最佳切入点。

产业吸纳优势主要表现为，近年来天津依托传统的工业基础，大力推进现代制造和研发转化基地建设，形成了强大的研发转化和制造能力。面向科技经济结合，天津建设了国际生物医药联合研究院、中科院天津工业微生物研究所、北大新一代信息技术研究院等一大批具有引领性和支撑性的科研创新研发大平台，为人才吸纳、产业发展、企业技术研发提供了一个不断优化的载体平台。依托不断改进的制度环境、完善的交通体系、市级和一大批区县乡镇级科技园区和科研创新平台，以及优秀的高等教育和职业教育体系，将为吸纳和聚集大量的创新性企业提供便利的营商环境、发展空间和创新创业人力资源支撑。

## 7.5 ▶ 实现天津在京津冀协同中高水平发展的对策建议

### 7.5.1 发挥居中优势成就天津人力科技产业优势

天津的居中优势在京津冀协同发展中具有丰富的实践内涵。一是与北京的协同中取得相对于河北的优势，二是与河北的协同中取得相对于北京的优势。近期京津冀协同发展取得较为明显的成果，与"居中"优势的两大方面六大表现直接相关。例如，在天津市科委、有关区县共同的能动和协调下，北京中关村管委会与天津武清、北辰、宝坻、东丽、滨海新区五个区县商定共建五大创新社区，西青区成功吸纳了一大批北京大红门相关商家。各部门、各区县的能动优势、户籍与科教配套优势、营商环境等优势，加上天津具有的综合交通、发展空间、产业吸纳的硬环境优势，为天津在京津冀协同发展中实现自我发展提供了有利的支撑条件。

天津的发展还需要进一步利用这种居中优势，逐步使天津在国家定位和布局中确立自身的地位和特色，这样一步一步缩小与北京在创新和创业上的差距，而用好自身的软硬环境优势，直到最终消除天津相对于北京、河北的居中优势，使天津形成具有自身特色的产业优势，在产业链、创新链中占据独特的优势，成为科技领先的发展实体。

首先要积极积聚人力资源和人力资本优势。天津是人口近2000万的特大城市，但人力资源充裕度、经济发展的活力度与北京相比存在着较大的差距。北京目前进入限制人口进入的发展阶段，但整体来看，限制人口是不可取也限不住的。天津决不能通过限制人口规模来解决城市病的问题。天津已经成为全国率先进入人口老龄化阶段的省市，劳动年龄人口数量趋于下降。而任何一个发展中的城市，求发展的根源都在于人口，尤其是人才的聚集。人才就是经济活力，人口就是消费能力。因此，放大居中的户籍、教育资源优势，大力放开外地人才落户天津的户籍限制，让创业人才、创新人才、高技能人才、高管人才、本科学历及以上人才等落户天津，应当作为重大发展举措。

其次要依托特色产业和科研创新资源谋求发展。天津的科教水平看似很高，但科技成果转化为生产力的并不多，尤其是本土出产、在国际或国内有影响力的科技产品品牌屈指可数，天士力、红日药业、瑞普生物等是民营经济活力的有限代表。本土创业还在培育、发育进程中，而整体上推动天津快速发展，还需要借助首都资源，大力引进吸纳北京和海内外的创新创业人才，将优秀的科技项目、前瞻的创业投资聚集到天津的科技园区。在这方面，沿京津高铁、高速沿线至天津港的区县、科技园区具有天然的区位优势，京津同城效应将助推北京功能疏解、承接北京的产业转移。

以空间、人才、产业、组织四个维度编织天津未来发展的基本要素体系，引导天津向现代制造中心、北方经济中心转变。这是一个持续的过程，发展的导向就是充分赋予北京资源在天津寻求相容利益的机会并付诸实践。这同样离不开经济人成本—效益分析的更改抉择，需要在政府引导下大力发挥市场对资源配置的决定性作用。

### 7.5.2 发挥市场决定性作用形成相容利益机制

中共中央十八届三中全会决定的主旨在于改革，在于发挥市场在资源优化配置中的决定性作用。一系列关于市场化的研究也表明，市场化程度与区域发展存在着正相关关系（于刚等，2008）。在1998—2001年，市场化对经济增长的贡献约为6.2%；在加入WTO后的2002—2005年，贡献达到10.8%

（康继军等，2009）。改革开放以来，随着市场化推进，政治资本（以党员身份为表征）的就业收益总体上呈现减少趋势（刘和旺和王宇锋，2010），当然这里面显然忽略了贪腐行为对发展蛋糕的攫取。正因为看到政府的"无所不为"和市场化对经济增长的作用，新一届政府决定将市场的作用更加明确地予以肯定和表述，提出发挥市场对资源配置的决定性作用，这是还市场经济以根基，目的是将错放在市场中的手拿掉。因此，改革的中心任务就是政府职能转换，做到对政府行为的约束，处理好政府与市场的关系（张晓晶，2004）。从理念上看，这符合构建强化市场型政府的观点。所谓强化市场型政府（market-augmenting government）是经济学家曼瑟尔·奥尔森提出的概念。他在《权力与繁荣》一书中提出，市场经济国家繁荣有两个重要条件：一是界定清晰得到保证的个人权利，主要是财产权利；二是这种权利不可被剥夺（奥尔森，2005）。

具体而言，包括：明确市场的边界；明确政府的边界；明确政府和市场的交集。按照自由主义经济学家的观点，政府的作用在于保护个人的权利，尤其是财产权利；同时要根据市场需要制定规则、完善规则、维护规则，随着市场的变化而修订规则。京津冀协同发展，针对习近平总书记提出的四个立足和七个着力，可以看到政府对于具有公共性的综合规划、产业政策、基础设施建设、生态环保负有提供公共产品的责任，对于区域产业升级和融合负有引导功能。例如，产业布局调整、食品安全标准、大气和水土壤环境质量标准等，政府的责任在于完善规范，企业的责任在于按照标准提供产品与服务。政府和市场行动的准则是，法无禁止市场任我行，法无规定政府不涉足。

在这一规则下，天津要充分调动居中优势，在提供公共物品和准公共物品上做好基础与配套，将综合公共基础设施、科教文卫的配套做到实处。尤其是各区县和功能区，作为京津冀协同发展的具体践行者，要优化服务体系，化居中优势为市场利益导向机制，促进县域经济面向园区经济、集群经济、生态经济发展。

### 7.5.3　持续构筑利于创新创业的环境氛围

长远来看，要实现区域的协同发展，要在协同发展中确保天津的更好发展，还需要践行一条更重要且需要长期践行的实践活动，即持之以恒地构筑创新创业生态，打造持续增长原动力。在协同发展中要确立天津持续发展的根基，持之以恒地构建经济内生增长的动力，促进形成有利于创新创业的生态。

北京中关村之所以能够媲美美国硅谷，甚至在新一代移动互联产业发展中具备一定的引领优势，根基在于创新创业已经植根于中关村的一系列孵化器和科技园区中，车库咖啡、创新工场、36氪、创业邦等一大批富于冲击力的新产业、新项目、新产品孵化组织，将人才+技术+资本（产品的创业模式）演绎得鲜活生动，成效叠现。

天津的武清区毗邻北京，京津高铁20分钟左右车程，与在建的首都第二机场近在咫尺，在当前北京非首都功能疏解、空间有限的情况下，对吸纳北京人才、科技成果转化和创业资本上将有机会形成强大的磁场。应充分发挥天津大学前沿技术研究院、清华大学研究院的先行表率作用，进一步吸引一大批优质的科教资源（分校、分院）落户武清等京津唐科技新干线沿线。

在协同发展中要确立重点优先发展的产业，持之以恒予以倾斜性支持，在人才引进、项目扶持、创业资本投入上加大政策引导力度，力争打造具有国际竞争力的优势产业集群，形成3~5个世界级的企业品牌——天津造，从而实现国家对天津北方经济中心的定位，打造一个具有国际竞争力的现代制造中心和研发转化基地。创业和现代制造将为天津的发展插上持续腾飞的翅膀，武清和滨海一体两翼、各区县联动，做强县域经济和产业群落必将带动天津走上一条康庄大道。

> **说明**
>
> 本章内容的形成源于天津市委研究室的一次约稿，回应市领导关于天津到底在京津冀协同发展中可以有什么作为。文章后来以特稿形式发表在《环渤海瞭望》杂志2015年第3期上（唐家龙，2015）。我提出了一个"居中优势"的观点：往上比远不及北京，往下比远优于河北。我们如何作为？在京津冀协同发展的过渡期，可以利用空间优势、产业吸纳优势、户籍制度和基础教育优势等，将人才资本、科技产业聚集起来、发展起来，实现产业动能的转换。笔者的部分观点与天津市内高校院所专家的观点整合发表在天津市委决策咨询内部刊物上，时任市领导做了肯定性的批示。

# 第 8 章

# 京津冀协同发展进展、问题与对策

## 8.1 ▶ 研究问题与背景

　　翻开中国近代史，随着天津在 1860 年开埠通商和袁世凯时期的到来，天津作为北方地区开放的门户，迎来了发展的最佳时期（杨开忠，2015）。应该说，这个时期是京津冀三地功能定位最明确的时期，北京作为首都，天津作为门户，河北作为京津的腹地。新中国成立以后直到改革开放之前，京津冀区域关系主要体现为北京为主，津冀在政治、经济、社会、文化等方面是首都北京的附翼。直到 1986 年，李瑞环同志提出环渤海区域合作，京津冀区域概念开始正式孕育（张可云和蔡之兵，2014）。进入 21 世纪以后，京津冀、首都经济圈等概念逐渐成为区域研究的热点，更多的研究开始关注京津冀城市群、产业梯度、地区差距、环京津贫困带等问题（纪良纲和晓国，2004；周立群和邹卫星，2006；赵全超等，2006；孟祥林，2013；陆大道，2015）。随着北京的政治中心、经济中心、文化中心等功能日益提升壮大，北京无与伦比的吸聚作用使得其大城市病日渐凸显。然而，京津冀作为一个整体在中国经济版图中的作用并没有珠三角地区、长三角地区那么醒目，在世界上的影响也与其拥有的丰富科教资源等不相称（边丽娜和商钊敏，2014；魏后凯，2016）。不仅如此，经济发展与环境保护之间的矛盾越发突出，京津冀地区面临严峻的环境保护形势（宋海鸥和王滢，2016）。针对这些问题，中央积极推进京津冀区域一体化进程。2013 年 8 月，习近平同志在北戴河会议上提出研究京津冀协同发展。2014 年 2 月 26 日，习近平同志发表重要讲话，明确提出京津冀协同发展是重大国家战略，要坚持和强化首都核心功能，调整疏解非核心功能（杨开忠，2015）。由此，京津冀协同发展成为政府思想、行动和学术研究的热门主题。

然而，不同学者和三地政府在研究推动三地协同发展中，关注的主题各不相同。对于北京，政府和学界更多的关心大城市病问题，实现对北京的良治善治（赵弘，2014；孟翠莲等，2014；王继源等，2015；韦文英和孙莉，2016）。对于津冀，政府更多是关心从疏解首都非核心功能中如何吸引央企民企、大学院所等产业资源和科教资源，以消除北京光环效应下的灯下黑、大树底下不长草，以及如何实现更好发展的问题（唐家龙，2010；边丽娜和商钊敏，2014）。毫无疑问，疏解北京的非首都功能是京津冀协同发展的重点，但唯此绝难实现京津冀协同发展，也不是协同发展的完全内涵。事实上，2015 年 4 月 30 日中共中央政治局审议通过的《京津冀协同发展规划纲要》（以下简称《纲要》）指出，推动京津冀协同发展是一个重大国家战略，核心是有序疏解北京非首都功能，要在京津冀交通一体化、生态环境保护、产业升级转移等重点领域率先取得突破。《纲要》提出，京津冀整体定位是"以首都为核心的世界级城市群、区域整体协同发展改革引领区、全国创新驱动经济增长新引擎、生态修复环境改善示范区"。这个定位是对当前中国经济地位、区域一体化和面临增长动力不足、生态环境污染严重的直接回应。

自京津冀协同发展重大国家战略提出后，已经三四年过去了。衡量这个战略实施的成效涵盖非常多的内容，不能在一篇论文中逐一阐释。例如，张贵、梁莹和郭婷婷（2015）从学术界研究的角度，分析了区域治理、功能定位、产业转移、生态环保、空间布局和交通建设等方面的研究进展。叶振宇、叶素云（2017）从产业转移协同角度，分析了北京企业疏解、推进产业园区合作、重点项目合作、科技创新合作等方面的实践成效，孙瑜康、李国平（2017）针对创新提出了思考和建议，赵弘、何芬（2017）对空间布局进行了研究。这些研究有着重要的启示意义。更多的研究是从存在制约因素和问题的角度进行了论述，指出京津冀区域仍然存在一亩三分地思维，行政分割造成的体制障碍影响严重，顶层设计需要进一步优化问题；存在京津与周边地区经济差距大、产业落差大和区域极化现象（叶振宇和叶素云，2017；韦文英，2017；本刊课题组，2014）。京津冀协同需要破解人口和要素自由流动差、收入水平差距大的问题，提高效率和缩小发展差距（杨开忠，2015）。

这些研究多以理念和问题为主，注重当前开展的活动、存在的问题和未来的思路，缺乏一些数据化的呈现，对于京津冀协同发展的进展和成效关注较少。本文从摆数据、看问题、提思路的逻辑主线出发，重点从京津冀三地在经济增长、产业结构、创新投入、收入等方面取得的进展和存在的问题进行分析，从结果导向的角度，希望能够从中得出一些有帮助的结论，为更好地推进和落实京津冀协同发展重大国家战略提供一个直观的参考。本文结构安排：第二部分分析京津冀三地发展的现状和差距，运用对比为主要方法，从经济规模、产业、创新、收入四个方面探讨京津冀协同发展战略实施以来三地的进展和成果。第三部分针对协同发展面临的问题提出推进京津冀协同发展的对策建议。

## 8.2 ▶ 京津冀三地协同发展的进展和事实

根据 2016 年三地统计公报，京津冀三地 GDP 合计达到 7.46 万亿元，人口超过 1.12 亿人（北京 2173 万人，天津 1562 万人，河北 7470 万人），土地面积达到 21.6 万平方公里，分别占全国的 10%、8%、2% 左右。2016 年河北经济年鉴数据显示，京津冀三地常住人口密度超过 500 人/平方公里，平均城镇化水平 62.5%（2015 年，其中北京 86.5%，天津 82.6%，河北只有51.3%，低于全国平均水平 5 个百分点左右），属于人口经济活动密集区域，高于全国平均水平 6 个百分点左右。但是，京津冀三地常住人口中 60 岁以上人口均在 15% 以上，已经成为人口老龄化的区域。从水资源占有角度看，北京、天津属于极度缺水城市，人均水资源占有量在 120 立方米左右，河北也只有 180 立方米，远远低于全国 2000 立方米的人均水平。

### 8.2.1 经济规模与增长率

从 2005 年以来数据看，京津冀三地生产总值占全国 GDP 有所下滑。2005年，三地占全国的 11.15% 左右，呈现逐年下降态势，2012 年 10.61%，2013年 10.53%，2014 年 10.32%，2015 年 10.12%，2016 年最低，为 10.03%。如果以 2013 年为参照点，2016 年下降了 0.5 个百分点（见表 8-1）。

表 8-1 2005—2016 年京津冀三地经济规模变化

| 年份 | 北京<br>（亿元） | 天津<br>（亿元） | 河北<br>（亿元） | 京津冀合计<br>（亿元） | 京津冀占<br>全国比重 | 全国<br>（亿元） |
|---|---|---|---|---|---|---|
| 2005 | 6969.52 | 3905.64 | 10012.11 | 20887.27 | 11.15% | 187318.90 |
| 2006 | 8117.78 | 4462.74 | 11467.60 | 24048.12 | 10.96% | 219438.50 |
| 2007 | 9846.81 | 5252.76 | 13607.32 | 28706.89 | 10.62% | 270232.30 |
| 2008 | 11115.00 | 6719.01 | 16011.97 | 33845.98 | 10.59% | 319515.50 |
| 2009 | 12153.00 | 7521.85 | 17235.48 | 36910.33 | 10.57% | 349081.40 |
| 2010 | 14113.60 | 9224.46 | 20394.26 | 43732.32 | 10.59% | 413030.30 |
| 2011 | 16251.90 | 11307.28 | 24515.76 | 52074.94 | 10.64% | 489300.60 |
| 2012 | 17879.40 | 12893.88 | 26575.01 | 57348.29 | 10.61% | 540367.40 |
| 2013 | 19800.80 | 14442.01 | 28442.95 | 62685.76 | 10.53% | 595244.40 |
| 2014 | 21330.80 | 15722.47 | 29421.20 | 66474.47 | 10.32% | 643974.00 |
| 2015 | 23014.60 | 16538.19 | 29806.11 | 69358.90 | 10.12% | 685505.80 |
| 2016 | 24899.30 | 17885.40 | 31827.90 | 74612.60 | 10.03% | 744127.00 |

数据来源：国家统计局网站；国家和京津冀三地 2016 年国民经济和社会发展统计公报。

从增长率的角度看，京津冀 GDP 增长率近年来均呈现下降趋势。三地中北京和河北的增长率历年来较为相近，北京增长率在 2008 年以后开始逐渐下降，下降趋势平稳。进入 2013 年以后，京冀有趋同现象，2016 年都在 6.7%左右。天津的增长率相对处于高位，2011 年以来明显下降，从 2010 年最高时达 16%下降到 2016 年的 9.0%左右。

增长率变化从一定程度上反映了 2008 年全球金融危机以来国内经济受到的影响，也是国内主动进行宏观经济结构调整的结果。例如 2015 年以来，全国开展了"三去一降一补"（去产能、去库存、去杠杆、降成本、补短板）。同时，从全国意义上看，京津冀三地生产总值占全国 GDP 比重下降 0.5%，这也意味着京津冀的平均增长率要低于国内其他区域。对于河北省而言，钢铁产业所占比重过高，是去产能和去库存调整的重要对象，再加上环境治理的要求越来越严，经济下滑现象较为明显。

换句话说，无论是从经济规模还是增长率看，京津冀协同发展以来，三地总体在全国地位有所下滑，整体增长速度下滑较其他区域明显，无论是原增长快的天津还是增速慢的京冀，协同发展的成效还需要进一步观察（见图 8-1）。

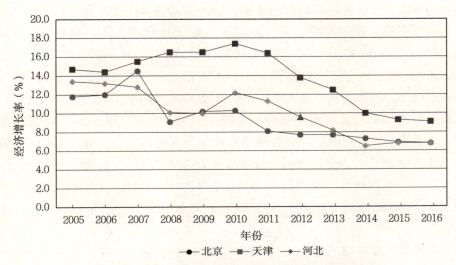

**图 8-1 2005—2016 年京津冀三地实际经济增长率**

数据来源：国家统计局网站；《京津冀三地 2016 年国民经济和社会发展统计公报》。

### 8.2.2 三次产业结构

按照传统的观点，一个国家产业结构会经历一次产业占优向二次产业占优的工业化进程阶段，随着服务业的兴盛，又会迎来第三产业的崛起。一定程度上，服务业的发达程度与国家或地区的现代化程度紧紧相关。例如，美国的三次产业结构经历了从"二三一"向"三二一"的发展转变，进入了后工业化时代，金融和保险业、专业化和商业服务以及教育服务等服务业在国民经济发展中做出了重大贡献（赵嘉和唐家龙，2012）。

从京津冀三地来看，北京的产业结构已经实现了服务化。2015 年，北京市第三产业增加值贡献超过了 80%，第二产业下降到不足 20%，第一产业下降到 0.5%。服务业中贡献最大的是金融业，实现增加值 4267 亿元，占地区生产总值的 17.1%，仅比第二产业增加值的贡献低 2.1 个百分点。其次是信息传输、软件和信息技术服务业，占 GDP 的 10.8%。第三位的是科学研究和技术服务业，占 GDP 的 8.4%。从文化创意产业角度看，北京也较为发达，2015 年实现增加值 3570.5 亿元，占地区生产总值的比重为 14.3%。高技术产业实现增加值 5646.7 亿元，占地区生产总值的比重为 22.7%。

天津的产业结构正经历后工业化发展的阶段。近年来，第三产业有占优之势，超过了 50%。从天津的先进制造研发基地定位看，更重要的还是工业结构的调整，加快供给侧结构性改革，提高高新技术产业在全市经济中的比重，降低传统过剩产能的比重。2016 年天津统计公报显示，全市生产总值（GDP）17885.39 亿元，第一产业增加值 220.22 亿元，第二产业增加值 8003.87 亿元，第三产业增加值 9661.30 亿元，三种产业结构占比为 1.2：44.8：54.0。钢铁行业"去产能"提前完成 370 万吨粗钢产能年度压减任务，生铁、粗钢、平板玻璃等产量分别下降 15.0%、11.5% 和 1.5%。在降的同时，大力发展先进制造业，装备制造业增加值占规模以上工业的 36.1%，拉动全市工业增长 3.7 个百分点，比上年提高 1.6 个百分点，其中汽车制造、航空航天、电气机械、专用设备等行业分别增长 11.9%、14.9%、22.3% 和 12.2%。消费品制造业增加值占全市工业的 20.8%，比上年提高 1.6 个百分点。

河北省产业结构仍呈现二三一格局。2016 年，第一、第二、第三产业增加值分别为 3492.8 亿元、15058.5 亿元、13276.6 亿元，占地区生产总值的比重分别为 11.0%、47.3%、41.7%。河北产业结构的突出特点是以高耗能、高污染的传统产业为主，钢铁产业和装备制造产业增加值贡献超过工业增加值的 50%。根据 2016 年河北省统计公报，河北省规模以上工业中，装备制造业增加值比上年增长 10.2%，占规模以上工业的比重为 26.0%；钢铁工业增加值下降 0.2%，占规模以上工业的比重为 25.5%。

从三地产业结构看，北京已经进入后工业化时期，天津进入工业化后期，河北还处于向工业化后期转变过程中。2013 年以来，三地的第三产业在经济中的贡献逐步扩大，工业结构有不断向好的趋势。尤其是产业调整中，钢铁、石化、水泥等重化工产业的产能在萎缩，把水、土地、生态等资源环境承载力作为了产业结构优化的考量因素，去产能与产业转型升级、大气污染防治等绿色发展、生态环保要求结合了起来。但总体看，虽然三地开展了北京动物园批发市场转移、共建产业园区等产业协同活动，但产业的协同还存在着巨大的空间。安树伟、肖金成指出，京津冀地区协作水平低，行政分割严重，产业分工格局仍然有待进一步明晰（安树伟和肖金成，2015）。

### 8.2.3 创新投入和效率比较

京津冀位处京畿重地，拥有丰富的金融、科教、产业资源，是我国经济最具活力、开放程度最高、创新能力最强、吸纳人口最多的地区之一，也是与珠三角地区、长三角地区并列的我国经济发展的区域增长极。在 20 世纪 90

年代新经济开启以来，创新能力成为评价一个区域竞争力的重要维度。从协同发展角度看，创新投入的规模和效率理应成为考量的重要内容。

以研究与试验（R&D）经费支出作为创新投入的指标。我们发现，京津冀的创新投入占全国比重呈现逐年下降趋势，从 2005 年的 20.9% 下降到 2010年的 17.1%，到 2013 年更是下降到 16.0%，2016 年下降到 15.7%。2006 年发布的国家中长期科学技术发展规划，面向 2020 年开启了建设创新型国家的征程。随后，京津冀三地的 R&D 投入都有了明显的提升，尤其是北京这方面的投入超过了 6%，天津达到 3.1%，河北刚刚达到 1.0% 的水平。与经济增长率的情况类似，可以看到京津冀的创新投入虽然较 2005 年有了近 4 倍的增长，但近年来的增长率低于全国其他地区的平均水平（见表 8-2）。

表 8-2　2005—2016 年京津冀三地研究与试验经费支出变化 （单位：亿元）

| 年份 | 北京 | 天津 | 河北 | 京津冀合计 | 京津冀占全国比重 | 全国 |
|---|---|---|---|---|---|---|
| 2005 | 379.5 | 72.9 | 59.3 | 511.8 | 20.89% | 2450.0 |
| 2006 | 433.0 | 95.2 | 77.2 | 605.4 | 20.16% | 3003.1 |
| 2007 | 527.1 | 114.7 | 90.8 | 732.5 | 19.74% | 3710.2 |
| 2008 | 620.1 | 155.7 | 109.3 | 885.1 | 19.17% | 4616.0 |
| 2009 | 668.6 | 178.5 | 134.8 | 981.9 | 16.92% | 5802.1 |
| 2010 | 821.8 | 229.6 | 155.4 | 1206.9 | 17.09% | 7062.6 |
| 2011 | 936.6 | 297.8 | 201.3 | 1435.7 | 16.53% | 8687.0 |
| 2012 | 1063.4 | 360.5 | 245.8 | 1669.6 | 16.21% | 10298.4 |
| 2013 | 1185.0 | 428.1 | 282.5 | 1895.6 | 16.00% | 11846.6 |
| 2014 | 1268.8 | 464.7 | 314.2 | 2047.7 | 15.73% | 13015.6 |
| 2015 | 1384.0 | 510.2 | 352.1 | 2246.3 | 15.85% | 14169.9 |
| 2016 | 1479.8 | 554.5 | 400.0 | 2433.8 | 15.70% | 15500.0 |

数据来源：河北经济年鉴 2016；京津冀三地 2016 年国民经济和社会发展统计公报。其中，天津 R&D 数据根据天津 2016 年 GDP 的 3.1% 估算。

从创新投入规模增长来看，北京创新投入的绝对规模增长明显高于天津和河北。截止到 2016 年，天津和河北的投入分别为北京的 1/3 左右，差距相当明显；二者合计总额也仅为北京的 2/3 左右，较 2005 年年初时的 1/3 有了很大的进步。一方面说明在创新方面协同发展的必要性，另一方面也说明创新方面的协同发展还有着巨大的空间。

有创新投入就有创新产出。创新投入的产出是多元的，包括培养出人才、形成新技术和新产品，涌现新的企业。但最直接和最好计量的则是专利申请量和授权量。

从专利申请来看，三地合计的申请量占全国比重呈现 U 形变化，先下降后上升。北京始终占到 50% 以上；天津的贡献逐渐提升，上升到 30% 以上；河北 2010 年以前增长缓慢，2013 年以后每年的申请量增长超过了 1 万件。

从专利授权量看，三地合计授权量亦呈现 U 形变化，但当前占全国的比重 18.6%，低于 2005 年 21.4% 的水平。北京的专利授权量始终占到 50% 以上，近几年保持在 60% 上下水平。天津虽然近年来申请量快速增长，但授权量处于较低水平，甚至不如河北的授权率。

由此可以看出，北京的创新意识和产权意识较强，技术固化为无形资产的数量较高，天津和河北的专利意识虽有了较大提升，但专利申请的水平或技术的可专利性低于北京，在创新驱动发展的意识和能力上与北京存在较大的差距（见表 8-3、表 8-4）。

表 8-3　2005—2016 年京津冀三地专利申请量变化　（单位：万件,%）

| 年份 | 北京 | 天津 | 河北 | 京津冀合计 | 全国 | 京津冀合计占全国比重 |
|---|---|---|---|---|---|---|
| 2005 | 2.3 | 1.2 | 0.6 | 4.1 | 38.3 | 15.8 |
| 2006 | 2.7 | 1.3 | 0.7 | 4.7 | 47.0 | 15.3 |
| 2007 | 3.2 | 1.6 | 0.8 | 5.5 | 58.6 | 14.2 |
| 2008 | 4.4 | 1.7 | 0.9 | 7.0 | 71.7 | 13.0 |
| 2009 | 5.0 | 1.9 | 1.1 | 8.1 | 87.8 | 14.1 |
| 2010 | 5.7 | 2.5 | 1.2 | 9.5 | 108.4 | 13.0 |
| 2011 | 7.8 | 3.6 | 1.8 | 13.2 | 163.3 | 13.3 |
| 2012 | 9.2 | 4.2 | 2.3 | 15.7 | 205.1 | 14.8 |
| 2013 | 12.3 | 6.1 | 2.8 | 21.2 | 237.7 | 13.2 |
| 2014 | 13.8 | 6.3 | 3.0 | 23.2 | 236.1 | 13.0 |
| 2015 | 15.6 | 8.0 | 4.4 | 28.0 | 279.9 | 15.7 |
| 2016 | 18.9 | 10.7 | 5.5 | 35.1 | — | — |

数据来源：河北经济年鉴 2016；京津冀三地 2016 年国民经济和社会发展统计公报。

表 8-4  2005—2016 年京津冀三地专利授权量变化 （单位：万件,%）

| 年份 | 北京 | 天津 | 河北 | 京津冀合计 | 全国 | 京津冀合计占全国比重 |
|------|------|------|------|-----------|------|---------------------|
| 2005 | 1.0 | 0.3 | 0.4 | 1.7 | 17.2 | 21.4 |
| 2006 | 1.1 | 0.4 | 0.4 | 2.0 | 22.4 | 21.2 |
| 2007 | 1.5 | 0.6 | 0.5 | 2.6 | 30.2 | 20.7 |
| 2008 | 1.8 | 0.7 | 0.5 | 3.0 | 35.2 | 18.4 |
| 2009 | 2.3 | 0.7 | 0.7 | 3.7 | 50.2 | 18.5 |
| 2010 | 3.4 | 1.1 | 1.0 | 5.5 | 71.9 | 18.4 |
| 2011 | 4.1 | 1.4 | 1.1 | 6.6 | 96.1 | 16.8 |
| 2012 | 5.1 | 2.0 | 1.5 | 8.6 | 125.5 | 17.8 |
| 2013 | 6.3 | 2.5 | 1.8 | 10.6 | 131.3 | 17.1 |
| 2014 | 7.5 | 2.6 | 2.0 | 12.1 | 130.3 | 16.5 |
| 2015 | 9.4 | 3.7 | 3.0 | 16.1 | 171.8 | 18.6 |
| 2016 | 10.1 | 4.0 | 3.2 | 17.3 | — | — |

数据来源：河北经济年鉴 2016；京津冀三地 2016 年国民经济和社会发展统计公报。

这一点，通过技术合同成交额可以窥见一斑。2016 年，北京市技术合同成交额 2851.2 亿元、天津市技术合同成交额 602.32 亿元、河北省技术合同成交额 244 亿元，北京科技服务业的份额占据绝对优势。根据 2015 年北京技术市场统计年报，北京流向外省市技术合同成交额增长较快，技术服务是主要形式。其中，成交额超过 50 亿元的有 14 个省（市、自治区），江苏省居首位，流向江苏省技术合同 2785 项，成交额 277.5 亿元，占流向外省市技术合同成交额的 14.8%。河北和天津也是主要的承接方，天津和河北合计承接 111 亿元，但远不如江苏、福建、广东等地的承接力度大（见图 8-2）。

京津冀三地创新投入规模有了较大幅度增长，但三地平均增长率低于全国其他地区。三地合计的创新投入占全国 16% 左右，创新的专利申请量合计虽然略低于这一水平，但专利授权量高于 16%，甚至达到 18% 的水平，说明创新的投入产出比高出全国其他地区，但这一效率相较于 2005 年已经有了明显下降。北京是创新投入和产出的主要贡献者，天津和河北的创新效率有待较大的提升；在吸纳北京的创新溢出方面，津冀仍然有较大的协同空间。

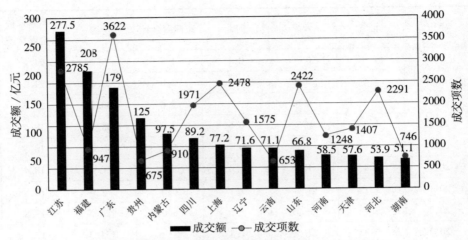

图 8-2　承接北京市技术合同成交额超过 50 亿元的省市

### 8.2.4　人均 GDP 和城乡收入

京津冀协同发展，目的不仅是解决北京大城市病，更重要的是关系到环京津贫困带问题的解决，要增加落后地区人民的获得感。区域的人均 GDP 水平、城乡收入是衡量京津冀协同发展的最直观表征。甚至可以认为，京津冀协同最大的难题就是破解收入差距问题，解决河北与北京、天津间的收入鸿沟，乃至于解决天津与北京间的收入差距问题。

从人均 GDP 的增长来看，三地都经历了正向的增长，但北京和天津人均 GDP 的增长明显快于河北。从 2005—2015 年三地人均 GDP 的变化可以印证这一点。2005 年，北京人均 GDP 是河北的 3.14 倍，天津是河北的 2.58 倍；到 2013 年，这个数据分别为 2.43 倍、2.57 倍，收入差距在缩小，但绝对规模在扩大；到 2015 年，这个差距扩大到 2.65 倍和 2.68 倍，鸿沟进一步扩大。2017 年，雄安新区纳入国家发展的千年大计，我们期待这一战略能够为三地发展带来新的变化（见表 8-5）。

抛开人均 GDP 中包括的非劳动份额部分，从城镇在岗职工工资、可支配收入和农村人均纯收入可以进一步细致地看到京津冀三地之间存在的差距以及实施京津冀协同发展国家战略以来的变化。

表8-5　京津冀三地人均GDP变化　　　　（单位：元）

| 年份 | 北京 | 天津 | 河北 | 北京是河北倍数 | 天津是河北倍数 |
|---|---|---|---|---|---|
| 2005 | 45993 | 37796 | 14659 | 3.14 | 2.58 |
| 2006 | 51722 | 42141 | 16682 | 3.10 | 2.53 |
| 2007 | 60096 | 47970 | 19662 | 3.06 | 2.44 |
| 2008 | 64491 | 58656 | 22986 | 2.81 | 2.55 |
| 2009 | 66940 | 62574 | 24581 | 2.72 | 2.55 |
| 2010 | 73856 | 72994 | 28668 | 2.58 | 2.55 |
| 2011 | 81658 | 85213 | 33969 | 2.40 | 2.51 |
| 2012 | 87475 | 93173 | 36584 | 2.39 | 2.55 |
| 2013 | 94648 | 100105 | 38909 | 2.43 | 2.57 |
| 2014 | 99995 | 105231 | 39984 | 2.50 | 2.63 |
| 2015 | 106497 | 107995 | 40255 | 2.65 | 2.68 |
| 2016 | 114590 | 114494 | 42607 | 2.69 | 2.69 |

数据来源：河北经济年鉴2016及作者计算。

从城镇在岗职工工资看，长期以来河北省水平低于全国平均水平10个百分点以上，北京高出全国平均水平80%左右，天津高出28%~40%。天津工资水平只有北京的71%~76%，河北只有北京的41%~48%。与2013年相比，天津职工平均工资相对北京在下降，河北略有上升。城镇人均可支配收入分析结果类似，但与2013年相比，天津和河北的人均可支配收入相对北京下滑得更厉害，2015年分别下降到不足北京的65%和50%。从城镇居民消费支出看，2015年天津、河北相对北京均有所下滑，消费支出绝对额上天津、河北分别比北京低出1万元、2万元左右。

从农村人均纯收入看，北京天津一贯地明显高于全国平均水平；2013年以前河北与全国平均水平相当，或有高低；2013年以后，河北均略低于全国平均水平。天津农村人均纯收入相当于北京的80%~92%，2013年为84%，2015年为90%。河北相当于北京的48%~55%，2013年为52%，2015年为48%，出现了4个百分点的下滑。从农村人均消费支出来看，与2013年相比，2015年天津、河北相对于北京有所上升，分别从75%上升到93%，45%上升到57%。天津农村与北京农村没有特别明显的差异，消费额相差1000元左右，河北省则相对低出近7000元，是一个很大的差别（见表8-6）。

表8-6　2005—2015年京津冀三地城镇化率变化　　　（单位:%）

| 年份 | 北京 | 天津 | 河北 | 京津冀综合 | 全国 |
|------|------|------|------|-----------|------|
| 2005 | 83.6 | 75.1 | 37.7 | 49.3 | 43.0 |
| 2006 | 84.3 | 75.7 | 38.8 | 50.5 | 44.3 |
| 2007 | 84.5 | 76.3 | 40.3 | 52.0 | 45.9 |
| 2008 | 84.9 | 77.2 | 41.9 | 53.7 | 47.0 |
| 2009 | 85.0 | 78.0 | 43.7 | 55.5 | 48.3 |
| 2010 | 86.0 | 79.6 | 44.5 | 56.6 | 49.9 |
| 2011 | 86.2 | 80.5 | 45.6 | 57.8 | 51.3 |
| 2012 | 86.2 | 81.6 | 46.8 | 58.9 | 52.6 |
| 2013 | 86.3 | 82.0 | 48.1 | 60.1 | 53.7 |
| 2014 | 86.4 | 82.3 | 49.3 | 61.1 | 54.8 |
| 2015 | 86.5 | 82.6 | 51.3 | 62.5 | 56.1 |

数据来源：2016年河北经济年鉴。

综上可以看出，2013年以来，三地在人均GDP方面存在差距扩大的现象，城镇居民收入和消费方面北京相对天津、河北有明显优势，农村方面北京、天津相对河北优势明显，尤其河北农村与京津存在着六七千元的鸿沟。因此，在解决城市之间、城乡之间的收入差距问题上，京津冀协同发展可谓依然任重道远。如何提升河北省的城镇水平，实现更多的农村人口向城镇居民和城镇职工转变，是当前协同发展面临的重大现象问题，也是破解环京津的河北的贫困问题的重要路径。

## 8.3 ▶ 深入推进京津冀协同发展的对策建议

我们从经济规模、产业结构、创新投入效率、城乡收入四个角度做了分析。数据揭示，自2013年实施京津冀协同发展以来，四个方面的协同依然不够深入有效。

首先是经济协同不够。在京津冀三地经济规模在全国所占比重有所下降，增长率水平低于全国其他地区。其次是产业协同不够。在全球经济变缓的总体背景下，在国家生态环保要求和京津冀污染治理框架下，出现了服务业所占比重在三地均有所提升的现象，北京的金融、信息、科研服务发达；天津进入工业化后期，服务业有所提振；河北钢铁产业和装备业比重较高，工业升级和农业升级任务繁重。再次是创新协同不够。创新投入有了大幅度提升，但在全国的比重有所下降。北京在创新投入和产出中做出了重要贡献，但对江苏、福建、广东的创新支撑大于对津冀的支持。最后是分配协同不够。无论是人均GDP，还是城乡人均收入，或是城乡消费支出，北京与天津、河北之间有着短期内难以弥合的鸿沟。

在这样一个经济总量巨大、人口密集的区域，拥有北京和天津两个常住人口总量分别超过2100万人和1500万人的超级城市，切实推进区域协同发展有着重大的现实意义。应当加大区域的经济协同、产业协同、创新协同和分配协同，从而促进经济的一体化、产业的一体化、创新的一体化和分配的一体化，从而实现区域协同发展。

### 8.3.1 加大经济协同

建议由中央机关或国家部委牵头，制定《京津冀国民经济和社会发展规划（2018—2030）》，以更长远的眼光，针对京津冀区域协同发展，编制空间、产业、经济、社会统筹发展的总体规划，以京津冀协同发展战略规划纲要为指引，着力推动发展过程中的总体布局问题和重点项目，破除区域行政分割带来的市场隔离、重复建设、低水平建设和恶性竞争问题，推动交通一体化，打通落后地区的交通瓶颈，促进省域间的经济交往。在适当时机，大力推进京津冀域内"外包"，选择将河北的一些县域划拨或承包给北京和天津的政府部门乃至企业集团，引入先进地区的先进管理经验和开发经验，带动河北地区乃至天津地区的经济向区域一体化迈进。

### 8.3.2 加大产业协同

全面梳理当前三地产业发展现状和存在的问题，统筹产业资源、企业资源、科教资源、自然资源、生态资源，将区域定位、产业特色、竞争优势、民生需求、旅游生态等结合考虑，发挥京津地区研发制造方面的基础优势，打造具有国际竞争力的企业主体，形成以重点企业为龙头，诸多中小企业为配套的产业集群。突出发挥工业园区、科技园区的产业聚集作用，促进生产要素和创新要素向企业聚集，形成一批具有竞争力和协同性的企业主体。在产业的选择上，一方面要着力向高新化升级，发展网络经济、智能经济、绿色经济、健康经济；另一方面还要注重面向消费需求，大力发展消费经济，发展面向广大民众的大众消费品。通过生产质量过硬、功能优越的先进制造型产品，实现产业结构的升级和持续优化。

### 8.3.3　加大创新协同

充分发挥北京全国科技创新中心的优势，着力聚集国际科技创新人才，辐射并带动津冀地区，形成具有全球地位的科技创新中心和产业创新中心，形成具有带动区域乃至全国经济增长跃升作用的世界级城市群和经济增长极。在大学院所、创新型企业、科技人才、科研基金、技术转移、科技园区建设等方面搭建形成有效的产学研合作机制，促进科研资源和人才资源的开发共用。发挥科技金融的支持、保障和杠杆效应，促进科技成果向现实生产力转化。

### 8.3.4　加大分配协同

从京津冀一体化角度，由京津冀三地政府拿出一定的财政资金，用于三地的落后区域开发，尤其是支持河北省相对落后县域的公共财政投入。面向河北省和天津的部分区域，推进社会资源和公共资源的均等化，促进公共服务的均衡，为全面小康增加实实在在的养分。

### 8.3.5　加大区域协同

无论是经济、产业、创新还是分配的协同，本质上都是区域要协同起来。这就要求在推进京津冀协同发展过程中，要拿出像实施推进雄安新区千年大计的勇气和魄力，对京津冀区域协同发展面临的体制机制障碍进行刮毒式治疗，启动区域一体化或首都特区+京津冀的战略规划，可以探索将北京的一些部委、央企总部转移到天津和河北保定、廊坊地区，以京津保为金三角，以雄安新区为金三角之核心，联系首都，撬动津冀，带动全局。改革户籍附加福利是京津冀协同发展的关键（步淑段和宁金辉，2016）。可以探索三地户籍制度的逐步统一，去除附着在户籍上的特权。教育上的放开有利于赋予占有人口大多数的河北人民的获得感，为京津冀协同发展带来更多的想象空间，为河北聚集更多的优秀人才，实现河北这个京津冀凹陷地带的人才隆起。从而进一步明确三地的行政隶属关系、权益关系，在发挥行政主导力的同时，将市场力量激发出来，打造一个营商环境优越，创新创业活跃，具有内生动力的区域共同体。

> **说明**
>
> 　　本章内容是为了完成 2017 年天津市科学学研究所学术年会论文的应对之作，同时作为会议论文投到了中国科学学与科技政策研究会年会，内容有删减调整。本意是考察京津冀协同发展纳入国家战略后，京、津、冀整体和各自的发展概况，从经济、产业、创新、收入等角度观察变化。数据呈现出来的结果表明，京津冀协同发展还面临着巨大的挑战，但这也意味着还存在着巨大的努力空间。

# 第 9 章

# 实施走进雄安战略

中央决定设立河北雄安新区，这是以习近平同志为核心的党中央深入推进京津冀协同发展做出的一项重大决策部署，充分展现了谋划国家发展重大战略的大手笔、大布局、大历史观。建设雄安新区对于集中疏解北京非首都功能，探索人口经济密集地区优化开发新模式，调整优化京津冀城市布局和空间结构，培育创新驱动发展新引擎，具有重大现实意义和深远历史意义。抓住雄安新区建设机遇，坚持推动大学院所、资本人才、创新成果等走进雄安、服务雄安，在服务雄安中充分发挥天津发展基础和区位、产业、政策优势，积极服务和推进雄安新区规划建设，进一步增强天津经济科技能力，充分展现天津在重大国家战略中的重要作用，是京津冀协同发展的应有之义。

## 9.1 ▶ 深刻认识天津与雄安新区的新关系

首先，谈谈定位上的关系。在定位上，天津与雄安新区有重合、有互补，要着力突出错位互补（从另一层面来说，更要着力突出服务雄安，因为雄安是千年大计，是京津冀协同发展中新的重大战略调整）。雄安与天津是相互协作、相互配合、功能互补和合作共赢的关系。雄安新区定位于打造绿色生态宜居新城区、创新驱动引领区、协调发展示范区、开放发展先行区，天津定位于全国先进制造研发基地、北方国际航运核心区、金融创新运营示范区、改革开放先行区，二者差异较多。仅在雄安新区的创新驱动引领区和天津的全国先进制造研发基地定位上都将发展高端高新产业，略有重合，其余定位差异很大，与天津具有错位互补之势，可以在港口、体制机制改革、自贸区、自创区等方面加强合作。

其次，产业上的关系是竞合关系。体现为既有竞争又有合作，但要着力

78

突出分工合作。雄安新区将以研发创新和第三产业为主,与天津必然形成错位及互补之势。天津尤其是滨海新区,有大规模的土地和成熟的配套,发展以新型工业化为核心,其工业增加值占 GDP 比常年超过 50%,第三产业发展迅速,但仍然是以工业为本的大城市。雄安新区以承接中央层面的非首都核心功能为主,大力发展第三产业,同时重点发展创新产业。因此,天津和滨海新区与雄安新区的发展将相互配合,优势互补,未来将可能形成"北京中关村研发、河北雄安新区研发设计、天津滨海新区制造"的产业链分工态势,助推天津先进制造业向高端发展。

再次,在承接非首都功能上有主次。中央对雄安新区的定位日渐清晰明确,对天津而言要围绕主次,着力突出开放共享。推动京津冀协同发展思路要明确,重点把握好"多点一城、老城重组"的思路,把分散疏解与集中疏解相结合,把通过行政力量的疏解与通过市场力量的疏解相结合。尽管雄安新区将在聚集首都资源、发展高端高新产业、人口人才资源、投资等方面对天津产生一定竞争关系,但是影响不大。雄安新区的定位首先是北京非首都功能的集中承载地,重点承接北京疏解出的行政事业单位、总部企业、金融机构、高等院校、科研院所等,不符合条件的坚决不能要。雄安新区引入首都的央企、科研、高校资源在三地的规划当中均占有重要位置。但是天津引入的首都资源中,行政事业单位不是重点,高校和科研院所主要是分支机构,总部企业一直很少,只有金融机构方面存在一定的竞争,但天津在金融创新方面更多的是为其自贸区、航运、先进制造等领域的实体经济服务,形式上以融资租赁、跨境人民币等业务为主。其中融资租赁业务在 2016 年年底合同金额达到 1.91 万亿元,占到全国总量的 1/3。雄安新区的金融服务或更多地偏重于其他方面,如创业投资、基础设施建设、央企综合服务等。

最后,资源协同的关系。要发挥天津基础和条件,着力突出、延展长板。雄安建设规划分三步走:2020 年雏形、2022 年核心区基本建成、2030 年全部建成。但目前还是发展洼地,还有很大的发展空间。因此初期需要聚集更多的产业资源、人力资源,引导创新要素聚集,厚植发展潜力、培育发展后劲,成为京津冀地区新的经济增长点。长期来看,京津冀是一个整体,首都的发展、雄安新区的发展和天津的发展都不可或缺,唯其如此,才能真正地将京津冀建设成为一个世界级城市群。天津要突出自身优势,大力支持雄安新区建设,推动各种优质资源向雄安新区延伸、辐射,延展自身的长板——先进制造优势、科技创新优势、港口区位优势和公共服务优势等,在服务雄安中发展自身、壮大自身，在世界级城市群中发挥重要作用。

## 9.2 ▶ 明确雄安新区定位与需求，找准协同发展的切入点

　　设立雄安新区，最重要的定位、最主要的目的就是打造北京非首都功能疏解集中承载地。具体定位包括：绿色生态宜居新城区、创新驱动引领区、协调发展示范区、开放发展先行区。围绕雄安新区的发展定位，明确未来雄安新区面临的困难和需求，将是天津加强与雄安新区协同发展的重点。

　　首先，打造绿色生态宜居新城区，加强生态环保支撑。雄安新区要合理确定新区建设规模，完善生态功能，突出"科技、生态、宜居、智能"发展方向，创造优良人居环境，构建蓝绿交织、清新明亮、水城共融、多组团集约紧凑发展的生态城市，实现生态空间山清水秀、生活空间宜居适度、生产空间集约高效，促进人与自然和谐共处，建设天蓝地绿、山清水秀的美丽家园。但是目前，白洋淀无论是水体充裕程度还是水质情况都不容乐观，空气质量问题同样不容忽视，面临严峻的环境保护问题。因此，亟须以保护和修复白洋淀生态功能为前提，持续推进白洋淀环境综合治理和生态修复，加快引黄入冀补淀等河湖库渠连通工程建设，不断提高水生态修复能力；以精细化管理为重点，实施智慧交通、智慧教育、智慧医疗等信息惠民工程，打造智慧城市新标杆；以提升城市建设品质为中心，精心开展城市设计，打造精品建筑，统筹利用好地上地下空间，系统推进海绵城市和综合管廊建设。

　　其次，打造创新驱动引领区，要加强制度创新和科技创新双轮驱动。雄安新区要坚持实施创新驱动发展战略，把创新驱动作为雄安新区发展的基点，加快制度创新、科技创新，完善创新创业环境，建设集技术研发和转移交易、成果孵化转化、产城融合的创新引领区和综合改革试验区，打造京津冀体制机制高地和协同创新重要平台。但是该地区目前科教资源稀缺，大企业、科研院所、金融、人才等要素不足，产业结构较为落后，橡胶的深加工、旅游业、服装产业等大多数产业的技术含量和附加值不高，高污染、高耗能企业较多。为此，积极吸纳和集聚京津及全国创新要素资源，通过集聚科研院所和发展高端高新产业，打造一批高水平的创新创业载体，吸引高新技术企业集聚，发展高新、高端产业，加快发展新能源、信息产业、生物产业、环保产业、智能产业、现代服务业等战略性新兴产业。

再次，打造协调发展示范区，要着力补齐公共服务短板。雄安新区要发挥对冀中南乃至整个河北的辐射带动作用，促进城乡区域、经济社会、资源环境的协调发展。要通过集中承接北京的非首都功能疏解，为有效缓解北京"大城市病"和天津、石家庄市区"瘦身"问题创造空间，促进河北城乡区域和经济社会的协调发展，提升区域公共服务的整体水平，打造要素有序自由流动、主体功能约束有效、基本公共服务均等、资源环境可承载的区域协调发展示范区，为京津冀建设世界级城市群提供支撑。但是，雄安新区公共服务的发展起点比较低，教育医疗等资源相对短缺，结构层次低，缺少高端医院、职业教育和高等学校等。亟须提升公共服务水平，加快高水平的教育、医疗、卫生、环保等公共服务设施建设步伐，引入优质的教育资源、优质的医疗资源、重要的科研资源、高端生产性服务业以及企业总部资源等，逐步培育和培养一批能够服务于新区的机构和部门，改善营商环境，增加对投资和人才的吸引力。

最后，打造开放发展先行区，要着力提升对内对外开放水平。雄安新区必须适应经济发展新常态，主动顺应经济全球化潮流，坚持对外开放，要积极融入"一带一路"建设，在更大范围、更宽领域、更深层次上提高开放型经济水平，为提升京津冀开放型经济水平做出更大贡献。雄安新区规划建设加快政府职能转变，积极探索管理模式创新，形成与国际投资贸易通行规则相衔接的制度创新体系，培育区域开放合作竞争新优势，打造扩大开放新高地和对外合作新平台。但是雄安新区地处内陆，开放发展水平不高。为此，推进雄安新区规划建设，必须坚持开放引领，着力从人才引进、金融开放、利用外资、智慧服务、国际合作等多个方面开展制度创新建设，成为一流的开放发展先行区。

## 9.3 ▶ 发挥多重优势，在雄安新区建设中扮演重要角色

近年来，天津呈现出快速发展的良好势头。在推进京津冀协同发展、京津联动发展的进程中，天津具有多重优势，可以在以下五个方面为雄安新区提供有力支撑。

第一，先进制造支撑。天津先进制造业实力不断壮大，工业总产值超过3万亿元，一汽大众华北基地、中芯国际芯片等项目开工建设，航空航

天、高端装备等十大支柱产业集群占全市工业比重达到77%。装备制造成为万亿元产业，高速机车、海洋工程装备、超高压输变电、大型工程机械等一批重大装备实现产业化，航空航天形成了以大飞机、直升机、无人机、火箭、卫星、太空站为代表的"三机一箭一星一站"产业格局；电子信息产业形成以智能终端、高性能服务器、大容量存储器、云计算和物联网等为代表的新一代信息技术产业体系；生物医药和新能源新材料产业规模双双突破千亿元。

第二，科技创新支撑。加快创新型城市和产业创新中心建设，综合科技进步水平连续14年位居全国第三，全社会研发经费支出占生产总值比重超过3.1%，科技创新能力进一步提高，自主创新示范区等创新平台建设加快推进，引进了清华大学电子信息研究院等一批高水平研发机构，全市共有国家重点实验室12个，国家部委级重点实验室49个，国家级工程（技术）研究中心36个，国家级企业技术中心45个。组建产学研用创新联盟30个，众创空间达到139家。科技型企业发展到8.8万家，小巨人企业3900家，产值占规模以上工业总产值50%以上，国家高新技术企业超过3200家。研发出大功率火箭贮箱制造等一批国际领先的技术和产品，基因组学、蛋白组学、化学、化工、精密仪器等一批学科保持全国领先，在有机超分子化学、智能微网安全性等前沿技术上取得了具有国际影响力的新成果。在中药、干细胞、海水利用、水处理技术、高性能计算、高性能膜材料等一大批技术领域全国领先。

第三，国际港口支撑。拥有优越区位和较强实力的港口交通运输业，位于京津冀城市带和环渤海湾城市带的交汇点，也是中蒙俄经济走廊重要节点、海上丝绸之路战略支点和亚欧大陆桥桥头堡；拥有我国北方最大的综合性港口天津港，具有"三北"辽阔的辐射空间；地处东北亚中心，也是中国和蒙古国签约的出海口岸，还是哈萨克斯坦等内陆国家可利用的出海口，是区域对外开放的窗口和桥梁。天津港作为中国北方第一大港，目前是国内唯一同时拥有三条铁路通往欧洲陆桥的港口，是世界第四大港，年吞吐量超过5亿吨。还拥有门户枢纽的航空港，拥有良好的集疏运体系；拥有通达能力较强的公路网；拥有良好的国际航运服务功能等优势条件，也为雄安新区发挥京津冀等区域经济发展排头兵作用提供了另一个重要支撑。

第四，自由贸易支撑。拥有在京津冀乃至在整个中国北方都有非常重要地位的、天津改革开放先行区赖以充分发挥作用的重要载体——天津自贸区。

面向京津冀和东北亚的天津自贸区是中国北方地区的第一个自由贸易园区，自贸区制度创新持续推进，投资贸易便利化水平显著提高。对外商投资实行准入前国民待遇加负面清单管理模式，2016年新登记市场主体1.36万户，新设外资企业846家，实际直接利用外资25.01亿美元；新设境外企业机构90家，中方投资额119.94亿美元，占全市的45.8%。获批跨境电商综合试验区，建立国际贸易单一窗口，全年平行进口汽车入境申报4.18万辆。人民银行支持自贸试验区建设的"金改30条"超70%已落地，跨境本外币资金池、跨境融资等创新业务取得明显成效。飞机、船舶、海洋工程钻井平台等租赁业务继续保持全国领先地位。

第五，公共服务支撑。天津在教育、医疗、公共交通、社会保障、养老服务等公共领域拥有较多的优质资源和较好的组织管理水平，能够在承接非首都资源和服务雄安新区中发挥组织、管理、人才、服务的长板作用。数据显示，截至2016年年末，全市共有普通高校55所，中等职业教育学校104所，普通中学516所，小学857所。启动健康天津建设，截至2016年年末，全市共有各类卫生机构5442个，其中医院、卫生院571个，卫生技术人员9.49万人，其中执业（助理）医师3.78万人，注册护士3.61万人。

## 9.4 ▶ 加强联动，天津与雄安新区协同发展的路径与措施

针对雄安新区的痛点和需求，充分发挥天津优势，在创新发展、生态环保、公共服务等方面实施走进雄安战略，推动实现天津服务雄安新区的全方位布局，深化落实京津冀协同发展国家战略。

首先，针对打造创新驱动引领区需求，推动资源对接对流。一是考虑在雄安新区建立天津创新社区，引导天津大学、南开大学和市属高校、科研院所等与雄安合作建立科技园，不断探索合作共建机制；组建产业技术联合研究院，开展综合性、集成性、公共性的技术开发；联合建立实验室、工程中心、企业研发机构、博士后流动站等各类研发机构。二是针对科技企业，鼓励龙头企业、小巨人企业和高新技术企业在雄安注册分公司、建立分支机构、建设生产基地等，共同建设企业研发生产基地。三是针对科技服务机构，创新孵化器、众创空间建设模式，鼓励优质孵化器在雄安建立分支机构；联合建设一批孵化器，建立风险共担、利益共享的技术转移利益分配机制。四是

对于技术成果，发挥科技成果大平台等作用，向雄安输出技术；共建"京冀技术转移中心"，切实推进一批成果、人才和项目落地雄安。五是对于科技设施，建设区域科技信息资源共享服务平台，共建共享科技文献、科技报告、科技数据等科技信息资源。实施"科技资源开放共享工程"，开放国家级和市级重点实验室、工程技术研究中心、中试基地、大型公共仪器设备等科技基础设施。

其次，针对打造绿色生态宜居新城区需求，推动联防联治。一是推广中新生态城建设模式，中新生态城全国转变经济发展方式综合性示范区建设，打造能实行、能复制、能推广的样板和示范，"三网两中心"、数据汇聚平台等智慧工程深入实施，脉动城市推进有力，为经济发展与生态建设的和谐统一提供新模式。二是发挥生态环境治理的经验和技术优势，联合治理白洋淀生态环境。实施海岸带和海域生态环境保护修复等项目，海洋生态环境保护与修复工作以及七里海等取得实效，可以联合开展生态环境修复。

再次，针对打造协调发展示范区需求，推动共建共享。一是着力推进基础设施互联互通，把交通一体化作为先行领域，加快构建快速、便捷、高效、安全、大容量、低成本的互联互通综合交通网络，完善区域性铁路、公路、海空港一体化发展。二是在公共服务共建共享上深入开展合作，推动学校、医院等优质机构在雄安新区建立分支机构，不断提高雄安新区公共服务水平。三是发挥金融优势，可以探索多种建设方式，包括通过 PPP 方式引入社会资本、鼓励外资进入等，尽快实现此类公共服务基础设施的建设目标，为新区真正进入建设开发模式奠定基础。

最后，针对打造开放发展先行区需求，推动互补互促。一是加大自贸试验区支持雄安新区建设内容，考虑增设天津自贸试验区雄安片区，继续开展自贸试验区扩区探索，支持在河北省增设片区，加快形成与国际通行规则相衔接的制度安排。二是共同支持天津港集团多种形式参与雄安新区物流基地建设与合作，加快建设创新型口岸经济示范区。推动交通和物流信息化平台共建共享。开展电子口岸合作，逐步实现口岸信息交换和资源共享。三是共同召开达沃斯论坛等具有世界影响性的各种论坛、会议，举办年度两地合作论坛，组织区域内外和国内外的政府领导、知名企业家、学术界代表人物和专家学者参加的论坛，提升雄安的知名度和影响力，促进雄安新区的基础设施、公共服务等整体水平。

说明

　　本章内容源起于天津市委研究室关于雄安新区成为中央重大决策部署后的一次约稿，笔者当时正在思考类似问题，认为雄安的新发展就好比当初深圳和浦东的开发开放，天津不能错过这样的机会。而且天津本身位于京津冀大区域中，在雄安发展的初期就应当深入到谋划、设计雄安的蓝图中，因此提出了"实施走进雄安战略"的观点，意指天津要在雄安的建设和发展中抢占战略规划、建设发展、人才服务、资本进入等先机，既支持发展雄安，又为天津的发展开拓和寻找更广阔的空间。笔者组织原单位的两位同事马虎兆、许优美，他们花费了较长的时间撰写了初稿，我做了统稿修订工作，对个别处做了调整。最终文稿的主要内容于 2017 年发表于天津市委研究室主办的内部刊物《决策与参考》上。

# 第3篇

# 论天津的产业体系

# 第 10 章

# 现代化与现代产业体系

现代产业体系是一个中国语境下的概念。当前对于现代产业体系内涵与特征的研究还局限于产业结构角度的分析，忽略了产业体系的现代性问题。忽略现代性就意味着忽视了现代产业体系在现代化和经济现代化中的重要作用，从而难以有效把握现代产业体系发展过程中的时代特征，缺少了对人的发展的直接关注。针对这一缺陷，本文结合现代化、经济现代化的一些理论与事实，尝试性地提出了现代产业体系的内涵与特征，供读者参考讨论。

## 10.1 ▶ 现代化与经济现代化

### 10.1.1 现代化与经济现代化

"现代化"一词没有一个确切的定义，泛指某一概念或主体在一定时间范围内的动态变化。罗荣渠和中国科学院中国现代化研究中心是国内对现代化研究较为系统和深入的代表。通过罗荣渠的归纳，现代化的含义可概括为四大类（罗荣渠，1995）。

（1）现代化指近代资本主义兴起后，经济上落后的国家通过技术革命在经济和技术上追赶世界先进水平的历史进程。这一概念与中国的现代化目标基本一致。对中国这样一个发展中国家而言，预设的发展目标就是要实现四个现代化：农业、工业、国防和科技的现代化。这是 1954 年第一届全国人大确认的目标，并在 1956 年列入了中共八大的党章之中。1979 年 12 月 6 日，邓小平同志接见日本首相大平正芳时指出："所谓四个现代化，就是要改变中国贫穷落后的面貌，不但使人民生活水平逐步有所提高，也要使中国在国际事务中能够恢复符合自己情况的地位，对人类作出比较多一点的贡献。落后是要受人欺负的。"（《邓小平文选》第二卷，第237页，转引自：罗荣渠，1995）。

（2）现代化就是工业化，即工业上落后国家实现工业化的进程。传统社会（又称前工业社会、农业社会）通常表现出手工业生产、经济增长缓慢、封闭保守、分工简单等特点。工业化社会则表现出城市化、机械化、自动化和专业化，非生物性能源广泛使用，经济持续增长，专业分工复杂等特点。现代化等同于工业化，意味着传统的农业社会向现代工业社会转变的过程就是现代化，甚至于就是经济现代化的同义词。

（3）现代化是自科学革命以来人类急剧变动的过程的统称。按照这种观点，现代化不局限于工业领域或经济领域，还包括了知识增长、政治发展、心理适应等领域的现代化，它关注的是社会制度与工业化和经济发展的关系。社会单元在新的时期会随着环境的变化而进行适应和调整。这个过程就是现代化。这种现代化观点将现代性（Modernity）上升到了一个重要地位。现代性的特征包括民主化、法制化、工业化、都市化、均富化、福利化、社会阶层流动化、教育普及化等属性。

（4）现代化主要是一种心理态度、价值观和生活方式的改变过程。这种观点认为现代化是当前时期的一种文明的形式。马克斯·韦伯是这种观点的提出者和推崇者。对于发展中国家来说，现代化是一个有目标、有计划，以较短的时间、最有效的途径，学习、借用和移植先进国家成果的过程（罗荣渠，1995）。英格尔斯（Inkeles）强调发展的最终要求是人在素质上的改变，并认为现代化不只是经济发展，也是政治发展，同时也是文化发展和精神发展。英格尔斯提出了社会现代化的10项指标：①人均国民生产总值3000美元以上；②农业产值占国民生产总值的比重12%～15%以下；③服务业产业占国民生产总值的比重45%以上；④非农劳动力占总劳动力的比重70%以上；⑤识字人口的比重80%以上；⑥适龄年龄组中大学生的比重10%～15%以上；⑦每名医生服务的人数1000人以下；⑧平均预期寿命70岁以上；⑨城市人口占总人口的比重50%以上；⑩人口自然增长率1%以下（转引自罗荣渠，1995）。

中国科学院中国现代化研究中心暨中国现代化战略研究课题组自2001年以来，连续发布了10年的中国现代化报告，引起了较大反响。《中国现代化报告概要（2001—2007）》指出：

从农业文明向工业文明的转变是第一次现代化，从工业文明向知识文明的转变是第二次现代化。如果说第一次现代化是以工业化、城市化、民主化和理性化为特征的经典现代化，那么，第二次现代化就是以知识化、信息化、全球化和生态化为特征的新现代化。很显然，现代化是人类文明的新篇章，第二次现代化是人类发展的新前沿。

从前文可以看出，何传启等人的第一次现代化（经典现代化）概念与罗荣渠归纳的第二类现代化含义有诸多共同之处，罗荣渠归纳的现代化（即工业化）与何传启的第一次现代化是经典现代化的代称。根据经典现代化理论，人类文明的发展包括三大阶段：原始社会、传统农业社会和现代工业社会，现代化就是一个从传统农业文明向现代工业文明转变的过程（中国现代化战略研究课题组，2007）。

但是，不能简单地将现代化等同于工业化（杨永华，2002）。杨永华引述张培刚的观点指出，工业化和现代化最主要的本质特征是手工劳动转变为机器操作的技术创新或者技术革命；伴随而来的或者同时发生的是各级生产组织的变革和各层次经济结构的调整和变动的组织创新或者制度创新。工业化的结果是从手工劳动为主的小生产转变为以机器或其他现代生产工具为主的社会化大生产。但二者有着明显的区别：现代化的内容远比工业化广泛，不仅包括了工业化中的生产力变革，还包括了政治的、法律的、社会的、文化和思想意识方面的变革，而且现代化的时间进程远比工业化的进程要久远。但是，只有当构成现代化指标体系的每一个指标都达到现代化标准时，才算实现了现代化（陈友华，2005）。

后现代化理论则将知识经济和信息化时代以来经济社会发展的新形势和新变化结合了起来，是对现代化理论的一个拓展。它把人类社会进一步划分为前工业社会（含原始社会和农业社会）、工业社会和后工业社会三个阶段。后现代化理论认为，从传统社会向现代社会（农业社会向工业社会）的转变是现代化，从现代社会向后现代社会（工业社会向后工业社会）的转变是后现代化。后现代化的结果是后现代性。

在后现代化理论、多元现代性理论的基础上，何传启于1998年提出了第二次现代化理论。第二次现代化理论是一种广义现代化理论，它以知识经济、知识文明为基础，具有知识化、信息化、全球化、绿色化、郊区化、多样化和非工业化等特征（中国现代化战略研究课题组，2007）（见图10-1）。

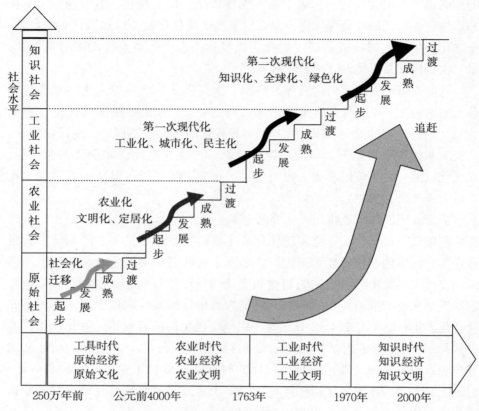

图 10-1  人类文明进程的坐标系

资料来源：何传启，2003；转引自中国现代化战略研究课题组，2007，第19页。

尽管现代化的理论已经从单一的工业化上升到综合现代化阶段，将时代特点等融入理论体系之中，但不可否认的是，经济领域的现代化是现代化的核心内容（杨永华，2002）。虽然不能将工业化简单地等同于现代化，但抛开工业化谈现代化的观点是绝不可取的。薄成珍认为，经济现代化是生产力和生产关系的现代化；在信息化高度发达的今天，信息化成为测度经济现代化不可或缺的一个重要内容（薄成珍，2008）。从本质看，经济现代化肩负着经济发展和经济转型的重任。

历史地看，从发源于英国的工业革命到世界各国的工业化进程、现代化进程，工业化是现代化的必经阶段，脱离了工业化的现代化是无根之物。从世界经济发展史来看，自英国工业革命到 20 世纪中后期，英、法、美、德、日、苏联等先后开始并完处于工业化，某些发展中国家处于半工业化阶段，少数发展中国家处于正在实现工业化阶段（薄成珍，2008）。自 20 世纪 90 年代以来，信息化风起云涌，工业化与信息化融合的进程日益加快，发展中国家纷纷提出了信息化和工业化互动发展的理念。中国提出了以信息化带动工业化，以工业化促进信息化的新型工业化发展道路。

虽然经济现代化不能够替代现代化的其他方面，但必须要肯定经济现代化在实现现代化中的核心地位。从各国经济发展的历史来看，经济现代化的实现仍然是其他现代化目标实现的重要基础。对于中国而言，经济现代化与"发展是硬道理"一样，是当前经济发展和产业结构优化升级的重要使命。

### 10.1.2 经济现代化与现代产业体系

根据经典现代化理论，从农业社会向工业社会过渡是现代化的重要表现。Lewis 指出，面对二元经济，农业人口将不断向城市迁移，直到二者的收入差距达到一个合理的水平为止（Lewis，1954）。这一过程的必然结果就是农业人口向城市转移，提高了全社会的收入水平和城市化水平。因此，经济现代化的重要体现就是工业化、城市化。从产业部门来说，农业占整个国民经济的比重会随着经济现代化进程的推进而下降，工业的比重会随之上升，这是经济现代化的重要表现。同时，工业人口占全部劳动人口的比重将上升。英格尔斯评价社会现代化的十大指标对此有直接的表现。

需要注意的是，这一转变是工业化的过程。工业化仅仅是现代化的开始，而不是终结。随着社会的发展，出现了后工业化及后现代化的概念，产业体系的内涵也不断地革新变化。一个显著的特点是服务活动成为产业体系关注的重要内容。1935 年，费希尔提出了三次产业划分的方法。克拉克在 1940 年运用三次产业分类法研究了人均国民收入同产业结构变化之间的内在关联规律，提出了克拉克法则。库茨涅兹等人的实证研究进一步验证了克拉克法则，对产业体系变动的总体趋势做出了较好的诠释。进入工业化后期，产业的发展更多地受到技术进步的影响。从时下来看，高新技术产业的发展，研究开发、科技咨询、知识服务等活动的繁荣，成为产业体系变迁的一个重要趋势。发达国家是这一趋势的主导者，发展中国家则是这一趋势的参与者并力图在趋势变化和产业格局重塑中占据话语权。

进一步地，研究经济现代化与现代产业体系必须考察现代化的动态历程和产业体系演进的历史。学者认为，产业体系的主要特征表现为系统性、层次性和有序性（赵寅和张永庆，2010）。产业体系作为构成国民经济的一个系统，其组成要素之间必定存在着某种相互依赖和相互作用的关系，这种关系形成了产业结构。根据系统论的观点，系统普遍遵循整体优化的规律，产业体系的演进是一个动态的过程，伴随着产业要素、产业结构和产业功能的不断优化。现代产业体系表征的是不同历史时期，相应区域的产业体系相对优化的状态。从本质上说，产业体系的优化和发展就是产业体系的现代化，是经济现代化在产业结构变动上的具体表现。

从研究的层次来看，经济现代化既可以是世界经济的现代化，也可以是一国经济的现代化，还可以是地区（如省市区县）经济的现代化以及行业经济的现代化。当今世界是一个多元世界，发达国家和发展中国家共同组成了世界经济体系，但又处于不同的现代化发展阶段。欧美等发达国家大多已经进入了知识经济驱动的第二次现代化阶段，发展中国家还处于向工业化、重工业化过渡的阶段。同时，在全球一体化和可持续发展的全球性共同话题下，发展中国家还处于向信息化、绿色化加速转变的过程中。而各个国家的内部也面临着区域发展不平衡、城市和乡村发展不平衡的问题，这一点在像中国这样的发展中国家尤其明显。

正是基于此，《中国现代化报告 2005——经济现代化报告》中特别指出，经济现代化是经典现代化的重要组成部分，是推动经典现代化的主要动力。它是一场全球性的经济革命。离开国际竞争谈经济现代化，就不是全部意义上的经济现代化。因此，经济现代化既包括国家自身的经济形态的转变，又包括生产率达到世界先进水平。经济现代化不仅包括经济发展、经济增长和工业化，还包括世界经济前沿和国际经济差距的变化，是一个高度综合的概念（中国现代化战略研究课题组，2005）。

总体看来，经济现代化与现代产业体系是一个包容与相互推进的关系。经济现代化涵盖了现代产业体系发展变迁的基本内涵，现代产业体系的建设和发展是经济现代化的重要组成部分。经济现代化更直接地表现为人均国民收入的变化和产业结构的调整，产业体系的现代化更多地体现为三次产业的变迁和细分产业的变迁。向工业化转变是发展中国家实现经济现代化面临的重要命题，而融入全球化浪潮下的知识化、信息化、绿色化的产业体系变迁，已经成为不可回避的挑战和时代赋予的使命。

## 10.2 ▶ 现代产业体系的内涵与特征

### 10.2.1　现代产业体系的内涵

现代产业体系的内涵需要体现现代化和经济现代化对于产业体系建设的要求，体现出产业体系的现代性。从产业体系而言，产业结构是产业体系的中心内容，迈向现代产业体系需要与内在因素（结构、技术、劳动力、生产制度等）联系起来，还要与外在因素（社会需求、环境压力、政治诉求等）结合起来。客观地讲，现代产业体系是中国语境下的概念。在中国共产党第十七次全国代表大会的报告中提出：

发展现代产业体系，大力推进信息化与工业化融合，促进工业由大变强，振兴装备制造业，淘汰落后生产能力。

这是十七大报告论述"加快转变经济发展方式，推动产业结构优化升级"的一段内容。可见，现代产业体系与转变经济发展方式和产业结构优化升级有着密切的联系。从前后文的联系上也可以看出，现代产业体系与信息化、工业化融合联系紧密，与资源环境也有着紧密的联系。经典现代化认为，工业化就是现代化。信息化与工业化的融合、淘汰落后产能的提法与时代发展关系密切。对于中国来说，工业发展还将面临相当长的时期。新中国成立以来，中国的工业化进程逐步推进并取得了丰硕的成果，但工业化水平、城乡差距、区域差距仍然是横亘在现代化进程中的严重阻碍。可以说，中国的现代化成功与否，仍然要以工业化进程作为重要的标准。即现代产业体系作为中国语境下的产物，必须在现代产业体系的内涵中充分地体现工业化这一发展需求或者发展目标。从发达国家经验看，产业结构软化（服务化、信息化）——三次产业比重较高是典型的现代经济体系特征。因此，现代产业体系还必须将服务化作为内涵的必要构件。

新华网对十七大报告关于现代产业体系的表述做了解读，认为：

形成现代产业体系，需要从多个方面采取措施，其中最重要的是坚持走科技含量高、经济效益好、资源消耗低、环境污染少、人力资源优势得到充分发挥的中国特色新型工业化道路，以信息化带动工业化，以工业化促进信息化。

然后，从三次产业的角度提出了今后一段时期的重点工作：一是大力推进信息化与工业化融合，促进工业由大变强；二是从改革体制机制、加大资金投入、完善政策等方面采取措施，发展现代服务业，服务业的兴旺发达是现代化经济的一个显著特征；三是加大支农惠农政策力度，积极发展现代农业。

广东省于 2008 年 7 月 2 日在全国率先做出了《关于加快建设现代产业体系的决定》，并界定了什么是现代产业体系：

现代产业体系是以高科技含量、高附加值、低能耗、低污染、自主创新能力强的有机产业群为核心，以技术、人才、资本、信息等高效运转的产业辅助系统为支撑，以环境优美、基础设施完备、社会保障有力、市场秩序良好的产业发展环境为依托，并具有创新性、开放性、融合性、集聚性和可持续性特征的新型产业体系。

从广东省现代产业体系发展的目标来看，主要还是对现代服务业、先进制造业、农业等从三次产业的角度做出了规定：

到 2020 年，三次产业结构更加合理，现代服务业成为主导产业，在第三产业中占比超过 60%；先进制造业和现代农业分别成为第二产业和第一产业的主体，高新技术产业、优势传统产业和基础产业成为现代产业体系的支柱，形成产业结构高级化、产业布局合理化、产业发展集聚化、产业竞争力高端化的现代产业体系。

国内学者已经对现代产业体系的内涵展开了一系列的研究。从系统论的角度，向晓梅（2008）认为现代产业体系是产业在横向联系上具有均衡性和协调性，在纵向发展上形成完整的产业链，产业具备良好的制度素质、技术素质和劳动力素质，产业结构与消费结构之间形成良好互动，产业发展与资源、环境相协调，与国际产业发展相衔接的产业链完整、优势集聚、竞争力强。从发达国家经验角度看，有学者认为现代产业体系是一种第三产业特别是现代服务业占较大比例、第二产业科技含量高的产业体系（张明哲，2010）。赵寅、张永庆（2010）对国内的一些研究做了综述。他们指出，现代产业体系的内涵研究尚未形成统一的认识，不同学者从不同的角度来阐释这一内涵。例如，有学者认为现代产业体系是既具有竞争优势又面向未来发展趋势的产业体系，既有本国先天的要素禀赋带来的路径依赖，又有后天要素禀赋升级和专业化分工产生的动态比较优势的影响，还有人认为现代产业体系实质上是一个产业发展导向，或者说产业结构优化升级的导向，是中国转变发展方式、实现科学发展、构建资源节约环境友好型社会的产业载体，其核心是一个新型工业、现代服务业和现代农业互相融合、协调发展的系统，也有人认为现代产业体系不存在固定的定义，是一个历史的和区域的概念，代表着在一定区域内当时较先进的产业体系，不同国家、不同时期现代产业体系的内涵是不一样的，是一个不断调整和发展的动态过程。区别于前述观点，张耀辉从产业体系是企业间联系方式的定义出发，以企业竞争行为从数量竞争转向创新竞争作为传统产业体系与现代产业体系的分水岭（张耀辉，2010）。

可见，现代产业体系内涵研究总体上聚焦在三次产业的结构上以及产业本身的竞争力上。无论是强调科技的作用，还是强调资源禀赋与环保，都是为了产业竞争力的提升，为了经济的持续增长。但上述概念较少地体现现代化、经济现代化对于发展现代产业体系的要求上，尤其是现代性与现代产业体系关系还缺乏衔接，而现代性是现代化的结果，忽略产业体系的现代性，将忽略发展以人为本的宗旨，从而无视增长与福利增加的关系问题。然而，准确而无争议地给出现代产业体系是富于挑战性的工作。

概念是反映客观对象的本质属性的思维形式。现代产业体系的概念需要反映现代产业体系的本质属性，那些特殊的、次要的、非本质的属性都应当剔除。那么，现代产业体系概念的本质属性是什么呢？从发达国家经验看，实现工业化、服务业占 GDP 比重是一个重要的方面。从现代性的平等化、均富化角度看，与产业体系匹配的生产关系（生产、分配问题）是另一个重要的方面。从产业体系的演进看，产业体系绝不是一个静止的物质存在，从工业化、信息化到知识化、绿色化，它总是处于动态之中。因此，赋予现代产业体系一个准确的概念存在着较大的困难。

国家在《中共中央关于制定国民经济和社会发展第十二个五年规划的建议》中明确提出要"坚持走中国特色新型工业化道路，必须适应市场需求变化，根据科技进步新趋势，发挥我国产业在全球经济中的比较优势，发展结构优化、技术先进、清洁安全、附加值高、吸纳就业能力强的现代产业体系"。规划建议对于现代产业体系的描述着重体现在以下几个方面：一是说明了现代产业体系与中国特色新型工业化道路的关系；二是现代产业体系离不开科技进步的带动；三是充分利用产业比较优势；四是发展结构优化、技术先进、清洁安全、附加值高、吸纳就业能力强的现代产业体系。这对现代产业体系指标体系的构建和评价具有较强的指导意义，这一提法基本体现了现代产业体系的内涵和特征。

### 10.2.2　现代产业体系的特征

现代产业体系建设是现代化的重要组成部分，是经济现代化的核心内容。现代产业的概念虽然难以确定，但对于现代产业体系特征的研究论述已经比较多了。如刘吉发（2004）指出，产业现代化表现出集群化、融合化、生态化的特征（或趋势）。彭兴庭（2010）在论现代产业体系的构建一文中指出，可持续性条件约束、产业融合、开放创新是构建现代产业体系关注的主要内容。张明哲（2010）指出，现代产业体系具有创新性、开放性、融合性、集聚性、可持续性、市场适应性等特征，产业结构软化是现代产业体系发展的趋势。李春成和贾彦彦（2011）在总结有关文献的基础上，提出了更加全面的现代产业体系的特征：产业结构高级化、产业市场开放化、产业创新化、产业联系融合化、产业聚集化、产业可持续化、动态适应性、产业竞争规模化、品牌化。从这些分析中可以看到，产业体系的现代性、产业的融合化、创新性、开放性、动态性、集群性、生态化等都被认为是现代产业体系的特征。

结合现代化、经济现代化的分析视角，我们认为现代产业体系具备以下特征：动态性、先进性、信息化、稳定性和人本性。具体阐述如下：

（1）动态性。现代产业体系是一个动态概念，它不是一成不变的，这与现代化的特征是匹配的。工业化不是现代化的终结，而是现代化的一个驿站（中国现代化战略研究课题组，2007）。现代产业体系的当前特征将随着现代化进程的推进，尤其是科学技术的发展和人类需求的变化而不断演变。历史地看，产业体系经历了农业为主向工业为主，到重工业化的发展，在后工业化时期又经历了知识化、信息化和服务化的发展历程。现代产业体系的演进将在此基础上继续发生新的变化，如当前的下一代网络技术、新能源新材料技术和产业的蓬勃兴起，将为现代产业体系的演进提供一个崭新的舞台。动态性从截面上来说，反映的是国家和地区间产业发展的不平衡性。区域产业演进的态势有着明显的差异，不同国家在产业发展水平上也各有不同。此外，动态性同时反映了时代的需求，这一点在先进性中有着更明显的体现，主要体现为先进技术的涌现和使用。

（2）先进性。现代产业体系是先进生产力和生产关系的集合。在产业体系动态演进过程中，新的理论、技术、产品的出现促进原有的产业体系向更高级的产业形式转变。英国的工业革命使得农业生产向工业生产转变，早期出现了轻纺业的繁荣（Chang，2002）；随着蒸汽机的普及应用和交通运输需求的扩大，后期的产业结构向机械制造、采矿、轮船等转变。到第二次世界大战以后，汽车、钢铁、化工等行业得到大力发展。20世纪90年代初期以来，信息技术的应用和产业化越来越密集，利用信息创造财富成为时代的最强音。自经合组织（OECD）1996年发布《以知识为基础的经济》报告后，知识和信息的生产和分配、消费成为现代经济的重要内容。产业结构高新技术化成为产业结构软化的一个重要趋势（张明哲，2010）。与此同时，产业发展带来的资源环境问题日益凸显，绿色、循环、低碳的产业发展呼声越来越高并付诸实践。节能环保和清洁生产成为产业发展提升竞争力和应对环境变化的内在和外在共同的要求。国际金融危机爆发以后，以新能源、新材料为代表的新的产业增长点成为世界各国关注的焦点，先进的科学技术和生产力将引领新时期产业体系发展的航向。对中国而言，现代产业体系将充分利用科学技术实现产业的优化升级，实现"中国制造"向"中国创造"的转变，并形成一系列具有国际竞争力的品牌。

（3）信息化。自20世纪40年代计算机问世以来，在世界范围内兴起了空前的信息革命，人类逐步进入了一个以信息为基础的社会。信息技术不仅代表先进的生产力，它已经渗入到社会生活的各个角落。从产业体系角度来看，工业化和信息化结合，走新型工业化道路成为中国乃至世界工业发展的新型路径。信息化不仅作用于社会的宏观和产业的中观层面，还对企业的管理、生产工艺、技术环节的改进起到了微妙而重要的作用。机电一体化、实时监控、在线控制、电子设计等对于企业的发展、产品的创造和生产直接做出了贡献。与信息技术、管理技术、材料技术等先进技术的融合，能够直接催生新的产业、新的产品，更是培育新的产业增长点的重要基础。如美国的信息产业不仅自身成长迅速、规模庞大，而且与材料工业、光学技术以及生物技术等不断紧密结合，逐步形成规模庞大、门类众多的以信息技术为核心的高新技术产业群（赵寅和张永庆，2010）。信息化已经成为现代产业体系发展不可或缺的内在力量，甚至有人认为信息产业构成了现代产业体系的主要内容。

（4）稳定性。现代产业体系在经济增长过程中具有稳定性，三次产业的结构保持相对平衡的发展态势，不会因为经济周期的波动而出现大幅度的非平衡发展。一个理想的现代产业体系能够规避经济危机和金融危机带来的不利冲击，能够较好地预警经济发展的不良兆头，并适应和调整产业发展的方向，为经济持续增长起到稳定器的作用。考察当前各个国家在面临 2008 年金融危机时的举措可以看出，我们距离一个稳定的产业体系还具有较大的差距，金融风险对于现代产业的发展具有重大的影响。如何在虚拟经济与实体经济的发展中实现协调平衡发展，防范金融风险和产业风险，是现代产业体系面临的重大任务，也是现代产业体系构建中要内在融入的重要内容。

（5）人本性。经济现代化是现代化的核心内容。现代化的结果是现代性。现代性的根本体现是人的现代化，人的发展成为现代化的中心内容。从产业与人的结合角度来看，人本性直接体现为两个方面。一是分工和专业化。现代产业体系需要职业化的劳动力队伍，专业化的劳动力为现代产业体系提供产业增长发展的源泉。一个可观察到的事实是：伴随着信息化发展，越来越多的工作由白领完成。二是来自收入分配。经济发展的最终目的是人的福利增加，现代产业体系必须服从这一点。科学发展观提出以人为本的理念，根本就是要提高劳动者在产业体系中的地位，保障劳动者的收入和消费需求。有学者将转型社会的现代化概括为五个层面，其中就包括了分工化和平等化（童星和崔效辉，2004）。如果从产业体系角度来理解，以人为本的现代产业体系将是分工化和平等化的最好载体。

上述特点总括了其他研究中关于现代产业体系的特点，并创造性地将稳定性和人本性特征纳入其中。从相互关联的角度看，现代性、开放性、动态（适应）性都可以归纳为动态性的特征。现代产业体系的动态性表现为与时代的结合、与环境的结合、与国内外形势的结合。产业体系是一个开放的体系，这个开放性是动态性的要求和体现。先进性与创新性、集群性、可持续性以及生态化有着内在的联系，创新性与集群性是先进生产力与生产关系的集中体现，是反映产业演进趋势、技术进步与可持续发展要求的根本表现。信息化是知识经济的基本载体，与产业结构高级化、产业联系融合化有着密切的关系，高新技术产业群落的兴起与发展，很大程度上得益于信息技术的发展。从现代产业体系与经济增长的关系角度、与人的现代化发展的角度，提出了现代产业体系的稳定性和人本性特征。稳定性既是对现代产业体系的要求，又是现代产业体系应当具备的功能。从这个角度看，稳定性不是现代产业体系的特征，而是现代产业体系演变的未来归宿。人本性的特征同样是对现代产业体系未来发展的要求。部分国家产业体系的发展体现了对劳动力的职业化、专业化的需求，但以人的发展为本的现代产业体系构建显然还任重而道远。

> ### 说明
>
> 　　本章内容是 2010 年天津市科学学研究所年会论文，后来发表在《天津经济》杂志 2011 年第 5 期（唐家龙，2011），现略有修改。笔者认为现代产业体系是一个有生命力的体系，能够顺应时代的变化而不断进行产业更迭，但最根本的是要适应时代的变化，满足经济社会发展和人类文明进步的需要。党的十九大报告已经将现代产业体系提升到了新的高度，提出要通过供给侧结构性改革，实现新旧动能的转换，建立一个有利于实现高质量发展的现代化经济体系。

# 第 11 章

# 现代产业体系演进的美国经验

产业结构是指一个国家或一个地区经济系统中各产业部门之间的比例关系和相比联系。在产业结构分析中通常采用一定的参照体系来研究产业结构的合理化程度。美国是世界上最先进的国家。在一定意义上，可以认为美国的产业体系是当代最先进的产业体系。研究美国的产业体系变化及相关内容，对于构建和推进中国现代产业体系发展有着重要的借鉴意义。

## 11.1 ▶ 美国产业结构演进历程与产业发展

第二次世界大战后，美国经济虽然较 1929 年经济大萧条后的增长速度有所下降，但依然保持了平稳持续增长。根据美国经济分析局资料（BEA，2010），在 1947 年到 2007 年这 60 年间，美国现价 GDP 从 244.1 亿美元增加到 14061.8 亿美元，现价 GDP 年均增长率达到 7%，尤其是 1967—1977 年，现价 GDP 年均增长率达到了 9.32%。从实际 GDP 看，以 2005 年为基年，1947 年的实际 GDP 为 1776.1 亿美元，2007 年达到 13228.9 亿美元，实际 GDP 增长率达到 3.40%，其中 1957—1967 年，实际 GDP 年均增长率最高达到了 4.25%（见表 11-1）。

与国内的统计体系不同，美国的 GDP 构成中包括了政府部门的 GDP 贡献。2009 年美国名义 GDP 达到了 14.3 万亿美元，其中私人部门贡献为 12.35 万亿美元，占 86.4%；政府部门贡献为 1.95 万亿美元，占 13.6%。1947—2009 年，私人部门和政府部门的 GDP 贡献都保持比较稳定，私人部门的 GDP 贡献维持在 85%~97.5%，政府部门的贡献基本在 12.5%~15%。

表 11-1　1947—2007 年主要年份美国现价 GDP 和实际 GDP 增长情况

| 年份 | 现价 GDP（亿美元） | 10 年平均增长率 | 实际 GDP（基年＝2005 年） | 10 年平均增长率 |
|---|---|---|---|---|
| 1947 | 244.1 | — | 1776.1 | — |
| 1957 | 461.1 | 6.57% | 2601.1 | 3.89% |
| 1967 | 832.4 | 6.08% | 3942.5 | 4.25% |
| 1977 | 2030.1 | 9.32% | 5377.7 | 3.15% |
| 1987 | 4736.4 | 8.84% | 7313.3 | 3.12% |
| 1997 | 8332.4 | 5.81% | 9854.3 | 3.03% |
| 2007 | 14061.8 | 5.37% | 13228.9 | 2.99% |

数据来源：美国经济分析局，http://www.bea.gov/national/xls/gdplev.xls。

从就业情况，2003 年全社会全时当量就业人数为 1.22 亿人，私人部门为 1.02 亿人，政府部门为 0.2 亿人；私人部门中生产性行业全时当量的就业人数为 2259 万人，服务业行业全时当量的就业人数为 7956 万人。私人部门中，生产性就业人口占到 22%，服务性就业人口占到 78%。2008 年这一比例分别为 20.5%、79.5%，同期的增加值比例分别为 22.1%、77.9%。可见产业结构与就业结构基本保持了一致。

2008 年爆发了国际性的金融危机，2009 年美国经济出现了大面积下滑的现象，私人部门增加值贡献下降了 2.1 个百分点，政府部门的增加值贡献为 4.3 个百分点。而私人部门占 GDP 的 86.4%，因此，整个经济的 GDP 下降了 1.3%。与 2008 年相比，增加值下降较为明显的行业是农业（16.4%）、采掘业（24.7%）、建筑（9.5%）和制造业（6.0%），其中耐用品制造业下降了 8.3%，非耐用品下降了 3.3%。但电力行业保持了 5.5% 的增长率，信息服务业的增长率为 1.8%，金融、保险、地产、租赁等增长了 0.5%，艺术休闲餐饮行业则没有受到负面影响。

## 11.2　三次产业发展情况

利用美国经济分析局的行业数据，将美国的产业划分为三次产业。为了便于读者与国内进行对比，政府的 GDP 贡献不进行分析。需要注意的是，分析使用的是现价增加值数据。由于这是现价 GDP 及增长率的估算，忽略了产品种类和价格变化带来的影响，因此，要谨慎地看到总量和增长率的变化。

首先，看三次产业在 GDP 中的地位和结构变化。2009 年，私人部门 GDP 达到 12.3 万亿美元，其中一、二、三次产业贡献份额分别为 1.1%、21.5%、77.4%，服务业所占比重超过了 70%。1947 年时，三次产业总量达到 2137 亿美元，三次产业贡献份额分别为 9.3%、37.7%、53.0%。有关数据如表 11-2 所示。

表 11-2　1947—2009 年主要年份美国三次产业现价 GDP 增长情况

（单位：亿美元）

| 年份<br>类别 | 1947 | 1957 | 1967 | 1977 | 1987 | 1997 | 2007 | 2008 | 2009 |
|---|---|---|---|---|---|---|---|---|---|
| 第一产业 | 199 | 184 | 229 | 513 | 798 | 1107 | 1470 | 1632 | 1364 |
| 第二产业 | 805 | 1655 | 2769 | 6221 | 12240 | 18896 | 28589 | 28713 | 26474 |
| 第三产业 | 1133 | 2191 | 4145 | 10661 | 27766 | 52471 | 93093 | 95536 | 95399 |
| GDP（不含政府） | 2137 | 4030 | 7143 | 17395 | 40804 | 72474 | 123152 | 125881 | 123237 |
| 第一产业 | 9.3% | 4.6% | 3.2% | 2.9% | 2.0% | 1.5% | 1.2% | 1.3% | 1.1% |
| 第二产业 | 37.7% | 41.1% | 38.8% | 35.8% | 30.0% | 26.1% | 23.2% | 22.8% | 21.5% |
| 第三产业 | 53.0% | 54.4% | 58.0% | 61.3% | 68.0% | 72.4% | 75.6% | 75.9% | 77.4% |
| GDP（不含政府） | 100% | 100% | 100% | 100% | 100% | 100% | 100% | 100% | 100% |

数据来源：美国经济分析局，http：//www.bea.gov/industry/gdpbyind_data.htm。1947—1997 年数据为 1997 年行业分类标准，1998—2009 年数据为 2002 年行业分类标准。个别年份由于四舍五入加总百分比不等于 100%。

表 11-2 和图 11-1 清晰地展示了 1947—2009 年三次产业在美国国民经济中的份额变化。整体来看，第一产业在经济中所占比重逐年下降，从 1947 年的 9.3% 下降到 1.1%，下降了 8.2 个百分点；第二产业比重从 37.7% 下降到 21.5%，下降了 16.2 个百分点；相应地，第三产业比重从 53.0% 上升到 77.4%，上升了 24.4 个百分点。产业结构服务化特征明显。

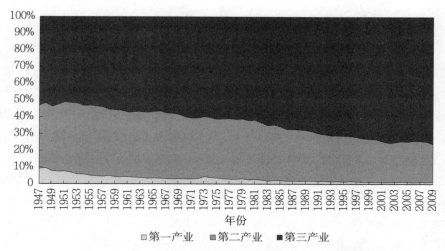

图 11-1　1947—2009 年美国三次产业占 GDP 的比例

数据来源：美国经济分析局，http：//www. bea. gov/industry/gdpbyind_ data. htm。1947—1997 年数据为 1997 年行业分类标准，1998—2009 年数据为 2002 年行业分类标准。

　　分析表明，美国已经进入了后工业化阶段，产业结构呈现向三、二、一深化发展的趋势，服务业在经济发展中占据了重要地位，三次产业结构体现出服务化特征。李悦认为，美国已经进入了服务业经济的国情时代（李悦，2008）（见表 11-3）。

表 11-3　三次产业 GDP 贡献与劳动力就业比例对应关系

（单位：%）

| 类别 | | 1998 年 | | 2004 年 | | 2008 年 | |
|---|---|---|---|---|---|---|---|
| | | GDP 贡献 | 就业贡献 | GDP 贡献 | 就业贡献 | GDP 贡献 | 就业贡献 |
| 私人部门 | | 87. 50 | 83. 09 | 87. 30 | 82. 55 | 87. 17 | 82. 66 |
| 第一产业 | | 1. 14 | 1. 00 | 1. 20 | 0. 90 | 1. 13 | 0. 90 |
| 第二产业 | 采掘业 | 0. 92 | 0. 43 | 1. 34 | 0. 38 | 2. 13 | 0. 50 |
| | 电力 | 1. 88 | 0. 46 | 1. 75 | 0. 41 | 1. 77 | 0. 39 |
| | 建筑 | 4. 36 | 4. 72 | 4. 67 | 5. 28 | 4. 43 | 5. 19 |
| | 制造业 | 15. 09 | 13. 33 | 12. 49 | 10. 38 | 11. 56 | 9. 38 |
| 第三产业 | | 64. 11 | 63. 14 | 65. 83 | 65. 20 | 66. 15 | 66. 31 |
| 政府部门 | | 12. 50 | 16. 91 | 12. 70 | 17. 45 | 12. 83 | 17. 34 |

数据来源：美国经济分析局，http：//www. bea. gov/industry/gdpbyind_ data. htm。

克拉克认为，产业结构与劳动力就业之间有着密切的关系（原毅军和董琨，2008）。人均国民收入越高的国家，农业劳动力在全部劳动力中所占的比重相对来说就越小。由于没取得更早年份的数据，因此这里分析了1998—2008年部分年份三次产业的 GDP 贡献占美国 GDP 的比例，以及各类型产业的劳动力就业人数。可以看到，克拉克的观点在美国产业结构中有充分的体现，第一产业（农林渔猎）部门劳动力占全国劳动力的比重相对较小；同时，第一产业占整个 GDP 的份额也只有 1.1% 左右，就业人口比例与 GDP 贡献份额基本相当，就业人口比例略低于 GDP 贡献份额。从第二产业看，采掘业、电力等资源性产业的 GDP 贡献相对于就业贡献较高，建筑、制造等产业的 GDP 贡献份额相对于就业的比例基本持平，就业带来的 GDP 贡献基本是 1∶1 的比例，第三产业更是体现了这一特点。

## 11.3 ▶ 三次产业内部结构变化情况

从结构看，第一产业在美国经济中所占比例较小，在此不做重要分析。第一产业主要包括农林渔猎，1947 年实现增加值 199 亿美元，到 2007 年达到 1470 亿美元，60 年间年均增长率 3.39%，2007 年现价增加值是 1947 年的 7.4 倍。

第二、第三产业是经济的主体，对其结构做一定分析。第二产业主要包括采掘业、电力、建筑、制造业（耐用品和非耐用品）四类，1947 年实现增加值 805 亿美元，到 2007 年达到 28589 亿美元，年均增长率达到 6.13%，2007 年现价增加值是 1947 年的 35.5 倍；第三产业主要包括批发贸易、零售业、运输和仓储，信息服务业，金融、保险、地产、租赁等，专业化和商业化的服务，教育服务、卫生保健、社会救助，艺术、娱乐、休闲、住宿、餐饮服务，其他服务（不包括政府）等，1947 年实现产值 1133 亿美元，2007 年实现 93093 亿美元，年均增长率达到 7.62%，2007 年现价增加值是 1947 年的 82.2 倍（见表 11-4）。

表 11-4　1947—2007 年主要年份美国三次产业现价增加值和增长率

（单位：亿美元）

| 产业 | 类别 | 1947 年 | 1957 年 | 1967 年 | 1977 年 | 1987 年 | 1997 年 | 2007 年 |
|---|---|---|---|---|---|---|---|---|
| 第一产业 | 增加值 | 199 | 184 | 229 | 513 | 798 | 1107 | 1470 |
| | 10 年增长率 | — | −0.78% | 2.21% | 8.40% | 4.52% | 3.33% | 2.88% |
| 第二产业 | 增加值 | 805 | 1655 | 2769 | 6221 | 12240 | 18896 | 28589 |
| | 10 年增长率 | — | 7.47% | 5.28% | 8.43% | 7.00% | 4.44% | 4.23% |
| 第三产业 | 增加值 | 1133 | 2191 | 4145 | 10661 | 27766 | 52471 | 93093 |
| | 10 年增长率 | — | 6.82% | 6.58% | 9.91% | 10.05% | 6.57% | 5.90% |

数据来源：美国经济分析局，http：//www.bea.gov/industry/gdpbyind_data.htm。1947—1997 年数据为 1997 年行业分类标准，1998—2009 年数据为 2002 年行业分类标准。

从第二产业来看，主要包括了采掘业、公用事业、建筑、制造业四类，制造业在第二产业中占据了主导地位，其次是建筑业、公用事业和采掘业。从趋势来看，制造业所占比重呈逐年下降趋势，从 1947 年的 77.7% 下降到 2009 年的 59.3%，下降了 18.4 个百分点；建筑业、公用事业所占比例略有上升，分别上升 10.7 个百分点和 6.1 个百分点，采掘业基本保持不变，上升 1.6 个百分点（见图 11-2）。

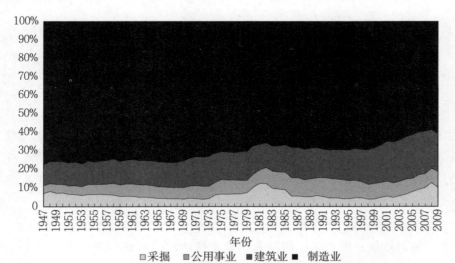

图 11-2　1947—2009 年美国第二产业内部结构变动

数据来源：美国经济分析局，http：//www.bea.gov/industry/gdpbyind_data.htm。1947—1997 年数据为 1997 年行业分类标准，1998—2009 年数据为 2002 年行业分类标准。

　　制造业又分为耐用品和非耐用品制造业。耐用品包括：木材制品；非金属矿产资源；初级金属产品制造；金属制品；机械；计算机和电子产品；电气设备、家用电器、组件；机动车辆、车身、拖车及配件；其他运输设备；家具及相关产品；其他耐用品等。仅获得了 1977—2009 年的相关行业数据，如图 11-3 所示。

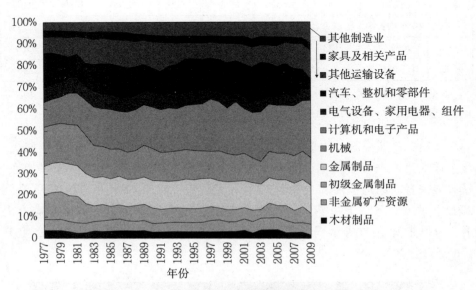

**图 11-3　1977—2009 年美国耐用品制造业结构变动**

　　数据来源：美国经济分析局，http：//www.bea.gov/industry/gdpbyind_ data.htm。1977—1997 年数据为 1997 年行业分类标准，1998—2009 年数据为 2002 年行业分类标准。

　　可以看出，除计算机和电子产品在耐用品制造中所占比例增长了 10.7 个百分点、金属制品 0.8 个百分点、其他运输设备 2.7 个百分点、家具及相关产品 0.3 个百分点以外，其余类别耐用品在耐用品制造中所占比例均有所下降，下降幅度最大的是初级金属产品制造和汽车行业，分别下降了 5.8 个百分点和 6 个百分点，机械制造也下降了 3.4 个百分点。

　　非耐用品包括：食物和饮料、烟草制品；纺织机械、纺织产品的工厂；服装、皮具产品；纸产品；印刷和相关支持活动；石油和煤的产品；化工产品；塑料和橡胶制品等。数据显示，石油和煤产品在非耐用品中所占比重明显提高，从 1977 年的 5.2% 上升到 20.0%，上升了 14.8 个百分点，化工产品占非耐用品比重也明显提高，从 22.5% 上升到 28.5%，上升了 6 个百分点。

食物和饮料、烟草制品占非耐用品比重虽然比较高，2008 年达到了 25.4%，但较 1977 年下降了 2.8 个百分点。下降幅度最大的是服装和皮具产品的生产，从 1977 年的 9.9% 下降到 2009 年的 1.9%（见图 11-4）。

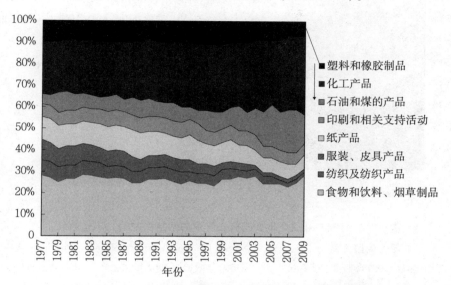

**图 11-4　1977—2009 年美国非耐用品制造业结构变动**

数据来源：美国经济分析局，http：//www.bea.gov/industry/gdpbyind_data.htm。1977—1997 年数据为 1997 年行业分类标准，1998—2009 年数据为 2002 年行业分类标准。

第三产业包括的范围比较广泛。从细分的小行业结构看，金融、保险、地产、租赁等占服务业的比重达到了 32.1%，较 1947 年提升了 9.6 个百分点，是对服务业发展贡献最大的行业；专业化和商业服务在服务业中位居次席，占服务业比重为 18.1%，较 1947 年提升了 8.4 个百分点；教育服务、卫生保健、社会救助行业占服务业比重达到 12.5%，较 1947 年提升了 8.4 个百分点。占服务业比重下降最大的分别是零售业和运输仓储业，分别下降了11.4 个和 8.8 个百分点，批发贸易也下降了 5.3 个百分点（见图 11-5）。

可以比较明显地看出，金融、保险、房地产以及专业化和商业化的服务等服务业在美国第三产业中的地位得到上升。零售业和运输仓储业在服务业中的地位有明显的下降。但从总量来看，各个小的服务行业都得到了大幅度的提升（见图 11-6）。

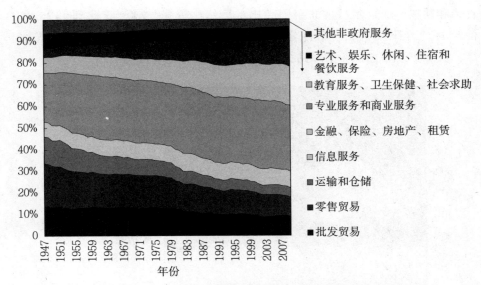

**图 11-5　1947—2007 年美国第三产业内部结构变动（不含政府）**

数据来源：美国经济分析局，http：//www.bea.gov/industry/gdpbyind_ data.htm。1947—1997 年数据为 1997 年行业分类标准，1998—2007 年数据为 2002 年行业分类标准。

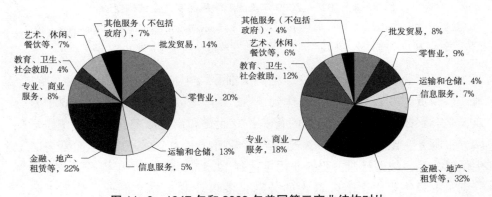

**图 11-6　1947 年和 2009 年美国第三产业结构对比**

数据来源：美国经济分析局，http：//www.bea.gov/industry/gdpbyind_ data.htm。1947 年数据为 1997 年行业分类标准，2009 年数据为 2002 年行业分类标准。

　　为了识别美国三个产业，尤其是第二产业和第三产业中的重要产业，我们以行业 GDP 贡献和增长率为标准对重点行业进行了分析。图 11-7 以行业 GDP 总量为标准，可以看到 1947 年以来金融、保险、地产、租赁行业增长迅速，在 20 世纪 80 年代后期成为超过制造业（含耐用品和非耐用品）的最重要部门，制造业退居次席。其次就是专业化和商业化服务，它在 20 世纪 90 年代以后成为继制造业之后的第三大产业部门，为服务业的迅速增长做出了巨大贡献。制造业的耐用品生产进入 21 世纪以来让位于教育服务、卫生保健和社会救助，但在工业行业中仍然占据着最重要的地位。如果以 2008 年行业 GDP 贡献来排名，排在首位的是金融、保险、房地产、租赁，产值达到 30425 亿美元；其次是专业化和商业化的服务，产值达到 17479 亿美元；再次是制造业，产值达到 16696 亿美元，其中耐用品制造贡献 9234 亿美元增加值，非耐用品贡献 7462 亿美元；教育服务、卫生保健、社会救助增加值贡献排在第四位，达到了 11373 亿美元。

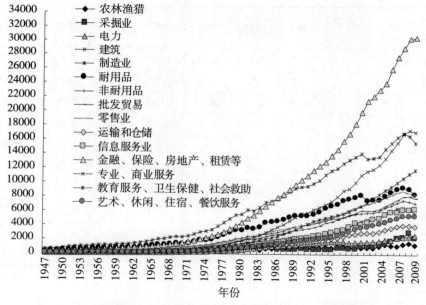

图 11-7　1947—2009 年美国行业总量增长态势（单位：亿美元）

数据来源：美国经济分析局，http：//www.bea.gov/industry/gdpbyind_data.htm。1947—1997 年数据为 1997 年行业分类标准，1998 年后数据为 2002 年行业分类标准。

从 1947—2007 年这 60 年间的行业增长率来看，教育服务、卫生保健、社会救助，专业化和商业化服务，金融、保险、房地产、租赁等，信息服务业四个行业的现价 GDP 增长率超过了 8.0%；电力，建筑，艺术、休闲、住宿、餐饮服务等增长率在 7% 以上；批发贸易、采掘业、零售业等增长率在 6% 以上。这些行业对于美国经济增长做出了突出贡献。

美国经济分析局提供了 1998 年以来的信息产业统计数据，它包括了出版行业（包括软件）、信息和数据处理服务、计算系统设计和相关服务三个子行业。数据显示，1998 年以来，美国的信息产业（ICT）总体是一个增长态势。受 1998 年和 2008 年金融危机的影响，增长率分别于 2001 年和 2009 年出现了负增长，其余年份都保持了较好的增长，2004 年甚至达到了 13% 的同比增长速度。尽管信息产业的总量有一定的增长，但信息产业在 GDP 中的比例基本维持在 4% 左右。因此，仅从增加值变化的角度不能对信息技术对经济社会发展的影响做出较为合理的判断（见表 11-5）。

表 11-5　1947—2007 年美国产业部门现价 GDP 的 10 年平均增长率

（单位:%）

| 类别 ＼ 年份 | 1957 | 1967 | 1977 | 1987 | 1997 | 2007 | 1947—2007 |
|---|---|---|---|---|---|---|---|
| 农林渔猎 | -0.79 | 2.19 | 8.41 | 4.51 | 3.33 | 2.87 | 3.39 |
| 采掘业 | 6.57 | 0.96 | 13.84 | 5.12 | 2.63 | 10.08 | 6.44 |
| 电力 | 10.46 | 6.57 | 10.51 | 10.35 | 3.86 | 3.24 | 7.45 |
| 建筑 | 9.17 | 6.03 | 9.30 | 8.77 | 4.46 | 6.95 | 7.43 |
| 制造业 | 7.11 | 5.36 | 7.67 | 6.34 | 4.66 | 2.93 | 5.67 |
| 耐用品 | 8.86 | 5.62 | 7.55 | 6.20 | 4.56 | 2.29 | 5.83 |
| 非耐用品 | 5.00 | 4.97 | 7.86 | 6.55 | 4.82 | 3.80 | 5.49 |
| 批发贸易 | 6.31 | 6.60 | 9.56 | 7.78 | 6.21 | 4.59 | 6.83 |
| 零售业 | 4.72 | 5.93 | 9.38 | 8.24 | 5.08 | 4.51 | 6.29 |
| 运输和仓储 | 4.77 | 3.58 | 8.71 | 7.08 | 5.32 | 4.86 | 5.71 |
| 信息服务业 | 7.95 | 7.35 | 10.20 | 10.04 | 6.52 | 6.00 | 8.00 |
| 金融、保险、房地产、租赁等 | 9.05 | 6.92 | 9.91 | 10.70 | 6.61 | 6.19 | 8.22 |
| 专业、商业服务 | 8.65 | 7.79 | 10.81 | 12.94 | 8.03 | 6.59 | 9.11 |
| 教育服务、卫生保健、社会救助 | 9.28 | 9.58 | 12.87 | 11.81 | 7.18 | 6.51 | 9.52 |
| 艺术、休闲、住宿、餐饮服务 | 4.80 | 6.32 | 9.80 | 9.98 | 6.66 | 6.37 | 7.30 |

　　数据来源：美国经济分析局，http：//www.bea.gov/industry/gdpbyind_ data.htm。1947—1997 年数据为 1997 年行业分类标准，1998 年后数据为 2002 年行业分类标准。

范·杜因（1993）指出，产业部门的创新是经济长期增长的一个重要影响因素。显然，第二、第三产业部门中信息服务业、金融业的发展是美国经济长期增长的重要源泉。

## 11.4 ▶ 产业结构演进与劳动力收入分配

前面已经分析了产业结构变动的情况。下面以 1998—2008 年的收入法 GDP 数据考察 GDP 的行业分配构成。收入法 GDP 核算也称为分配法 GDP 核算。它从生产过程角度来测算增加值，根据生产要素在生产过程中应得的收入份额以及因从事生产活动向政府支付的税收等角度来反映全社会最终的生产成果。GDP 由全国各行业汇总的劳动者报酬、生产税净额（生产税—生产补贴）、固定资产折旧和营业盈余四部分组成。美国的数据中主要显示了三项内容：劳动者报酬、生产税净额（生产税—生产补贴）和营业盈余。

数据显示，1998—2008 年，全美国各行业劳动者报酬占 GDP 的平均比重基本维持在 55%～58%，税收比例为 6.5%～7.0%，营业盈余为 35%～37%，劳动者收入和企业资产收益占了约 93% 的 GDP 份额（见表 11-6）。

表 11-6　1998—2008 年美国收入法 GDP（含政府 GDP 贡献）构成

（单位:%）

| 类别＼年份 | 1998 | 1999 | 2000 | 2001 | 2002 | 2003 | 2004 | 2005 | 2006 | 2007 | 2008 |
|---|---|---|---|---|---|---|---|---|---|---|---|
| GDP | 100 | 100 | 100 | 100 | 100 | 100 | 100 | 100 | 100 | 100 | 100 |
| 劳动者报酬 | 57.2 | 57.3 | 58.2 | 58.2 | 57.5 | 57.3 | 56.5 | 56.0 | 55.9 | 55.9 | 55.7 |
| 税收 | 6.9 | 6.7 | 6.7 | 6.5 | 6.8 | 6.8 | 6.9 | 6.9 | 7.0 | 6.9 | 6.9 |
| 营业盈余 | 36.0 | 36.0 | 35.1 | 35.3 | 35.7 | 35.9 | 36.7 | 37.2 | 37.2 | 37.2 | 37.4 |

数据来源：根据美国经济分析局数据整理，http://www.bea.gov/industry/gdpbyind_data.htm。税收中已经扣除了生产补贴。个别年份由于四舍五入加总百分比不等于 100%。

对于私人部门，劳动者报酬相对较低，占 GDP 份额的 51%～53%，税收份额占 7.6%~8.1%，营业盈余占 37.6%~40.5%❶（见表 11-7）。

表 11-7　1998—2008 年美国私人部门收入法 GDP 构成

（单位:%）

| 年份<br>类别 | 1998 | 1999 | 2000 | 2001 | 2002 | 2003 | 2004 | 2005 | 2006 | 2007 | 2008 |
|---|---|---|---|---|---|---|---|---|---|---|---|
| GDP | 100 | 100 | 100 | 100 | 100 | 100 | 100 | 100 | 100 | 100 | 100 |
| 劳动者报酬 | 53.4 | 53.6 | 54.6 | 54.4 | 53.5 | 53.2 | 52.2 | 51.7 | 51.7 | 51.7 | 51.4 |
| 税收 | 8.0 | 7.8 | 7.7 | 7.6 | 7.9 | 8.0 | 8.0 | 8.0 | 8.1 | 8.1 | 8.1 |
| 营业盈余 | 38.6 | 38.6 | 37.6 | 38.0 | 38.6 | 38.8 | 39.7 | 40.3 | 40.2 | 40.2 | 40.5 |

数据来源：美国经济分析局，http：//www.bea.gov/industry/gdpbyind_ data.htm。税收中已经扣除了生产补贴。个别年份由于四舍五入加总百分比不等于 100%。

　　考察各行业的劳动者报酬、税收收入、营业盈余，可以发现这三者之间的分配和行业的性质有着密切关系。例如一些行业劳动力密集，那么劳动者报酬所占份额就比较高（但人均报酬不一定高）；一些行业资本密集，那么劳动者报酬所占份额就比较低，营业盈余就比较高；一些行业知识密集，劳动者报酬也比较高。如果以劳动者报酬占 GDP 份额超过高出平均水平 10 个百分点以上为标准（70% 左右），以下行业包括其中：第二产业部门中的建筑业、耐用品制造业（木材制品、初级金属制品、计算水和电子产品、电气设备和家电、汽车行业、其他运输装备、家具及其他产品）、非耐用品制造业（纺织机械、纺织产品；服装、皮具产品、印刷和相关支持活动）；第三产业中的铁路运输，仓储，信息和数据处理服务，债券、商品合同和投资，专业化和商业化服务，专业、科学、技术服务，计算机设计和相关服务等，行政和废物管理服务，教育服务、卫生保健、社会救助等。这些行业中，劳动者报酬大都在 60% 以上，个别行业劳动者报酬甚至超过了 100%。

　　在这些领域中，计算机和电子产品、信息和数据处理服务、债券、商品合同和投资，专业化和商业化服务，专业、科学、技术服务，计算机设计和相关服务等属于知识密集型行业，劳动者报酬占行业 GDP 的份额相对较高；另一些行业属于风险较高或劳动技能或劳动强度要求较高的行业，要么直接

---

　　❶　根据这些数据，如果将政府的收入也作为资本收入，利用新古典函数估算美国经济增长时将劳动收入弹性和资本收入弹性划为 0.55：0.45 或者 0.5：0.5 是适宜的。

涉及专业化的技能，要么拥有相对较多的就业人口，这也使得行业的劳动者报酬份额较高。例如建筑业，从建筑业收入分配看，劳动者报酬较高，多数年份的收入份额保持在 65% 以上，税收份额仅为 1.1% 或 1.2%，营业盈余大约为 33%。与全美 GDP 收入构成比较，建筑行业的劳动者收入报酬较高，税收很低，营业盈余则略低。说明建筑行业的收入从税收和资本收益转移到了劳动者报酬上。制造业领域的收入分配有着类似的情况，看劳动者报酬所占份额相对于建筑业要略低 7~8 个百分点，略高于全美平均水平（见表 11-8）。

**表 11-8　1999—2008 年美国建筑业收入法 GDP 构成**

（单位:%）

| 类别 ＼ 年份 | 1999 | 2000 | 2001 | 2002 | 2003 | 2004 | 2005 | 2006 | 2007 | 2008 |
|---|---|---|---|---|---|---|---|---|---|---|
| GDP | 100 | 100 | 100 | 100 | 100 | 100 | 100 | 100 | 100 | 100 |
| 劳动者报酬 | 65 | 65.8 | 66.4 | 66.3 | 65.9 | 64.5 | 63.9 | 65.4 | 66.9 | 68.5 |
| 税收 | 1.1 | 1.1 | 1.1 | 1.1 | 1.2 | 1.2 | 1.2 | 1.2 | 1.2 | 1.2 |
| 营业盈余 | 33.9 | 33.2 | 32.6 | 32.5 | 33 | 34.4 | 34.9 | 33.4 | 32 | 30.3 |

数据来源：美国经济分析局，http：//www.bea.gov/industry/gdpbyind_data.htm。税收中已经扣除了生产补贴。个别年份由于四舍五入加总百分比不等于 100%。

从税收占 GDP 收入比重看，美国对以下行业或部门有着较大的税收补贴：第一产业，主要是农业，通常补贴占行业 GDP 的 5% 左右，个别年份甚至突破 10%；服务业中的铁路运输，通常补贴占到行业 GDP 的 2% 左右，2008 年更是达到 4%；政府下属的国有企业，尤其是州和地方政府下属的国有企业补贴更多，联邦的补贴大约为 2%，州和地方则高达 15% 左右。

例如农业，对于第一产业（农林渔猎），劳动者报酬所占份额相对较少，年度波动也较大，基本维持在 24%~32%；营业盈余则达到 71%~84%，税收构成更是为负，这意味着税收对农民和农业资本进行了大额的补贴，年度最低补贴份额达到 1.1%，最高时达到了 15.1%。与 GDP 整体的收入分配格局呈现出逆向的变化。第一产业的营业盈余较高，与美国的农业集约化程度高、劳动就业人数较少、资本密集有着直接的关系（见表 11-9）。

表 11-9  1998—2008 年美国第一产业部门收入法 GDP 构成

(单位:%)

| 年份<br>类别 | 1998 | 1999 | 2000 | 2001 | 2002 | 2003 | 2004 | 2005 | 2006 | 2007 | 2008 |
|---|---|---|---|---|---|---|---|---|---|---|---|
| GDP | 100 | 100 | 100 | 100 | 100 | 100 | 100 | 100 | 100 | 100 | 100 |
| 劳动者报酬 | 27.8 | 31.8 | 31.6 | 32.0 | 33.8 | 27.6 | 24.8 | 28.0 | 32.4 | 27.5 | 25.5 |
| 税收 | -5.5 | -14.0 | -15.1 | -14.7 | -5.5 | -7.1 | -3.5 | -11.5 | -5.4 | -1.4 | -1.1 |
| 营业盈余 | 77.7 | 82.2 | 83.5 | 82.7 | 71.7 | 79.5 | 78.6 | 83.5 | 73.0 | 73.9 | 75.6 |

数据来源:美国经济分析局,http://www.bea.gov/industry/gdpbyind_ data.htm。税收中已经扣除了生产补贴。个别年份由于四舍五入加总百分比不等于 100%。

从农场的数据看,税收补贴占农业 GDP 的比重最低的年份也达到了 5.0%,最高的甚至超过了 20%,营业盈余最高的更是高达 94%,最低也近乎 90%。

一方面,类似农业和政府国有企业的行业得到政府的税收扶持;另一方面,各行业的税收份额占行业 GDP 的比重差别也比较大。例如,私人部门的税收收入占本部门 GDP 份额的 8% 左右,以此为标准,美国的资源性产业的税收占行业 GDP 的份额就比较高。采掘业的税收收入份额占矿业 GDP 的 10%~14%,石油和天然气税收份额为 14%~20%;电力的税收份额约为 20%。另外,食品、饮料和烟草等行业的税收份额年度平均也超过了 10%,最高达到 12% 以上,批发、零售、航空运输的税收份额也很高,分别达到 21%~23%、20%、15%~20%。

## 11.5 ▶ 结论与启示

1. 结论

从产业结构及收入结构分析,得出以下结论:

(1) 从 20 世纪 70 年代、90 年代后期、2008 年以来的三次经济金融危机来看,美国的产业发展具有较强的稳定性,产业结构与就业结构基本一致,危机对经济的冲击保持在了有限的范围之内,产业的增长率下滑幅度不大,行业的增长受影响不大。当然,这与美国庞大的经济基数有着密切的关系。

（2）美国已经进入工业化后期，实际 GDP 年均增长率维持在相对平稳的水平，1947—2007 年的平均水平为 3.4%；第三产业的名义 GDP 增长速度（7.62%）高于第二产业（6.13%）和第一产业的增长速度（3.39%），服务业比重已经超过 70%，三次产业结构呈现三二一发展态势，产业结构软化特征明显。

（3）第二产业中，制造业占据了主导地位，但占第二产业的比重呈逐年下降趋势，60 年来下降了 18 个百分点。代表技术密集和知识密集的计算机和电子产品行业在耐用品制造中所占比例增长了 10.7 个百分点，代表资源性产业和传统制造的初级金属产品制造和汽车行业，分别下降了 5.8 个百分点和 6 个百分点，机械制造也下降了 3.4 个百分点。

（4）第三产业中，金融、保险、房地产、租赁等在服务经济中份额有所提升，占服务业的比重达到了 32.1%，成为对服务业发展贡献最大的行业；专业化和商业服务占服务业比重为 18.1%；教育服务、卫生保健、社会救助行业占服务业的比重达到 12.5%，较 1947 年提升了 8.4% 个百分点。传统的零售业和运输仓储业份额下降较多。

（5）从收入分配看，劳动者报酬和营业盈余在美国经济中占有主导地位，二者合计占 GDP 的 93% 以上。税收份额在美国经济中起着调节行业收入和行业保护的作用，对美国的农业、国有企业税收补贴较大。税收占 GDP 份额在一定程度上体现了美国鼓励私人部门发展和保障劳动者收入权益的特点。

以上结论表明，美国的产业体系较好地体现了产业现代性，结构软化和服务化、技术创新导向明显等。这为研究总结现代产业体系的特征提供了有力支撑。笔者前期的研究中曾经指出，现代产业体系应当是具有以人为本和可持续性的特点，将产业体系与劳动报酬、资源环境结合了起来（唐家龙，2011）。

2. 启示

美国是世界上市场经济最发达的国家，也是产业体系发展最充分的国家。从一定程度上说，美国的产业体系代表着最先进的产业发展方向，也可以说是现代产业体系的代表。尽管 2008 年金融危机冲淡了虚拟经济发展的神话，但仍然不可否认，美国产业发展对于其他国家，对包括中国在内的发展中国家仍具有启示意义。必须看到，美国的产业结构演进是建立在工业化基础之上的。因此，基于中国工业发展的国情，中国的经济现代化战略应当以成为工业化国家为先导（陈佳贵和黄群慧，2005）。工业化乃至重工业化作为实现现代化的前提，必须成为中国的基本路径选择。美国已经走过的工业化、服务化路径仍然对我国具有重要的启示意义。

（1）要逐步加大服务业发展的比例，这一点已经成为共识。从工业化进入知识化进程，是服务业比重逐渐扩大的过程，也是劳动者从第二产业向第三产业转移的过程。服务业拥有庞大的增加值贡献能力和就业吸纳能力，在美国 GDP 贡献中达到了 66.5%，吸纳了 65% 以上的劳动力就业。中国拥有庞大的农业人口，充分发展服务业对于解决农民就业问题，解决农村人口市民化问题，解决中国的城市化问题具有重要意义。

（2）要逐步提高专业化、职业化服务的水平和价值。中国的产业体系相对于美国的产业体系而言，还处于相对的中低端，劳动力的价值还没有得到充分的体现。从劳动者报酬占 GDP 份额可以看出，在美国的 GDP 中，50% 以上的收入分配给了劳动者，30% 以上分配给了资本家，充分地体现了劳动和资本的收益，体现了专业化人力资本（普通劳动力、智力资本和企业家人力资本）的收益。在服务业发展中，应注意在内容和层次上先进的服务业。美国的服务更多地体现了信息化、专业化的特点。目前占美国服务业 GDP 份额最大的是金融、保险、房地产和租赁行业，专业化和商业化的服务行业，教育、卫生和社会救助行业。虽然金融和保险等领域的监管不健全与 2008 年金融危机有着密切的关系，但金融对于产业发展的重要作用绝不容忽视。在我国，专业化和商业化的服务占 GDP 收入的比重还较低，重生产而轻服务的传统思维还在发挥着重要的滞阻作用。分工化、专业化、职业化还没有得到充分的认识和体现，这一点与美国劳动者报酬较高也有着紧密的关系。

（3）尤其要关注服务行业的战略性新兴产业。当前国内兴起了大力发展战略性新兴产业的"狂潮"，但大多集中在第二产业领域。在中国当前工业化进程和重工业化进程没有完成的情况下，大力发展第二产业无疑是正确的。但忽略服务业的发展，忽略服务业中战略性新兴产业的发展，必将在新一轮现代化进程中处于被动局面。前面提到，美国服务业中发展最好的三大领域是金融、保险，专业化和商业服务，教育、卫生等。这里面有哪些是中国能够发展，并且能够较好地发展的领域，还有哪些是美国没发展好而中国有条件发展好的领域，需要进一步地研究明确。

（4）要建立与行业特点和发展现实需求相适应的税收体系。整体来看，美国的税收收入占 GDP 的份额比较低，为 7% ~ 8%，对资源性产业征税较高，对农业补贴较大，对消费行业税收也比较高，其他行业的税收占行业 GDP 的份额基本维持在 1%~4%。可见，税收和补贴是一个杠杆。要充分利用税收和补贴手段保护在国际竞争中处于劣势的产业，有限制地开发资源性产业，发展新兴产业。

（5）必须要在借鉴中反思，在学习中修正一些发展理念。产业结构与经济社会发展阶段、地理区位、社会历史因素、技术进步水平等多重因素相关（臧旭恒等，2002），仅从数据的角度考察（而且这个考察也不全面）并不能产生完全科学的结果。美国的制造业向海外转移，第二产业比重日益减少，对终端产品的进出口和服务贸易日益增加，发展中国家如中国则成为产业的承接地，产业利润贡献给了发展中国家，劳动者的报酬相对低廉，而税收水平又相对较高。在这样一个国家差异面前，直接以美国的产业体系为参照或照搬，难免东施效颦了。尤其是在金融危机冲击下，如何充分发挥以战略性新兴产业和高新技术产业为主导的现代产业，规避虚拟经济带来的不良影响，值得进一步深入研究。

**说明**

本章内容是我和赵嘉博士合作的一篇论文，后来发表在《科学学与科学技术管理》杂志 2012 年第 1 期（赵嘉和唐家龙，2012），现略有修改。第二次世界大战结束以后，美国经济总体上引领着世界经济的发展，美国的产业体系在一定程度上就是现代产业体系的一个代表。发达经济体产业演替的规律能够为后发国家带来诸多的启示，比如三次产业更替变化的规律、耐用品持续稳定增长的现象、汽车和房地产市场与城镇化等。美国的产业变迁能够映射出中国社会基本矛盾发生变化后的经济社会发展的基本趋势，对我国以及天津的产业发展、产业选择、政策选择都能带来重要的启发。

# 第 12 章

## 中国省际生产率增长的实证分析（1995—2006）

### 12.1 ▶ 问题的提出

    1978—2007 年，中国的国内生产总值从 1978 年的 3645 亿元上升到 2007 年的 246619 亿元（现价），增长了 67 倍；2002—2006 年，中国经济总量由第六位上升到第四位❶，与发达国家的经济差距日渐缩小。改革开放以来，中国经济长期保持着高增长的态势，但这并不意味着中国经济增长的高速度等同于高质量。从增长过程来看，中国是投入导向型的高经济增长，高增长的背后是高投入、高消耗和高污染，增长的模式和质量问题成为关注焦点。我国经济如何应对严峻的资源环境挑战，如何利用科技创新的力量实现科学发展，已经提上国家的议事日程❷。

    经济发展方式由粗放型向集约型、由外生化向内生化转变是中央政府孜孜以求的政策目标。研究探讨全要素生产率（TFP）的历史趋势和构成是为决策提供支撑的重要方面。也正因如此，中国 TFP 的增长变化一直以来都成为研究人员和决策者关注的焦点问题。例如，胡鞍钢（2003）在《未来经济增长取决于全要素生产率提高》中就指出中国经济增长的导向性选择，要内涵式而不是外延式增长。文献表明，改革之前 TFP 对中国经济增长的贡献甚微，改革之后则有了显著提高（李京文，1998；王小鲁，2000），但进入 20

---

    ❶ 根据国家统计局最新的修正，2007 年我国经济总量已经超过德国，名列全球第三。但人均上我国仅有 2020 美元，为德国的 1/16。

    ❷ 十七大报告用经济发展方式替代了经济增长方式的表述，是对未来发展的最大期望。在中央提出的创新型国家建设的目标中，科技进步贡献率在经济增长中的贡献到 2020 年要求超过 60%。

世纪 90 年代后半期 TFP 增长开始下降。对 1978—1995 年生产率增长变动的研究已经得到了基本一致的结论，如 World Bank（1997）估算认为，1978—1995 年 TFP 的增长对 GDP 增长的贡献平均每年高达 43%，是中国经济在这一时期的最主要增长来源（World Bank，1997）。在经历了这个 TFP 高增长期后，1996—2001 年出现了 TFP 低增长期（郑京海和胡鞍钢，2005）。目前，从研究的对象来看，关于国内经济全要素生产率的研究主要集中在以下三个层面：一是总体层面的研究，探讨中国经济总体的 TFP 增长与变动问题。二是聚焦于分省层上述内容的研究。这些研究的不足之处在于难以对全国或其他省市进行系统而综合的比较。三是利用省级面板数据对全国、区域乃至分省 GDP 或工业增长与 TFP 关系进行综合研究（郑京海和胡鞍钢，2005；Wu，2010、2002；林毅夫和刘培林，2003；王兵和颜鹏飞，2006）。总体看来，进入 21 世纪以来 TFP 增长变动的模式还没有得出确定性的结论。那么，2000 年以来，中国的 TFP 变化模式是否有了改变，有了什么样的改变呢？本研究将致力回答这个问题。利用最新可得数据，本文希望在以下两个方面对已有研究进行拓展：①研究范围上，包括除西藏以外的中国 30 个省市的生产率增长变化及其构成。②研究时段上，为了前后期的比较，将样本的时间区间界定在 1995—2006 年，重点探讨"九五""十五"以及进入"十一五"第一年期间中国 TFP 的增长变动及构成变动情况，同时探讨中国东部、中部、西部地区及各省市的生产率增长变化及构成。

初步研究结果表明，1995—2006 年，尽管经济仍然保持高位增长态势，但 TFP 在时间序列上整体延续了低迷的状态，仍然延续了郑京海和胡鞍钢（2005）所谓的 TFP 低增长期，2000 年以前的年份甚至出现了负增长的情况，具体表征为"九五"期间技术没有进步甚至倒退，"十五"期间技术效率没有得到改善。这意味着中国经济增长的模式仍然经历着转变的阵痛。本文结构如下：第一部分提出研究的问题并对有关文献进行简要回顾；第二部分介绍研究中测算生产率的方法和软件；第三部分介绍数据来源和处理方法；第四部分对测算结果进行较详尽的分析；第五部分做出结论并讨论政策含义以及研究的局限性。

## 12.2 ▶ 研究方法

在实证分析中，研究者普遍采用基于 DEA 的 Malmquist 指数（Fare 等人，1994）。它的优点在于回避了通常的增长核算法和生产函数法测算 TFP 的弊端，不需要引入很强的行为与制度假设，还可以对技术进步和技术效率加以区别，同时通过利用面板数据，扩大研究的样本量，为后续分析提供条件（郑京海和胡鞍钢，2005）。

在本文的分析中，我们把中国大陆地区的每个省（含直辖市和自治区）作为一个决策单元，运用提出的基于 DEA 的 Malmquist 指数方法来估计中国全要素生产率的变动状况，这里采用投入导向的计算方法。从 $t$ 时期到 $t+1$ 时期，度量全要素生产率增长的 Malmquist 指数可以表示为：

$$M_0(x_{t+1},y_{t+1},x_t,y_t) = \left[ \frac{d_0^t(x_{t+1},y_{t+1})}{d_0^t(x_t,y_t)} \times \frac{d_0^{t+1}(x_{t+1},y_{t+1})}{d_0^{t+1}(x_t,y_t)} \right]^{1/2} \quad (12-1)$$

式中，$(x_{t+1},y_{t+1})$ 和 $(x_t,y_t)$ 分别表示 $(t+1)$ 时期和 $t$ 时期的投入和产出向量；$d_0^t$ 和 $d_0^{t+1}$ 分别表示以 $t$ 时期技术 $T^t$ 为参照，时期 $t$ 和时期 $t+1$ 的距离函数。

以 $t$ 时期技术 $T^t$ 为参照，产出导向的 Malmquist 指数可以表示为：

$$M_0^t(x_{t+1},y_{t+1},x_t,y_t) = d_0^t(x_{t+1},y_{t+1})/d_0^t(x_t,y_t) \quad (12-2)$$

根据上述处理所得到的 Malmquist 全要素生产率指数具有良好的性质，它可以分解为不变规模报酬假定下技术效率变化指数（Efficiency Change，EFFCH）和技术进步指数（Technical Change，TECHCH）两者的乘积，其分解过程如下：

$$M_0(y_{t+1},x_{t+1},y_t,x_t) = \frac{d_0^{t+1}(x_{t+1},y_{t+1})}{d_0^t(x_t,y_t)} \times \left[ \frac{d_0^t(x_{t+1},y_{t+1})}{d_0^{t+1}(x_{t+1},y_{t+1})} \times \frac{d_0^t(x_t,y_t)}{d_0^{t+1}(x_t,y_t)} \right]^{1/2}$$

$$= \text{EFFCH} \times \text{TECHCH}$$

$$(12-3)$$

郑京海和胡鞍钢（2005）认为技术进步可以定义为生产函数所代表的生

产前沿向产出增加方向上的移动；技术效率的提高对应于在给定要素投入水平下，实际产出向生产前沿的移动。

进一步地，技术效率变化指数还可以通过可变规模报酬与不变规模报酬假定的差别，进一步分解❶为纯技术效率指数（Pure Technical Efficiency Change，PECH）和规模效率指数（Scale Efficiency Change，SECH）（Fare 等人，1994）。"纯"技术效率是指实际产出对可变动规模报酬生产前沿上产出的比值，而技术效率是实际产出对不变规模情况下生产前沿产出的比值。规模效率可以定义为这两个技术效率之间的比值，规模效率的改善表现为要素投入量沿着生产前沿向最佳投入产出规模方向的移动。其数值大于 1 表明规模效率改善，反之亦反。

以上引述参考了 Fare 等人（1994）、Coelli（1996）、郑京海和胡鞍钢（2005）、杨向阳和徐翔（2006）的有关文献。

## 12.3 ▶ 数据来源与处理

本文所使用的基本数据主要来源于 1995—2007 年历年的《中国统计年鉴》。部分省市的缺失数据通过简单的线性内插法或趋势外推法、邻近省市相应指标替代法等方式得到。研究对象为 1995—2006 年中国 30 个省份的投入和产出数据❷。

（1）地区生产总值（现价）和地区生产总值指数来自历年的《中国统计年鉴》（1996—2007）。利用地区生产总值指数，将各省分年的 GDP 数据平减到 1995 年不变价。

（2）资本投入的数据主要通过以下方式得到。尽管孙琳琳和任若恩（2005）

---

❶　技术效率分解有多种方法，例如 Fare 和 Grosskopf 在 1996 年将其分解为投入偏差、产出偏差和"数量"组分。为了解释的便利，这里采用 Fare 等人（1994）的分解办法，尽管对此还存在许多批评（转引自 Coelli et al.，2005，p.293）。

❷　选取 1995 年作为样本基年基于以下几点原因：首先，既有文献对 1995 年之前的研究已经比较充分；其次，除重庆以外的被研究省份基本的数据需求都可以在有关统计年鉴中得到，而重庆仅缺失 1995—2006 年数据，用外推或内插法填补重庆市的缺失值时相对准确，扩大了分析样本；最后，可以对国家五年计划体系的"九五"期间和"十五"期间进行有效比较，满足分析进入 21 世纪后 TFP 变化趋势的研究目的。

对资本投入测量的估计有着诸多深入的探讨与建议，但由于中国数据的可得性以及资本租赁价格的不可得性，本文将各省资本投入用资本存量来衡量。这里主要参考采用永续盘存法对资本存量进行估计（张军等，2004）。定义本期的资本存量为上一期的资本存量加上当年的投资，再减去折旧，即：

$$K_t = I_t + (1 - \delta)K_t - 1 \qquad (12\text{-}4)$$

式中，$K_t$ 是 $t$ 年的资本存量，$I_t$ 是 $t$ 年的投资额，这里采用各省分年的固定资本形成总额，$\delta$ 是折旧率。

利用张军、吴桂英、张吉鹏（2004）计算出的 1995 年和 2000 年的资本存量（以 1952 年为基年）的不变价，以及 1995—2000 年的固定资产投资价格指数❶，推算出以 1995 年为基年的期初资本存量。然后对所有省市，利用 1996—2000 年的固定资本形成总额（1995 年不变价）数据，以及设定各省的资本折旧率 9.6%，通过永续盘存法得到 1996—2006 年的资本存量。

（3）在传统方法（Solow，1957）下，劳动力还是基于传统的度量方式。本文延续这种做法，不将人力资本（劳动力的质量因素）纳入分析框架，以便和前期研究（郑京海和胡鞍钢，2005）进行对比。

（4）Tim Coelli（1996）开发的 DEAP 软件能够利用面板数据进行基于数据包络方法的 Malmquist 生产率指数分析，本研究中直接利用了该软件进行实证演算❷。

---

❶　对于重庆市固定资本形成总额缺失值利用四川与重庆相邻年份的资本形成总额数据推算得到，重庆市固定资产投资价格指数的缺失值用四川省相应年份的指数代替。

❷　岳书敬和刘朝明（2006）采用 Malmquist 指数分析了我国 30 个省级行政区 1996—2003 年的全要素生产率（TFP）增长，并将其分解为技术进步指数和效率变化指数。为了减少计算偏差，作者在使用承认无效率项存在的生产前沿技术的同时，引入了人力资本要素。结果发现：我国的人力资本水平增长迅速，30 个省区的经济增长效率差距逐年扩大。在引入人力资本要素后，1996—2003 年区域全要素生产率的增长得益于技术进步；如果不考虑人力资本存量，则低估了同期的效率提高程度，而高估了期间内的技术进步指数。因此，本文不考察人力资本要素的影响可能会潜在地高估技术进步指数。

## 12.4 ▶ 实证分析结果

由于本文使用的是省级面板数据，因此，在分析中国全要素生产率的增长变动时，我们计算了 1995—2006 年各省市 TFP 逐年的 Malmquist 生产率指数，并进行了分解。然后，将各省的计算结果进行汇总平均后得到中国全要素生产率的总体变动状况。

### 12.4.1 中国全要素生产率的变动

实证结果表明，中国自 1995 年以来的全要素生产率经历了一个从负增长向正增长过渡的阶段，而这个过渡的分界点就是 2000—2001 年，如图 12-1 所示。但总体来看，TFP 的增长率变动幅度为 -0.02 ~ +0.02。

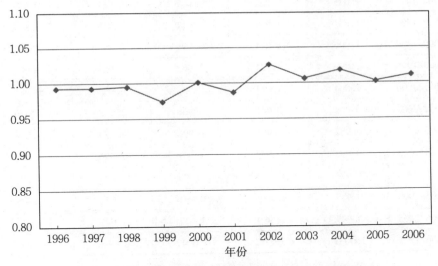

图 12-1 中国平均的 TFP 增长率变动（1996—2006 年）

表 12-1 列出了 1995—2006 年中国全要素生产率的 Malmquist 指数及其分解的具体结果。根据表 12-1 可以发现，1996—2006 年中国全要素生产率的平均增长率为 0.04%，这主要得益于技术效率水平的提高，其平均增长率为 0.31%；而同期技术进步率则为负增长，其平均增长率为 -0.10%。其中，纯技术效率平均增长率为 -0.28%，而规模效率平均增长率为 0.42%。从最终的

估计结果来看，技术效率的上升在相当程度上抵消了技术进步水平降低的效果，由此导致1996—2006年中国全要素生产率的平均增长率仅维持在0.04%的极低水平。这似乎表明，技术进步已经成为当前推动中国全要素生产率增长的主要动力方面，而技术进步对全要素生产率增长作用差强人意。岳书敬和刘朝明（2006）认为，缺少人力资本要素时可能高估技术进步指数，如果他们的观点正确的话，假设在本研究中引入人力资本后技术进步率可能会更低。

表12-1 中国Malmquist指数及其分解（1995—2006年）

| 年份 | 技术效率变化(1)=(2)×(3) | 纯技术效率(2) | 规模效率变化(3) | 技术进步率(4) | 生产率增长(5)=(1)×(4) |
|---|---|---|---|---|---|
| 1996/1995 | 1.051 | 1.045 | 1.006 | 0.944 | 0.993 |
| 1997/1996 | 1.023 | 1.023 | 0.999 | 0.971 | 0.993 |
| 1998/1997 | 1.035 | 1.022 | 1.012 | 0.961 | 0.995 |
| 1999/1998 | 1.031 | 1.019 | 1.011 | 0.945 | 0.974 |
| 2000/1999 | 1.006 | 1.011 | 0.995 | 0.995 | 1.001 |
| 2000/1995 | 1.029 | 1.024 | 1.005 | 0.963 | 0.991 |
| 2001/2000 | 1.004 | 1.011 | 0.993 | 0.983 | 0.987 |
| 2002/2001 | 0.914 | 0.947 | 0.966 | 1.123 | 1.026 |
| 2003/2002 | 0.982 | 0.991 | 0.992 | 1.024 | 1.006 |
| 2004/2003 | 0.998 | 0.997 | 1.001 | 1.020 | 1.018 |
| 2005/2004 | 0.998 | 0.994 | 1.004 | 1.004 | 1.002 |
| 2005/2000 | 0.979 | 0.988 | 0.991 | 1.030 | 1.008 |
| 2006/2005 | 0.999 | 0.989 | 1.011 | 1.011 | 1.011 |
| 2006/1995 | 1.0031 | 0.9972 | 1.0042 | 0.9990 | 1.0004 |

从变化趋势上看，1995—2000年是TFP增长的一个低潮期，平均的TFP增长率为-0.90%，但同期的技术效率年均增长2.9%，技术进步率为-3.7%。可见，"九五"期间TFP增长率为负的主要原因在于技术进步水平贡献不足。郑京海和胡鞍钢（2005）的类似研究表明，中国经济增长在1996—2001年出现低增长期（为0.6%），这期间技术进步速度减慢、技术效率有所下降。与本文TFP增长率总体在下降的研究结论一致，但我们的数据显示Malmquist指

数均为负，可能是由于对资本存量的计算方法存在着差异，也可能与本文研究区间设定较短有关（见图 12-2）。

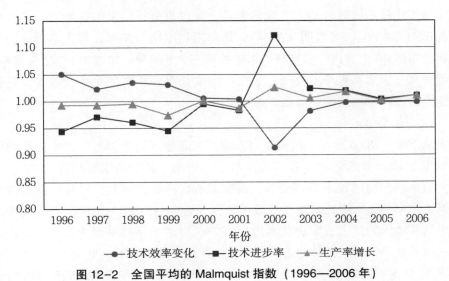

图 12-2　全国平均的 Malmquist 指数（1996—2006 年）

进入"十五"期间，技术进步率的年均增长率为 3.0%，尽管同期的技术效率平均增长为-2.1%，但全国平均的 TFP 增长率从"九五"期间的负值变为+0.8%，有了较为明显的改善。进入 2006 年，TFP 增幅进一步提升，平均增长率上升到 1.1%，技术效率的平均增长率的不良影响有所削减，负值下降到 0.1%。这与徐家杰（2007）利用生产函数和回归方法得到的估计类似，但他估计的 2000—2006 年 TFP 年均增长率为 2.2%~3.2%，高于本文研究结果。

可见，这期间中国全要素生产率逐渐由负增长转变为正增长，其中技术进步率的贡献逐渐扩大，而技术效率则有所下滑。值得关注的是，2001—2002 年，Malmquist 指数的 5 个指标均出现了异常，技术进步率迅速上升，而技术效率水平急剧下降，TFP 变化明显，随后的中国经济步入了 TFP 正增长的历程❶。

───────────────

　　❶　具体原因还有待进一步的研究。笔者给出一个有待讨论的解释：GDP 数据自 2001 年后根据 2004 年的经济普查进行了调整，从而使得产出值大大增加，而资本和劳动力数据基本保持了原有统计基础，从而当年的生产前沿面与之前年份相比发生了较大的变化，使得当年技术效率指数和技术进步率指数出现了较大的分异。

### 12.4.2　各省市全要素生产率的变动

为了比较不同省市 TFP 变动的差异，在已有分析结果的基础上，参考蔡昉和都阳（2000）、张焕明（2004）、杨向阳和徐翔（2006）等人的做法，本文将考察的 30 个省进一步划分为东中西部三大地区❶。如表 12-2 结果显示，中国东部、中部和西部地区全要素生产率增长存在细微的系统性差异，且影响全要素生产率增长的原因也不尽相同。

（1）东部地区

从 1996—2006 年平均时间序列来看，东部地区的全要素生产率的平均增长率为 2.1%，主要原因是技术进步水平的提高，其平均增长率为 2.4%，而技术效率的平均增长率为 -0.3%。在东部地区内部，河北、福建、山东的全要素生产率的平均增长率为负（分别是 -1.0%、-1.4%、-2.0%），主要原因在于这些地区的技术效率和技术进步率的平均增长率均呈现为负。例如，山东的技术效率的平均增长率为 -1.5%，但其技术进步水平也低于 1%，平均增长率为 -0.5%。另一方面，图 12-2 表明，东部地区大多数省份 TFP 年均增长率相对中西部地区较高。上海、天津、江苏、海南、北京、辽宁、广东、浙江等东部八省市的 TFP 平均增长率增长明显，尤其是上海、天津，分别以 6.4%、4.6% 名列 30 个省份的头两名。这些省份在技术进步率方面表现不错，有效地推动了本省及东部地区 TFP 增长率处于相对高位。

（2）中部地区

从 1996—2006 年平均时间序列来看，中部地区全要素生产率的平均增长率为 -1.7%，主要原因是技术进步水平的下降，其平均增长率为 -2.1%，而技术效率的平均增长率只有 0.5%。在中部地区内部，只有吉林、黑龙江两省全要素生产率保持了正增长，其平均增长率相对东部 8 省份而言有限，分别为 1.3%、0.7%，这主要得益于技术效率的提高。其他各省的 TFP 基本呈负增长态势。全要素生产率增长速度下降最快的是湖北，平均增长率为 -5.4%，主要原因是技术效率水平大幅度下降，其平均增长率为 -3.4%，同时技术进

---

❶　为方便起见，行文中把中国大陆地区的省、自治区和直辖市统一用"省"代替，这里不包含港、澳、台。东部地区包括北京、天津、河北、辽宁、上海、江苏、浙江、山东、福建、广东和海南；中部地区包括山西、吉林、黑龙江、安徽、江西、河南、湖北和湖南；西部地区包括内蒙古、广西、重庆、四川、贵州、云南、西藏、陕西、甘肃、青海、宁夏和新疆，西藏由于数据的可得性和可靠性而未纳入分析。

步率年均增长率下降了 2.2%。

表 12-2　30 个省区平均的 Malmquist 指数排名（1995—2006 年）

| 排名 | 省份 | 技术效率变化 | 省份 | 技术进步率 | 省份 | 生产率变化 |
|---|---|---|---|---|---|---|
| 1 | 陕西 | 1.034 | 上海 | 1.064 | 上海 | 1.064 |
| 2 | 重庆 | 1.022 | 新疆 | 1.044 | 天津 | 1.046 |
| 3 | 吉林 | 1.018 | 江苏 | 1.042 | 新疆 | 1.040 |
| 4 | 四川 | 1.016 | 浙江 | 1.038 | 江苏 | 1.038 |
| 5 | 天津 | 1.014 | 天津 | 1.031 | 海南 | 1.034 |
| 6 | 河南 | 1.014 | 辽宁 | 1.031 | 北京 | 1.033 |
| 7 | 湖南 | 1.014 | 北京 | 1.029 | 辽宁 | 1.024 |
| 8 | 海南 | 1.014 | 广东 | 1.023 | 广东 | 1.023 |
| 9 | 云南 | 1.013 | 海南 | 1.019 | 浙江 | 1.022 |
| 10 | 甘肃 | 1.013 | 福建 | 1.007 | 陕西 | 1.015 |
| 11 | 安徽 | 1.012 | 黑龙江 | 1.001 | 吉林 | 1.013 |
| 12 | 贵州 | 1.012 | 吉林 | 0.995 | 黑龙江 | 1.007 |
| 13 | 江西 | 1.007 | 山东 | 0.995 | 重庆 | 0.999 |
| 14 | 内蒙古 | 1.006 | 青海 | 0.993 | 内蒙古 | 0.998 |
| 15 | 黑龙江 | 1.006 | 内蒙古 | 0.992 | 宁夏 | 0.996 |
| 16 | 宁夏 | 1.005 | 宁夏 | 0.991 | 云南 | 0.994 |
| 17 | 北京 | 1.004 | 河北 | 0.991 | 河北 | 0.990 |
| 18 | 上海 | 1.000 | 陕西 | 0.982 | 安徽 | 0.986 |
| 19 | 广东 | 1.000 | 云南 | 0.981 | 福建 | 0.985 |
| 20 | 河北 | 0.999 | 山西 | 0.978 | 贵州 | 0.983 |
| 21 | 山西 | 0.999 | 湖北 | 0.978 | 河南 | 0.983 |
| 22 | 江苏 | 0.996 | 重庆 | 0.977 | 湖南 | 0.981 |
| 23 | 新疆 | 0.996 | 安徽 | 0.974 | 四川 | 0.981 |
| 24 | 辽宁 | 0.994 | 贵州 | 0.972 | 山东 | 0.980 |
| 25 | 广西 | 0.994 | 河南 | 0.969 | 甘肃 | 0.978 |

（续）

| 排名 | 省份 | 技术效率变化 | 省份 | 技术进步率 | 省份 | 生产率变化 |
|---|---|---|---|---|---|---|
| 26 | 山东 | 0.985 | 湖南 | 0.967 | 山西 | 0.977 |
| 27 | 浙江 | 0.984 | 江西 | 0.967 | 江西 | 0.974 |
| 28 | 福建 | 0.978 | 四川 | 0.965 | 青海 | 0.971 |
| 29 | 青海 | 0.978 | 甘肃 | 0.965 | 广西 | 0.959 |
| 30 | 湖北 | 0.968 | 广西 | 0.965 | 湖北 | 0.946 |

| 地区 | 技术效率变化 | 技术进步率 | 生产率变化 |
|---|---|---|---|
| 东部 | 0.997 | 1.024 | 1.021 |
| 中部 | 1.005 | 0.979 | 0.983 |
| 西部 | 1.008 | 0.984 | 0.992 |
| 全国 | 1.0031 | 0.9972 | 1.0004 |

（3）西部地区

从 1996—2006 年平均时间序列来看，西部地区全要素生产率的平均增长率为-0.8%，下降幅度低于中部地区，这表明中部地区的 TFP 增长率与西部地区有趋近的迹象。这从一个侧面支持了蔡昉和都阳（2000）关于西部和中部地区的趋同是以中部地区的下落为条件的判断。西部 TFP 下降的主要原因在于技术进步水平的下降，平均的技术进步增长率为-1.6%，而同期的技术效率平均增长率为+0.8%。在西部地区内部，仅新疆、陕西的 TFP 增长率为正。然而广西、青海、甘肃、四川、贵州、云南、内蒙古、重庆等省份负值的 TFP 增长率导致了西部地区整体 TFP 平均水平为负，而广西-4.1%的平均TFP 增长率更是居全国 30 个省份之次末位，技术进步水平严重不足(-3.5%)和技术效率进步不足（-0.6%）是导致这一结果的原因。

综上，无论是中国东部、中部和西部地区之间，还是三大地区内部，全要素生产率均存在局部的差异。在推动全要素生产率增长的动力上，区域差异明显。东部地区与全国总体的 TFP 增长方向保持一致，但增长率高出 1.7 个百分点，增长的源泉主要是由于技术进步水平的提高，平均增长率达到了 2.4%，而同期的技术效率是负增长；中西部地区全要素生产率水平则均为负增长，且中部地区的 TFP 下降水平高于西部地区，这主要是由于中部地区的技术效率和技术进步水平的年均增长率都低于西部地区，尽管中西部地区平均的技术效率增长率高于全国平均增长率，但全国平均的技术进步水平高于中西部地区（见表 12-3）。

表 12-3　东中西部地区 Malmquist 指数变化（1995—2006 年）

| 年份 | 东部地区 | | | 中部地区 | | | 西部地区 | | |
|---|---|---|---|---|---|---|---|---|---|
| | 技术效率变化 | 技术进步率 | 生产率增长 | 技术效率变化 | 技术进步率 | 生产率增长 | 技术效率变化 | 技术进步率 | 生产率增长 |
| 1996/1995 | 1.015 | 0.970 | 0.984 | 1.080 | 0.928 | 1.002 | 1.069 | 0.930 | 0.994 |
| 1997/1996 | 0.994 | 1.013 | 1.007 | 1.049 | 0.939 | 0.985 | 1.033 | 0.953 | 0.984 |
| 1998/1997 | 1.007 | 1.020 | 1.027 | 1.044 | 0.924 | 0.964 | 1.057 | 0.932 | 0.986 |
| 1999/1998 | 1.014 | 0.987 | 1.000 | 1.031 | 0.918 | 0.946 | 1.048 | 0.924 | 0.968 |
| 2000/1999 | 1.002 | 1.022 | 1.024 | 1.004 | 0.977 | 0.981 | 1.011 | 0.980 | 0.991 |
| 2001/2000 | 1.005 | 1.003 | 1.008 | 1.012 | 0.970 | 0.982 | 0.995 | 0.973 | 0.969 |
| 2002/2001 | 0.942 | 1.133 | 1.067 | 0.874 | 1.114 | 0.974 | 0.917 | 1.119 | 1.026 |
| 2003/2002 | 0.989 | 1.045 | 1.033 | 0.987 | 1.009 | 0.996 | 0.973 | 1.015 | 0.987 |
| 2004/2003 | 0.991 | 1.041 | 1.032 | 1.007 | 1.006 | 1.013 | 0.997 | 1.011 | 1.008 |
| 2005/2004 | 1.009 | 1.014 | 1.023 | 0.990 | 0.995 | 0.985 | 0.994 | 1.000 | 0.994 |
| 2006/2005 | 1.004 | 1.028 | 1.032 | 0.988 | 1.000 | 0.988 | 1.003 | 1.003 | 1.006 |
| 2006/1995 | 0.997 | 1.024 | 1.021 | 1.005 | 0.979 | 0.983 | 1.008 | 0.984 | 0.992 |

东部地区的技术进步水平保持了相对较快的正增长，这与中西部地区技术进步水平的负增长形成了明显的对比。这一结果表明，1996 年以来，技术进步是造成东部地区全要素生产率增长进而产生经济增长地区差异的最重要因素。这也从另一个角度说明，导致地区经济发展差距的一个重要根源在于全要素生产率的差异，尤其是技术进步率的差异。如图 12-3 所示，技术进步与 TFP 增长之间有着明显共变关系，而没有发现技术效率与 TFP 增长之间存在类似关系。

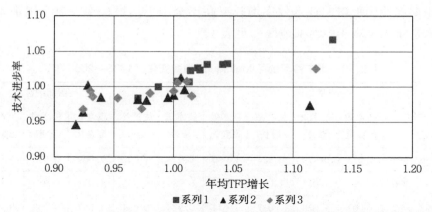

图 12-3　1995—2006 年东中西部分省年均技术进步率与年均 TFP 增长的散点图

## 12.5 ▶　结论与讨论

本文运用省级面板数据，采用非参数 Malmquist 指数方法实证分析了 1996—2006 年中国经济增长过程中全要素生产率的变动状况，并将其进一步分解为技术效率和技术进步。研究结果表明，1996—2006 年中国全要素生产率的平均增长率为 0.04%，主要原因是技术进步水平的下降，尽管全国平均的技术效率上升带来了适当的正面影响，但这没有能够阻止 TFP 的总体下滑。

结果表明，不同历史时期、不同区域的 TFP 表现及驱动因素不尽相同，技术效率和技术进步对中国全要素生产率增长的贡献存在明显的时期差异、区域差异和省份差异。例如，从发展阶段来看，在"九五"时期，中国 TFP 增长主要来自技术效率提升，年均增长 2.9%，但技术进步率年均增长 -3.7%，从而导致 TFP 的年均增长为 -0.9%；在"十五"时期，中国 TFP 增长主要来自技术水平进步，技术进步率年均增长 3.0%，虽然技术效率下降比率达到年均增长 2.1%，但 TFP 的年均增长为 +0.8%；进入"十一五"规划的第一年，技术效率相对于 2005 年没有得到提升，技术进步率增长了 1.1%，TFP 增长也达到了 1.1%。从区域差异来看，1995—2006 年，东部地区年均 TFP 增长为 +2.1%，高出全国平均的 0.4%，增长的源泉在于技术水平提升；中西部地区由于技术进步水平不足，虽然技术效率年均增长近 1%，但总体的 TFP 增长率分别为 -1.7%、-0.8%，从而导致全国平均的 TFP 增长率在 0.4% 左右，拉低了全国的 TFP 增长率。据此看来，技术效率的区域差异不是很突出，技术进步率成为导致区域 TFP 差异的决定性因素。

　　根据上述分析结果，要提高中国全要素生产率水平，需要同时重视技术效率和技术进步水平的提高，尤其关键的是技术进步率。当前国家倡导的自主创新能力建设将对此有莫大助益，具体政策效果还需要后续证据予以支持。需要说明的是，本文的研究结论还是初步的，需要进一步探讨：首先，尤其还需要加强与其他研究的比较；其次，本文在分析时使用的是省级总量数据，尽管这可以方便地考察中国全要素生产率变动的整体状况，但没有考虑到产业结构和行业结构差异对区域和省份生产率变动的影响，而这种差异不可避免地会影响到全要素生产率的变动；最后，本文仅考察了 1995 年以后中国在"九五""十五"以及"十一五"第一年的全要素生产率的变动状况，未能更长期考虑中国省际生产率增长变动的系统情况，而这种样本空间的选取对于研究结论的影响还有待进一步探讨。因此，本研究还有待进一步深化和完善。

---

**说明**

　　本章内容是笔者进行博士论文研究期间的一个阶段性成果，后续研究将数据区间扩大到了 1952—2007 年，专著成果《中国经济增长可持续性——基于增长源泉的研究》由科学出版社在 2013 年出版。2008 年以及更早和之后一个时期，一直有关于中国经济的奇迹能否持续下去的争论，笔者的博士论文从供给角度分析了增长源泉，尤其从技术效率和生产边界的角度做了分析，指出全要素生产率的变动要考虑区位变动的结构性因素和行业差异、区域差异，不可孤立地将全要素生产率的下降或停滞作为中国经济不可持续的证据。

# 第 13 章

# 滨海新区现代产业发展和制度创新研究

构建现代产业体系是经济现代化的重要途径，要实现产业体系现代化，关键在于产业结构的优化升级。滨海新区现代产业体系的发展和制度创新，要在当前产业体系发展的现状、问题、阶段分析的基础上，明确产业演进的方向，从而决定产业制度是延续路径依赖还是打破路径依赖，寻求产业体系现代化的更优方向。

## 13.1 ▶ 什么是现代产业体系

十七大报告提出，"发展现代产业体系，大力推进信息化与工业化融合，促进工业由大变强，振兴装备制造业，淘汰落后生产能力"。张培刚老先生在《农业与工业化》一书中指出，现代产业体系建设过程是国民经济中具有战略意义的生产部门的生产函数连续变动的过程（张培刚，1984）。这个变动可以是技术、资本、人力等因素变动造成的。

我们认为，现代产业体系是一个动态概念，它以工业化进程的不断推进和深化为前提，是一个服务经济比重逐步提高、技术先进、以人力资本价值实现为依托、具有生产率竞争优势、可持续性强的产业体系。它是工业深化（与信息化融合）、结构软化、科技发展和人的发展相结合的新型产业体系。这个体系具有四大特征（唐家龙，2011）：

（1）动态性。指产业体系的演进过程是持续发生并不断变化的，它是现代化和经济现代化演进过程的组成部分，随着经济社会发展和技术进步而不断地进行内在动力和外在环境驱动下的变化。

（2）先进性。指现代产业体系是先进的生产力和生产关系的代表，是具有竞争优势的产业体系。

134

（3）人本性。指现代产业体系是现代化的承载物，体现了产业体系演进中人的现代化与产业发展的和谐统一。

（4）可持续性。指现代产业体系发展符合可持续发展的要求，在资源节约和环境友好上做出贡献。

## 13.2 ▶ 产业体系演进的一般规律和事实

人类自农耕文明到后工业化社会，产业体系从最初的刀耕火种向知识密集、技术密集的知识型经济转变，产业发展也从一个以农业为主跨越了工业为主向服务经济为主的产业体系迈进。产业发展已经步入一个全新阶段，主要体现为：

一是结构轻量化。当前，发达国家和新兴工业化国家第三产业的比重基本在 70% 以上，知识经济和服务经济在国民经济中的比重越来越大。例如，1947 年美国第三产业比重为 53%，2009 年上升到 77%。在过去 50 年里，美国的金融、保险、地产以及专业化和商业化的服务等服务业在美国第三产业中的地位得到大幅提升。

二是高新技术化。随着高新技术成果向现实生产力转化周期越来越短，产业技术由低端向高端转移，出现了产业技术高级化和高新技术产业规模扩张现象，高新技术产业在产业构成中所占比重越来越大。例如，1977—2008年，美国的计算机和电子产品在耐用品制造中所占比例增长 10%。中国高新技术产业占工业生产的比重已经上升到 30% 左右。

三是低碳绿色化。在资源环境的压力和环境保护的要求下，低碳化、绿色化成为产业体系演进的约束条件，各个国家和地区更加重视产业绿色低碳发展。欧盟、美国、日本等发达国家迅速响应，加大了低碳经济发展，力图抢占低碳绿色技术制高点，目前已经涌现出以低碳排放标准为竞争手段的新贸易保护主义形式，产业部门发展和产业格局将呈现出新的格局。

## 13.3 ▶ 滨海新区产业体系发展现状及存在的问题

2006 年，滨海新区开发开放上升为国家战略（国发〔2006〕20 号文件），成为被寄予厚望的中国第三增长极。经过多年的改革开放和积累，滨海新区经济社会取得了巨大的发展，逐步形成了一个综合性、高新化的产业体系，多种经济类型工业共同发展，股份制、民营经济成为滨海新区工业发展的重要力量。150多项世界500强企业的项目在新区落户，大飞机、大火箭、中航直升机、风能利用、高科技电池等重大项目陆续在天津滨海新区投产，进一步壮大了滨海新区的工业力量。新区研发转化基地建设取得重大进展，朝着国家定位"我国北方对外开放的门户、高水平的现代制造业和研发转化基地、北方国际航运中心和国际物流中心"快步、高质量地前进。

### 13.3.1　发展现状

一是生产总值快速增长。在天津全市经济发展中的龙头带动作用和贡献日益明显。从1993年到2012年，滨海新区生产总值从112亿元上升到7205亿元，增长到原规模的65倍，年均增长率25%以上，实现了经济规模的跨越式发展，占全市经济的比重从21%上升到55%，增加了34个百分点。新区加快打造航空航天、石油化工、装备制造、电子信息、生物制药、新能源新材料、轻工纺织、国防科技八大支柱产业，已经形成产业特色突出、要素高度集聚的功能区，成为高端化、高质化、高新化的产业发展载体，成为我国最具潜力、最有活力的现代化经济新城。

二是以工业经济占主导地位。总体上，滨海新区产业结构不均衡，以工业经济为主体，农业比例极小，服务业比例不高。2010年，第一产业增加值从2.43亿元上升到8.82亿元，占新区GDP的比重仅为0.14%；第二产业4274亿元，年均增长率25%，是新区三次产业的主体，占新区GDP的比重为69%；第三产业1924亿元，占新区GDP比重31%左右。第三产业中金融、培训等知识密集型和生产性服务业发展仍然不充分。从长远来看，由于新区持续开展的大项目、好项目建设，第二产业居主导地位的格局在相当长的时期内仍将持续。

三是国有经济和外向型经济贡献大。2010年，滨海新区规模以上工业企业数量达到2262个，总产值达到10091.7亿元，几乎等同于全区工业生产总值。其中，内资企业1345家，外商投资企业708家，港澳台投资企业209家，外向度非常高，非内资比例超过了40%。大型企业54个（主要是中央企业和外资企业、市管工业），中型企业259个，小型规模以上企业1949家，工业总产值贡献分别为5753亿元、2699亿元、1640亿元，比例对比为57∶37∶16。国有企业和外资企业在产值贡献上占据主体地位。

四是重工业化程度较高。从规模以上工业企业结构看，轻工业企业 634 个，重工业企业 1628 个，轻工业企业数量占 28%，重工业企业数量占 72%，是典型的重工业结构。从轻重工业的总产值、利润额来看，轻工业总产值 1284 亿元，重工业总产值 8808 亿元，比例对比为 12.7∶87.3，重工业化和产业集聚程度更高。

五是从业人员报酬不均。体现为不同所有制、行业间严重不均衡。国有经济在岗职工的平均劳动报酬为 66622 元人民币，比新区在岗职工的平均劳动报酬 55865 元高出 1 万多元，比集体经济 32669 元高出 1 倍，比其他经济高出 1.3 万元。产业行业不均：第一产业 44785 元，低于平均水平万余元；第二产业 52221 元，其中建筑业 62085 元，与平均水平相差不大；第三产业平均水平明显高出整体平均水平，如计算机服务和软件业等行业的人均劳动报酬远远高于其他行业。

### 13.3.2　存在问题

滨海新区经济总量在全市占据着重要地位（占全市比重超过 55%），新区产业体系正处于快速发展时期。虽然发展成绩喜人，但总体来看，新区的高技术企业多以加工制造为主，总体上处在价值链的微笑曲线低端，仍然存在着产业规模偏小（与兄弟城市比）、产业结构失衡（工业比重 68%，第三产业占 32% 左右，比重低；重工业化，产业资源环境压力较大）、内生性不强（央企和外商投资比重高、非内资经济比例近 40%，民营经济不发达；资源和市场两头在外）、产业附加值不高、产业配套不完善、企业竞争能力不强（缺少滨海自有品牌）等现实问题。

## 13.4 ▶ 滨海新区建设现代产业发展阶段判断、目标和重点

### 13.4.1　产业发展阶段判断

一是新区产业发展已经进入创新驱动发展的新阶段——"科技起飞"。根据世界经济论坛关于经济发展阶段的划分理论，人均 GDP 进入 12000～17000 美元时，经济发展进入向创新驱动发展过渡阶段。当前天津市人均 GDP 已经超过了 12000 美元，新区人口数量较少而 GDP 贡献较大，更是进入了向创新驱动发展过渡的关键时期。根据 OECD 国家经验，R&D 占 GDP 比重大于 1%

以后，经济社会发展将进入一个依靠"科技起飞"的阶段，这个时期，经济发展更加依靠于知识、技术、人才的支撑，技术创新成为引领经济增长和产业转型的根本力量。

二是新区产业发展已经进入了价值链升级的新阶段——"价值升级"。根据日本经济学家小泽辉智的"增长阶段模型"理论，课题组认为滨海新区已经融入全球产业链中（世界500强企业近1/3在津有投资活动），在国内价值链中占据了相对较高的位置，但在全球价值链还处于相对低端的位置。产业体系调整应当是巩固和提升产业在全球价值链中的地位，向高全球价值链的高附加值产业升级和转型，实现滨海制造向滨海创造的过渡和转变，打造滨海品牌。

三是新区产业发展已经进入向内生化转型的新阶段——"自主增长"。2008年金融危机极大地破坏了经济增长的稳定性，外向依赖性越高、技术附加值越低的产业经济越容易受到危机的冲击。滨海新区的经济发展得益于外商和港澳台投资的大力牵引带动，民间投资和本土创业行业一直处于相对低落的境地。近两年来，天津大力发展科技型中小企业，取得了明显成效。如何通过本土的技术创新和产业创新实现税收增长、吸纳就业、增加财富，带动创新和培育战略性新兴产业的重要源泉，走上一条科技引领、创新驱动、内生增长的发展道路，是新区未来必须做出的抉择。

### 13.4.2 产业体系发展目标

产业体系发展的根本目标是实现产业体系的现代化，为经济现代化奠定基础。从三次产业的演进来看，要推动产业经济的高新化、低碳化、绿色化，逐步实现产业经济的服务化。从产业结构高度化和产业价值链升级看，要抢占战略性新兴产业发展潮头，在重点产业和支柱产业抢占全球价值链的高端。从产业资源优化配置看，要激活要素活力，提高产业的全要素生产率。因此，要研究设定滨海新区现代产业体系发展的总量目标、结构目标、价值目标和制度目标：总量增加是地区发展的必然要求，结构优化是总体趋势，价值提升是竞争力和持续性的有力支撑，制度优化是产业体系现代化的根本保障。

一是总量目标。未来3~5年，从新区的发展规划来看，新区的经济总量将迈上一个新的台阶。按照2013年工作报告，2017年全市GDP要超过2.2万亿元，人均2.2万美元。当时根据新区GDP总量占全市55%左右的体量，以及当前全市掀起滨海新区开发开放新一轮高潮的态势看，曾预计到2017年新区经济总量将突破 1 万亿元，达到 1.2 万亿元左右。经过长期努力，逐步扩大经济总量和人均收入水平，使滨海新区乃至天津脱离"中等收入陷阱"，成为东部率先发展的加速器。

二是结构目标。长远地看，新区作为一座新城，三次产业结构仍将走上结构高级化和服务化的道路，知识密集型和技术密集型服务业会得到长足发展，最终实现三二一的产业结构，使第三产业产值占总量达到 70% 以上。但当前二三一的三次产业结构仍将维持，需要在近期着力提升三次产业发展的质量，尤其要提升第二产业发展的质量，保证环境承载力的可持续性。①从当前工业项目大量建设和投产看，今后 3~5 年仍然是工业经济快速增长期，需要向高端高质高新转型，尤其要注重向高新化、低碳化和绿色化转型。②服务化要提升服务经济中生产性服务业和知识密集型服务业的比重，支撑工业经济发展，扩大金融、教育培训等现代服务业的规模和影响范围。③第一产业需要向集约化、规模化经营方式转变，向都市型农业和生态农业、观光农业转型，提高农业产业发展的质量和附加值。

三是价值目标。根据新区央企和外商企业产业贡献较大但本地企业投资收益率相对较低的特点，新区应当面向高端高质高新的三高产业结构，大力发展战略性新兴产业、高附加值的产业以及当前兴起的新兴业态，围绕打造具有国际竞争力的先进制造业基地，抢占全球生产制造产业价值链和服务业价值链的高端，寻求"滨海创造"替代"滨海制造"，打造滨海生产制造和服务的国际品牌，将滨海新区的国际航运物流中心，乃至天津的北方经济中心和国际港口城市之称做实。

四是制度目标。政府职能转变已经成为新一届政府的重要抓手并公布了到 2017 年的工作时间任务表。新区作为综合配套改革试验区，肩负着先行先试的历史重任，这也是新区产业创新实现率先发展的重要契机。构建支撑现代产业体系建设的制度体系，创新产业发展的举措成为应有之义。制度创新寄望在产业制度、金融制度、科技体制改革、人才开发等方面取得较大的突破。当然，产业的发展必须以政府与市场关系的清晰界定为基础。

### 13.4.3　产业体系发展重点

1. 壮大发展现代服务业

当前新区存在第三产业比重偏低，生产性服务业发达程度不高，服务业区域集聚效应不强等问题，必须大力发展现代服务业，逐渐向结构轻量化和高端服务业转型。

一是优化服务业发展空间布局。加快建设滨海新区核心区、中心商务区、东疆保税港区、中新生态城、滨海旅游区、空港现代服务业示范区、渤龙湖总部经济区、华苑信息服务业产业区、北塘经济区、中心渔港经济区十大服务业集聚区，推动科技服务发展带、滨海旅游带发展。

二是抢占现代服务业发展高端。重点推进金融、科技、航运、文化创意、旅游会展、教育培训等现代高端服务产业聚集发展；积极发展新兴业态，抢占服务业制高点。

1）大力发展金融服务业。推进金融领域综合配套改革，主动承接国家在金融企业、金融业务、金融市场和金融开放等方面的重大改革试验。以建设于家堡金融集聚区为主要载体建设金融改革创新基地，吸引国内外金融机构在新区设立地区总部和分支机构，逐步形成与滨海新区开发开放相适应的现代金融服务体系。推动银行、证券、保险、信托机构的业务合作，探索综合经营、混业经营和网络条件下的新金融服务业态和新金融体制。

2）大力发展科技服务业。坚持开放创新，大力聚集区内外科技资源，以航空航天、新能源、新材料、新一代信息技术、高端装备制造、生物技术与健康、节能环保、海洋工程、新能源汽车等战略性新兴产业为重点，发展壮大科研机构和科技中介服务机构，构建以企业为主体的产学研技术创新联盟，使滨海新区成为先进技术的承接地和扩散地，高新技术的原创地和战略性新兴产业的研发、转化和扩散基地，成为开放型、国际化、有特色的国家创新型试点城区。

3）大力发展旅游服务业。以滨海旅游区为龙头，建设沿海沿河重点旅游项目组团，形成面向全球、特色鲜明、精品集聚的旅游服务走廊和国际国内旅游目的地。重点建设和提升五大核心项目组团（核心区、滨海旅游区、东疆保税港区、北塘经济区、官港生态旅游区）。加强与北京、环渤海和日本、韩国、俄罗斯的合作，发展区域和国际旅游。开辟小型机场，发展通用航空和航空俱乐部，建设我国北方重要的直升机运营服务基地。尤其要突出全市国际港口城市定位，突出发展邮轮游艇产业，大力打造国际游轮母港，塑造滨海和天津的世界形象。

2. 强化发展第二产业

针对产业经济发展外生性过重、本土制造品牌不强的现实，以实现"滨海制造"向"滨海创造"为目标，大力培育和壮大战略性新兴产业和优势支柱产业，改造并提升传统产业。

一是高水平建设研发转化基地。汇聚全球创新资源，重点建设 8 个产业研发转化集群。以国家生物医药国际创新园为载体，建设生物医药产业研发转化集群。以国家化学与物理电源产业园等为载体，建设新能源产业研发转化集群。以国家民航科技产业化基地等为载体，建设航空航天产业研发转化集群。以国家纳米产业化基地等为载体，建设新材料产业研发转化集群。以渤海监测监视管理基地等为载体，建设海洋经济产业研发转化集群。以新加坡南洋理工大学生态城研究生院等为载体，建设生态环保产业研发转化集群。以天津大学滨海工业研究院为载体，建设化工、机械等产业研发转化集群。以国家 863 软件产业基地为载体，建设软件、文化创意产业研发转化集群。

二是抢抓机遇发展战略性新兴产业。在航空航天、新一代信息技术、生物技术与健康、新能源、新材料、节能环保和高端装备制造等产业领域，聚集一批海内外人才、高水平创新型科技型中小企业，集中优势力量进行攻关，为增强战略性新兴产业的核心竞争力奠定坚实基础，加快战略性新兴产业成为国民经济的先导性产业和支柱性产业的步伐。进一步发挥优势，培育并壮大海洋科技、科技服务业等科技产业。充分发挥各功能区、区县特色产业园区的作用，大力推进创新成果的集成应用，实施科技产业化工程，构建完善产业创新平台，聚集更多国内外科技成果、高端人才等产业创新要素，促进产业集群化发展。

三是大力改造提升传统产业。按照国家产业导向，围绕提升产品技术层次和附加值，采用高新技术和先进适用技术，改造提升传统产业。严格环境标准，淘汰高能耗、高排放的落后生产能力，为新上项目腾出环境容量。优化产业布局，通过产业置换等方式，聚集调整天化、大沽化等化工企业和污染扰民企业，促进海洋化工与石油化工的有机结合，提高产品档次。适度保留盐田，调整盐田结构，推行工厂化制盐。加快南疆散货物流中心整体搬迁，为高端服务业和城市发展留出空间。

3. 优化发展第一产业

按照"小农业大支撑"的发展理念，坚持城乡统筹发展、协调发展、联动发展的原则，促进农业转型升级，实现农业生产向集约化、农庄化转变，优化发展都市型农业。

一是优化都市型农业发展功能布局。按照滨海新区的发展规划，大力建设四大农业功能区：北部循环农业功能区，中部高端农产品加工、物流集散功能区，南部高科技农业功能区和东部海洋农业功能区。

二是着力发展都市型农业主导产业。结合区位条件和资源禀赋，着重发展高效特色种植业、外向型农产品加工业、现代农产品物流业、农业生态旅游业、节约型/循环型农业产业这五大主导产业。

三是塑造区位特色产业。依托农业发展传统优势和现有基础，大力构建五大富有区县街镇特色的农业产业带：生态艺术走廊创意农业产业带、滨海神韵创意农业产业带、茶店果香创意农业产业带、生态家园创意农业产业带和库区风情创业农业产业带。

## 13.5 ▶ 滨海新区建设现代产业制度创新的方向和举措

中国未来经济增长有三大红利来源：新的人力资源红利、新的资源红利、新的制度红利。建立现代产业体系，实现产业体系现代化，必须探讨适于和不适于获取红利的相关体制和机制，途径不外有二：一是要通过延续路径依赖实现原有较优产业的扩张壮大；二是要破除路径依赖带来的惯性，建立新的正式规则或非正式规则，消除或降低交易成本。

### 13.5.1 产业发展体制机制创新

增强区域经济发展的活力和内生性，充分发挥技术创新主体作用，形成一批高水平、产业链衔接有序、具备国际竞争力的梯次产业，将是实现产业体系优化升级、打造滨海品牌实现"滨海创造"的重要举措。

一是加大产权制度创新。充分利用新区国有资源充足的特点，一方面要加大企业股份制改革，促进国有、民营，尤其是民营企业的股份制转型；另一方面要加大兼并重组的力度，促进企业资源的整合和优化，打造国有品牌和民营特色，形成新区自主品牌。无论是国企还是民企，都需要建立开放性的企业产权结构。在市场经济条件下，产权结构的封闭性使企业难以实现大规模的发展，特别通过并购活动进行发展，充分利用公司制的产权结构，推动企业自组织行为提升是产业制度创新的重要微观基础。

二是建立现代企业家制度。企业是创新的微观主体，企业家是企业创新的主导者，培育现代产业体系离不开现代企业家制度。熊彼特所谓的"实现新组合的人们"只有通过企业家才能兑现。天津发展科技型中小企业，必须明确：并不是所有的企业经理都是企业家，只有促使企业不断创新的企业主或者企业经理才能够称为企业家。无论是国企还是民企，都需要探索建立和健全企业家制度和法人治理制度，按照现代企业制度和公司制，促进企业所有权与经营权的分离，促进建立现代企业治理结构，培养一批优秀的企业家。

三是建设示范基地带动新兴产业发展。面向新兴产业发展，加大招商引资的力度，重点扶持重点龙头企业，加强政府服务能力，形成产业链上下游完整、配套齐全、环境良好的新兴产业示范基地。优先选择技术积累较为雄厚、带动效益显著的生物医药、新能源和新能源汽车作为突破；围绕节能环保、资源节约与循环利用开展低碳技术、绿色技术攻关，要大力发展低碳绿色技术，为向资源节约型社会转型提供技术支撑和产品支撑，构建新的资源红利通道。

四是广泛建立产业创新和协作联盟。强化集群内部的专业分工和协作配套，共同打造区域品牌。通过横向的产业联盟，维护良好的竞争生态；通过纵向联盟整合产业链和产业资源，推动产业集群优化升级。采用共同研究与开发、贴牌生产、合资经营、特许经营、业务外包等多种形式以及采取协议式战略联盟，包括统一研发、培训、销售等促进产业扩张和优化发展。建设资本战略联盟，促进合资经营、组建新的经济实体。推动各类企业、协会、商会建设新兴产品联盟、知识联盟、技术联盟等，开展国际合作，增强核心竞争力。

五是加大农业组织制度创新。按照依法、自愿和有偿的原则，打破原联产承包责任制下小规模、小范围农业家庭户经济带来的束缚，重构农业组织制度，加大农业技术与集约化、规模化经营，带动农村人口职业化发展和就业转变。通过采取农户个体或大户经营、专业合作组织经营、公司化经营等多种经营方式和转包转让、出租入股等多种流转方式，培育新型"地主""庄园主""农场主"等农业资本密集型带头人，提高土地资源的配置效率和集约化、规模化生产效益，通过农业技术提升农业生产附加值。

六是加大市场引导和需求端政策创新。通过进一步完善政府采购政策，从需求侧、公益性等角度引导产业创新按照市场需求配置创新资源，带动产业向高新化、市场化方向发展。探索建立符合国际惯例、滨海新区要求的产品政府采购政策；加快基础设施建设和行业标准、产品标准的研究制定，引导新兴产业、产品快速发展，占领行业发展制高点；大力推进政府职能转变，降低市场主体准入门槛，减少和规范行政审批，简化不必要的政府前置审批，在企业设立、经营许可、人才引进、产权登记等方面实行一站式服务；改革现行个体工商户登记制度，逐步实现自然人经营豁免登记；全面推行网上登记，建立电子营业执照制度。

### 13.5.2 现代金融发展制度创新

结构轻量化是现代产业体系的重要特征。而金融业是服务业的龙头，也是现代产业的血脉。

一是加快科技金融创新。着力提升财政科技投入力度，优化改进投入方式，增强财政科技经费对产业发展和需求端创新的引导和社会资金投入的杠杆作用。着力创新科技型中小企业融资和创业风险投资新机制，设立战略性新兴产业创业风险投资引导基金，引导风险资本投入战略性新兴产业。鼓励和促进社会各类资本，特别是民营资本和境外资本进入天津创投领域，壮大资本规模，探索公司制、非法人制、有限合伙制、契约制等有效的治理结构及经营管理模式。加快成立商业银行科技支行，探索科技支行以股权投资形式为高成长性科技型中小企业融资模式，继续深化发挥小额贷款公司的作用，完善中小企业贷款担保体系、企业集合体贷款、科技打包贷款、科技保险试点、知识产权抵押贷款模式，探索贷款经纪公司发展新模式。建立健全高新技术企业信贷信用评估体系。加快建设天津股权交易市场，支持天津股权交易所和天津滨海国际股权交易所健全平台功能，增加挂牌企业数量，扩大交易量。

二是加快农业金融创新。利用天津市北方物流中心的定位和大力发展现代物流服务业的契机，打造北方大宗农产品中远期电子交易市场，尽快形成完善的农产品市场定价机制，在发展上，整合全国范围内的特色农产品，逐步形成农产品定价话语权，规避大宗农产品国际市场风险，打造现代农业金融"创业板"中心。研究制定自然灾害认定标准，创新农业保险品种模式，探索村镇政府集体先期购买农业保险、财政专项补贴的新模式。设立滨海农业信贷担保基金、农业金融控制集团，解决农民短期资金周转问题，支持都市农业等现代农业形态的发展，扶持龙头企业上市融资。

三是加快碳汇金融制度创新。把握战略先机，利用在碳金融领域的先发优势，进一步拓宽交易品种，建立碳交易场所，标准化合约交易模式和交易制度，力争率先在全国建立碳金融场内交易平台，打造中国碳金融交易中心。设立碳金融的风险补偿基金，着力研究制定低碳金融相关政策、交易制度和交易标准，鼓励现有金融机构发展碳证券、碳期货、碳基金等各种碳金融衍生品的金融创新产品，对试点企业和机构予以税收、外汇、监管、环保等方面的金融支持，开展国际碳金融合作。

四是加快消费金融制度创新。内需成为中国经济增长的重要支撑，充分挖掘消费金融市场的巨大潜力是新区内生增长和持续发展的重要保障。建立和完善消费金融法律法规体系，加强对经营者、消费者的双向约束，不断完善个人征信体系建设，实现征信库的合作建设与合理共享机制。积极引导消费金融公司与大型零售商形成战略联盟，形成消费金融公司、生产企业、经销商、消费者多方共赢的局面。

五是加快离岸金融制度创新。依托综合配套改革和东疆保税港的政策优势，尽快制定中资离岸银行开设分支机构的有关政策，缩短离岸业务的办理时间，提升业务效率，同时创新客户准入政策，营造新的经济增长点。加快离岸银行业务、外汇业务、船籍与公司登记业务、东北亚银行等领域体制机制创新。利用中新生态城建设过程中与新加坡的合作基础，设立中新金融合作试验区，开展内外分离型的离岸金融业务，开展离岸银行、离岸基金、离岸信托、金融衍生品交易试验，引进新加坡的金融机构、交易平台、监管制度。

### 13.5.3　科技体制机制改革创新

以实现科技与经济结合、确立企业技术创新主体地位为核心，着力构建产业创新大平台、优化孵化转化体系、激励创新创业，促进科技资源的配置与利用，实现区域科技经济融合共赢发展。

一是构建产业创新大平台。围绕战略性新兴产业，加快建设和壮大产业创新大平台，着力构建产业技术创新与成果转化的协同机制。加快提升国际生物医药联合研究院、中科院天津工业生物技术研究所、国家超级计算天津中心、滨海工业研究院、国家纳米技术开发研究院等产业创新大平台的研发转化公共服务能力，聚集技术创新要素和科技成果转化资源。新建中新生态城联合研究院、国家海洋技术创新中心、新能源联合研究院等新兴领域的研发转化大平台。完善并推广国际生物医药联合研究院运营与管理的"滨海模式"，不断探索产业公共研发平台投资与运营新机制。建立国家、天津市、滨海新区或各区县多方参加的大平台共建机制。引入科技金融租赁，增强公共创新平台基础设施建设融资能力。

二是优化建设孵化转化一体化载体。按照"科技企业孵化器+转化基地+产业化基地"的逻辑主线和建设思路，进一步加大载体建设力度，创新载体建设模式，提升载体承载能力，着力新建一批适合中小企业发展特点的孵化、转化、产业化一体化载体。着力优化完成载体的企业一般服务、科技中介服务、研发转化服务、金融助飞等服务功能，促进重点实验室、工程中心等共性资源向载体聚集和转移。建立该产业领域的研发转化服务机构联盟，整合产学研服务资源，提供高水平公共研发条件和共性技术服务。

三是激励创新创业和成果转化。鼓励和支持海内外优秀人才参与创办科技企业，允许将知识产权等无形资产按至少50%、最多70%的比例折算为技术股份。鼓励市内高校、科研院所和国有企事业单位科技人员（包括担任行政领导职务的科技人员）离岗创办科技创新企业，3年内保留原有身份和职称，档案工资正常晋升。支持在校大学生（研究生）休学创办科技型中小企业，可向学校申请保留学籍2年；大学生毕业后自主创业，可纳入享受本市公共租赁住房政策范围。建议出台科技计划项目成果限期转化和强制转化制度。

四是促进科技基础资源共享共用。建立政府服务采购的后补助机制，引导社会有效利用地区科技基础条件资源。发挥区及全市高等院校和科研机构的主动性和积极性，大力推进社会化服务和融资租赁业务创新，开展增量和存量大型仪器设备的共享共用。对新增大型仪器设备，采取引导金融租赁公司采购后以融资租赁的方式供给企业、高校和院所科研机构使用的模式。对现有存量设备，按照为社会提供服务的时间、数量、质量对机构或企业进行政府财政经费补贴，同时探索存量设备调剂使用和租赁使用的新模式、新经验。

五是深化区域交流与合作机制。面向中关村到滨海新区高铁和高速公路沿线——京津科技新干线，大力集聚海外、国家和北京资源，形成大力打造以北京为原创中心，滨海新区为研发制造中心的世界级研发高地。进一步深化与中科院、科技部、教育部等部委和单位以及其他省市的合作机制。强化与东北亚及发达国家的科技合作和交流，积极吸引海内外优势科技资源，打造功能强大的对外合作与交流体系。

### 13.5.4 加大人才开发制度深化改革创新

人才是知识经济时代构建现代产业体系的核心环节。建设人的能力与产业需求相匹配的产业体系，是构建新区现代产业体系制度创新的重中之重。

一是构建具有国际竞争力的人才制度优势。充分研究借鉴先进地区和特色地区吸引和开发人才的典型经验，将各个地方的人才聚集态势、开发方式、考核激励机制、人才政策等进行系统梳理，实施分层分类的创新创业人才的评价制度，形成多层次多形式的奖励机制，结合新区现代产业体系发展的人才需求和现实问题，围绕国际化人才→国际化报酬→国际化企业的发展路径，构建人才制度优势。

二是建设一支高水平研发和管理人才队伍。统筹科技研发、人才培养、产业基地建设，依托国家和天津"千人计划"、高层次人才聚集工程，加快集聚海内外高层次人才，重点引进战略性新兴产业中的各类管理、科技前沿、创业类领军人才，促进人才聚集，构筑人才高地。重点抓好新能源、生物制药技术、新一代无线网络技术、集成电路技术以及金融领域等高端人才的引进和培养，大力吸引能够突破关键技术、助推产业发展的战略科学家和创新创业人才。依托南开大学、天津大学等高等院校，加快专业学科建设，系统培养战略性新兴产业发展所需的专业人才。

三是培育形成一批高水平创新创业型团队。充分发挥领军科学家、创业者的带动作用，通过重大科技项目和产业化项目，吸引科技创新领军人才，聚集和培育优秀的科研人员，组建具有强大科研攻关能力的科技创新团队，打造形成一批具有国际视野和科研、产业竞争力的创新创业团队。既要积极鼓励和引导本市现有的优秀科技人员采取多种方式组建科技创新团队，又要积极引进国内外优秀的科技创新团队，探索汇聚科技创新团队的有效机制。

四是促进农村农业人口职业化发展。大力开展农村和新市镇的职业教育，对未能进入高一级学校读书的农村初、高中毕业生，由各级财政安排补助，鼓励他们免费参加包括科学种田、养殖内容在内的职业技能教育，颁发职业技能鉴定证书，提高转移就业、自主创业的能力。建立高素质人才回流农业机制。建立职业农民补贴保障制度，对具备资格的职业农民从事农业生产给予补贴。对返乡创业能人给予支持。支持各类毕业生到农村创办现代农业企业，吸引和培养有兴趣的城市青年成为新型农民，积极探索吸引农村以外人才从事农业的优惠政策，有关政策可以参照对大学毕业生的相关优惠政策。

说 明

  本章内容是笔者原来所在单位承担国家软科学计划省部合作重点项目的结项综合报告，由笔者最后执笔，文章中综合了所内多位同事的研究成果，其中的产业发展目标和重点内容上多处引用了有关政府文件内容。目前来看，滨海新区发展在现代产业体系和制度创新上仍然有巨大的创新空间。在挤出 2016 年 GDP 的 3000 亿元水分之后，如何催生新的产业、更新产品、转换发展动能，让滨海新区在京津冀协同发展中发挥更大作用，让天津经济的半壁江山更加凸显质量、效益优势，做好现代产业体系这篇文章仍然是一个新课题。

# 第 14 章

# 微笑曲线、武藏曲线与先进制造

中国进入了消费驱动转型和创新驱动转型的叠加时代，却面临产业和企业生产端、供给侧的产品制造品质不高、品牌效应不足导致的消费外溢和产业附加值低的双重陷阱。根据国家旅游局发布的统计公报显示，2015 年我国公民出境旅游人数达到 1.17 亿人次，比上年同期增长 9.0%。出境旅游花费1045 亿美元（相当于天津 2015 年 GDP 的 1/3），比上年增长 16.6%。这既是中国经济发展实力提升、老百姓口袋充实的象征，又反映出当前国内商品市场不能满足消费者消费结构升级的现实需求。如何使中国制造成为中国人的消费选择，从制造业角度看，必须破解当前中国制造的品质危机和品牌危机。本文通过从价值端的微笑曲线、生产端的武藏曲线与先进制造关系的探讨和案例剖析，提出要加强产品品质的生产观和提高附加值的创新观，做实中国经济供给侧结构改革，实现质量效益双提升。本文建议政府要引导企业家转变理念，扭转"挣快钱"观念，走上先进制造的发展之路，一是要坚持品质为先，倡导精品制造；二是要坚持创新驱动，倡导高端制造；三是要坚持两化融合，倡导智能制造；四是要坚持品牌为王，倡导百年制造。

## 14.1 ▶ 微笑曲线与武藏曲线的内涵

### 14.1.1 微笑曲线

微笑曲线为众所周知。宏碁创始人施振荣先生在 1992 年为破解发展困境，提出了"再造宏碁"战略，主要的战略思想和举措就源于微笑曲线，如图 14-1 所示。横轴代表价值链并分成左、中、右三段，左段为技术环节（体现为技术研发和专利），中段为生产环节（体现为产品生产），右段为营销环节（体现为销售与品牌服务）；纵轴是附加值，代表着附加值在不同的价值链环节中的分配。微笑曲线理论认为位于曲线两端的设计研发和销售附加值高、利润贡献率大，中部的组装制造等附加值低、利润贡献率小。由于整个曲线看起来像微笑的形状而得名。

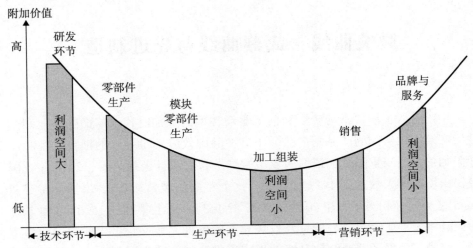

**图 14-1 微笑曲线：产业环节与附加价值关系**

微笑曲线从产业链和价值链的关系角度阐述了企业发展的战略抉择问题。在宏碁过去的发展中，主要从事代工生产，主要强调的是"上游需要什么我就生产什么"，从而更多注重提供符合产业上下游需求的代工产品。但发展到后来，出现了企业需求稳定性和附加价值的追求，就衍生出了微笑曲线。这意味着企业发展导向的转型，要从与同类代工企业的生产制造环节的横向竞争，拓展到产业上下游企业间的纵向整合竞争，从而增强企业的价值创造能力和市场竞争力。这个能力的实现就要求必须在技术研发和品牌价值上处于优势地位。

### 14.1.2 武藏曲线

武藏曲线是 2004 年由日本索尼中村研究所的所长中村末广所创。区别于微笑曲线中研发设计、销售、品牌服务价值贡献高的观点，中村末广认为，制造业的业务流程中，组装、制造阶段的流程有较高的利润，而零件、材料以及销售、服务的利润反而较低。如果以利润高低为纵轴、业务流程为横轴，将得到一个"左右位低、中间位高"的倒 U 形曲线，即武藏曲线（见图 14-2）。

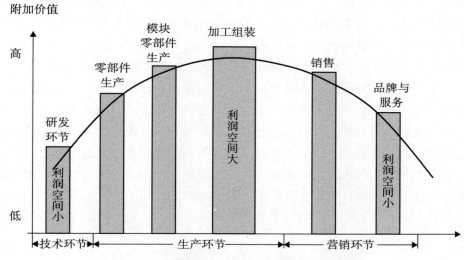

图 14-2 武藏曲线：产业环节与附加价值关系

中村所长解释组装加工环节可以做到盈利最高的理由是，因为该环节具有削减库存的生产调节能力。从组装加工环节来看，一边根据市场变化来生产所需的产品数量，同时根据价格变动以最低价采购零部件、原材料等而实现最低库存。由于组装加工环节可以窥视市场和供应方两头，犹如日本古时剑客"宫本武藏"的二刀流武术，因此中村把此称为"武藏曲线"。2005 年版《日本制造业白皮书》中发布了对 394 家制造业的问卷调查，调查结果印证了中村的观点。

值得注意的是，中村指出，"武藏曲线"的存在并非否定了"微笑曲线"，而是对主要从事生产环节的企业的附加价值分布的具体描述。企业应当根据自身实际区别使用两种曲线来制定不同的经营策略。

### 14.1.3 先进制造与"威武"曲线

迈向先进制造，离不开武藏曲线和微笑曲线的二重唱。笔者在这里将两条曲线合称为先进制造的"威武"曲线。要成为先进制造的企业或产品、品牌，做到"耀武扬威"，就离不开"威武"曲线。

事实上，选择实现微笑领先还是武藏制胜，是企业根据自身实际情况在不同阶段的发展路径选择，本无对错之分。总体来看，武藏曲线注重生产端，微笑曲线注重科研、营销以及品牌服务。从企业发展层次来看，武藏曲线像是一条"生存曲线"，只有企业的产品和服务做到了有品质，做了当前更加提倡的"绿色"制造，能够在市场上赢得顾客，才能生存。微笑曲线更像是"安全曲线"，企业只有占据了产业链中附加值高地，才能获得发展的安全保障。若企业未能遵循微笑曲线的附加价值选择原则，就会面临竞争中失败的风险，难以保证生存的持续性，更不用说维持自身市场领导者的地位了。

在中国过去几十年的发展中，由于国内巨大的市场需求，导致很多企业能够以质量不高、品质不优的状态生存下去，在既不威也不武的情况下实现了持续发展。但这种生存和发展能否真正持续下去，现在的市场面和消费者已经对此有所反映。市场对于低廉和劣质产品的容忍度已经越来越低，产品竞争也更加激烈。因此，越来越多的企业开始走上双升级的道路，将研发和制造作为企业持续竞争制胜的重要途径，希望既威又武。

## 14.2 ▶ "威武曲线"与先进制造的典型案例

### 14.2.1 苹果案例：从微笑曲线到先进制造

我们知道，微笑曲线中，加工制造是属于附加价值低的生产环节，研发设计和品牌销售服务属于附加价值高地。微笑曲线的核心精神就是倡导企业获取产业链条中上下游的高附加值环节。以美国的苹果公司为例。苹果公司成立于1976年，是一家高科技公司，位列2016年《财富》500强排行榜第九名、2016年全球100大最有价值品牌的第一名。苹果公司强大的科研能力和品牌营销使其具有了强大的市场竞争力和议价能力，进而获取了丰厚的利润回报。iSuppli的报告显示，一台售价600美元的iPhone手机，其所有部件的成本（包括最后的组装）是187.51美元，仅为售价的31%；成本最低的部分是制造和组装，仅6.54美元，是售价的1%稍多一些。一部iPhone智能手机，苹果公司赚取了58.5%的利润；而相比之下，负责生产零部件和组装的台湾厂商却只能获得其中0.5%的利润比例；即使是作为iPad平板电脑重要供应链的台湾厂商也只获得了2%的利润。

以苹果为例似乎不太恰当，因为它事实上是一个典型的既威又武的品牌制造商。但必须强调的是，苹果产品本身的品质是比较高的，但由于研发和设计、商业模式带来的巨大话语权，它获得了超额的商业利润。从这个角度它也可以看作是微笑曲线的一个例证。

### 14.2.2　富士康案例：从武藏曲线到先进制造

简单地说，制造可以分为两类：一类是一般制造——简单加工生产，这种加工生产对产品的品质、耐用性等要求不高，但仍然符合消费者的产品质量要求；另一类是高端制造或精品制造，能够为消费者带来更多的满足感和消费效用，也能够为企业带来更高的附加值和利润。武藏曲线所倡导的就是精益管理模式下的精品制造。精品制造不仅要求保证产品品质，对生产工艺的高质量、专业化和精细化也有要求。以富士康为例，它成立于 1974 年，是一家专门从事计算机、通信、消费性电子等 3C 产品代工服务的科技企业。富士康业务流程中的制造环节，其生产状况和利润分布情况基本符合武藏曲线的描述。随着富士康的持续发展，它同样进入了施振荣当时的困境，需要转型升级。因此，富士康开始跨越武藏曲线，自主研发 LED 节能灯、节能铝材、智慧全热交换机等绿色产品，推动企业生产条件、生活环境和社会民生质量的持续改善。2015 年，富士康全球专利申请 4700 件，其中 80% 以上为发明专利；连续 9 年名列中国大陆地区专利申请总量及发明专利申请量前列，连续 10 年在美国专利核准量排行榜位居华人企业前列。系列的科研布局不仅深化了制造专业化、精细化、智能化、效率化的程度，也实现了从制造向科研的角色转换，为业务流程的上游竞争奠定了基础，有利于提升自身竞争力，巩固市场地位。

作为一个代工企业，富士康确实满足了先进制造的条件，如果它想要转型介入某些上游行业的话，将会迅速取得成效。但基于公司的战略选择，它目前仍然以代工为主。但不可忽视的是，它在专利发明创造方面已经储备了大量的战略工具，具备了随时转身跨领域作战的能力。

### 14.2.3　基于典型案例的总结

无论是苹果还是富士康，都是当前先进制造的标杆企业，也是武藏曲线和微笑曲线相结合的典范。但二者路径有所不同：富士康是以制造起家，后续进行自主研发提升，目前仍然聚焦于制造为本；苹果是以概念和研发设计起家，生产制造主要通过寻找最优秀的制造企业代工实现，通过自己科研与品牌形成的竞争优势地位，占领了产业链中的高额附加价值，获取了巨额利润。目前苹果仍然聚焦于设计和品牌化，但以品质控制为基础。

由此可见，实现先进制造，企业需要：第一，企业领导者要具有专注经营的精神。第二，企业要保证产品制造的品质，无论是自我生产还是外包生产。三星的 Note7 电池爆炸表明，品质化生产是重要前提，消费安全得不到保证，企业就要陷入困境。第三，企业领导者有开拓创新的意识，把握核心技术，引领市场发展。第四，企业要有持续发展的战略思维，立足打造知名品牌、百年老店。

## 14.3 ▶ 推动天津先进制造业发展的思考与建议

《京津冀协同发展规划纲要》明确了天津作为全国先进制造研发基地的定位，这既赋予了天津光荣的使命，又是一项艰巨的任务。制造业作为实体经济的根本，是财富之源、发展之基。政府必须充分认识制造业对于整个天津区域经济的重要性。过去，我们对先进制造已经提了很多，尤其提出了科技创新支撑引领先进制造发展的理念和举措，取得了良好的效果。面向国家定位和具有全球影响力的产业创新中心的战略目标，需要进一步解放思想，积极发扬创新开拓精神，积极落实市委主要领导关于"上游竞争、竞争上游"的指示，实施先进制造业促进行动，通过武藏曲线达成精品制造，通过微笑曲线实现高端制造，逐渐摆脱跟跑，打造一批具有国际影响力和国内显著度的"并跑型"和"领跑型"先进制造企业和产品品牌，在消费驱动和创新驱动的新常态下，引领天津制造业迈向新的时代。

### 14.3.1 品质为先，精品制造

实施精益管理普及行动，利用创新券等政策手段积极推广精益管理模式，从多种渠道推动企业实行精益管理模式，弘扬"工匠精神"，引导企业发展降成本与重质量并行。实施新型企业家促进行动，引导企业领导者转变发展理念，从短期的"快钱模式"向长久发展转变，从"数量先行"模式向"质量先行"模式转变，从"粗"制造向"精"制造转变。

### 14.3.2 创新驱动，高端制造

实施产业技术创新体系提升行动，加大推进科技与产业结合，着力围绕天津重点发展的产业领域和新兴领域、产业共性技术和关键技术，打造一批具有国际国内影响力的产业技术创新平台，形成以企业为主体、科研院校创

新助力、产学研联动的创新氛围。实施隐形冠军培育行动，着力遴选生产制造方面基础好、技术创新优势大、创新思维强的创新型科技企业，围绕主导产品和品牌，大力推进跨界创新、融合创新等多样性创新，形成具有较高附加价值、持久竞争力的自主品牌和专利产品，抢占产业竞争的上游，努力培育一批市场领导者，形成具有全球影响的领跑、并跑型企业。

### 14.3.3　两化融合，智能制造

实施天津智能制造升级行动，对接《中国制造 2025》，把智能制造作为信息化与工业化深度融合的主攻方向，积极推动域内企业发展数字化生产和信息化生产，着力开展机械工业、电子信息重点企业的信息化技术改造和升级，不断提高装备的自动化、数字化和智能化水平，将信息技术融入企业研发、设计、生产、流通、管理的各个环节，提高域内生产效率，塑造企业和产品品牌。实施智能制造领军企业扶持行动，支持条件成熟的行业和企业先行启动实施"智能一代"试点，在重点领域试点建设智能工厂或数字化车间，实现"机器联网""工厂联网"，集成创新一批人机智能交互、高档数控机床、自动化生产线、增材制造等技术和装备，加快智能控制在装备和生产过程中的推广应用。

### 14.3.4　品牌为王，百年制造

实施百年制造培育行动，推进制造业品牌建设，要逐渐培养企业的品牌意识和百年老店意识，最重要的是要倡导企业家的务实精神，树立做产品、做品质产品、做长寿高质产品的理念。数据显示，中国企业集团的平均寿命仅 7~8 年，远远小于欧美企业平均寿命 40 年，以及日本企业的平均寿命 58 年；中国现存超过 150 年历史的老店不超过 10 家，全日本超过 150 年历史的企业竟然超过了 20000 家。国内外企业寿命的鲜明反差，表明中国企业家缺乏产品制造中的专注力以及优质品牌意识。而这恰恰是德国和日本制造业持久繁荣发达的重要原因。实施品牌带动战略，通过加强政府质量监管和激励，引导企业实施精益管理、完善品牌管理体系、创新管理模式，打造优质产品，树立企业信誉，扶持形成一批企业品牌、产品品牌和质量领军型企业，全面提升天津制造品牌价值，乃至培育一批具备成为百年老店潜力的制造业企业。

说明

　　本章内容是笔者与天津工业大学经济学硕士研究生王云旗合作撰写的一篇论文，于 2016 年发表在天津市科学学研究所主办的《科技战略研究报告》（内部刊物）上，现略有增改。动笔源于笔者对中国制造的品质和制造业持久竞争力的担忧：当前国内各界，尤其是科技界和政府在谈到经济发展时，更多地关注了新经济、新模式和新技术，往往忽略了产品品质问题，忽略了培育百年企业问题。德国和日本的中小企业追求的精品制造、工匠精神在中国还没有得到实质性的大幅进步。因此，笔者认为将研发设计、生产制造结合起来，两手抓，两手都要硬，才是实现《中国制造 2025》提出的目标的根本路径。

# 第4篇

# 论天津的科技创新

# 第 15 章

# 建设具有国际影响力的科技创新强市

天津已经进入创新驱动发展的关键时期。今后几年，贯彻落实习近平总书记关于科技创新的一系列新思想、新论断、新要求和对天津工作提出的"三个着力"要求，使天津在全球科技创新中发挥重要作用，在全国科技创新版图中巩固和提高科技创新中心城市地位，在京津冀协同发展中做到先行示范，支撑引领全国先进制造研发基地建设，需要战略目标牵引、重点领域突破，拿出具有国际地位的成绩来。唯其目标高远，方能取其中上，实现在新一轮的国内外竞相发展中力争上游，成就天津的新跨越。建议借鉴发达国家和先进地区经验，以大视野、大手笔、大气魄来优化天津科技创新布局，加强科技创新能力建设，打造具有国际地位的科技创新强市，为建设世界科技强国做出贡献。

## 15.1 ▶ 天津应当发挥更大作用

习近平总书记在 2016 年的科技三会上明确提出了建设世界科技强国的目标。要达成这一目标，就离不开一批科技中心城市对国家科技创新的强有力支撑。在国家"十三五"科技创新规划中，北京、上海被明确确定为全国科技创新中心和全球科技创新中心，将在中国未来 20 年乃至 30 年，甚至更长时期发挥引领作用。国家还确立了合肥综合科学中心的定位。但创新型国家绝不是两三个城市就可以支撑起来的，中国具有广阔的地域，除了京沪以外还有一批创新能力和生产制造能力突出的中心城市。深圳、广州、武汉、南京、西安等地纷纷提出了打造具有国际影响力的科技和（或）产业创新中心的战略目标。在国务院对天津国家自主创新示范区的批复中，也明确提出要打造具有国际影响力的产业创新中心。在这样一个背景下，如何争取在国家的科技创新布局和产业经济布局中发挥更大作用，为创新型国家建设、世界科技强国建设做出更大贡献，就需要天津从更高视野、更长时期来部署整体的科技工作，做好"十三五"期间创新驱动发展的总体布局，下好先手棋，塑造新优势，开创科技创新驱动天津全面创新改革、发展的崭新局面。

天津市经过多年的积累和发展，GDP 总量接近 1.8 万亿元关口，人均 GDP 达到 11.6 万元，综合科技进步水平连续多年稳居全国第三位，R&D/GDP 突破了 3.0%，已经跨越了要素驱动、投资驱动经济增长的传统增长阶段，进入了波特所谓的创新驱动发展的新阶段。尽管取得了辉煌的成就，但是相对于发达国家和发达地区，我们仍然存在诸多不足，一是原创性科技成果和产品不多，在国际上乃至国内具有影响力的领军企业和品牌不多，为中国制造向中国创造跨越提供的支撑不够；二是具有国际影响力的机构不多，目前仅天津大学、南开大学和部分机构拥有一定的国际影响力，领军人才不多，能够引领世界的科技成果不多，为我国实现科技领跑的支撑不够；三是创新创业的氛围不够浓厚，整个民营经济主体不多、民营经济活力不强，科技成果向创新型的产品、价值转变的体制机制不够通畅、效益不够明显，为中国经济的供给侧结构性改革提供科技支撑不够。

早在 2011 年，麦肯锡发布英文报告《城市的世界：映射城市的经济实力》指出，世界上一半的人口已经生活在城市，创造了全球 80% 以上的生产总值，大城市将成为未来经济增长的支柱。全球 380 个发达国家和地区的 600 个大城市，聚集了世界上 1/5 的人口，创造了全球 60% 的 GDP。天津市常住人口已经突破了 1500 万，从人口规模上来说已经迈入了世界级城市范畴。

面向 2050 年的世界科技强国目标，天津肩负着更加重大的历史使命，必须坚持把科技创新摆在全市发展全局的核心位置，依靠科技创新打造先发优势、推动产业升级，提升创新实力，培育发展动力，壮大实体经济，增强综合实力，切实把千载难逢的历史性窗口期转化为改革创新的突破期、转型发展的黄金期，努力开创科技创新新局面，为"海河号"扬帆起航营造强大气场和提供强大的科技创新支撑，使天津在国际、国内占据重要席位，成为中国科技创新领跑和并跑的重要策源地，成为中国制造向中国创造转变升级的重要依托。

## 15.2 ▶　天津科技创新发展的战略目标构想

天津市已经确立了到 2030 年、2050 年初步建成和全面建成全国领先的创新型城市、具有国际影响力的产业创新中心的宏伟战略目标。这个目标的实现需要具象化。从国际观察来看，这样一个目标，离不开几个重要因素支撑，包括顶级人才（能够带动一个学科、一个产业）、顶级机构（能够影响一个领域、服务一个区域）、顶级企业和产品（能够占据国际市场，制定行业乃至国际标准）、顶级的创新创业生态环境（能够像美国的硅谷那样，汇聚顶级人才、机构、企业）。

这四个顶级的战略目标相对于具有重要国际地位的单一说法更加具体，但并不意味着这个目标在"十三五"期间可以或必须要一蹴而就。必须要看到实现这四个顶级目标，无论是对天津还是对整个中国而言，都具有艰巨性、复杂性和持久性。只有在设定好这些更加具体而高远的条件下，才可能逐步去革新我们当前机构发展、企业发展、人才汇聚中面临的软硬环境问题，才可能将有限的资源向重点机构、重点人才、重点领域去聚焦，将政策向这些机构、人才、领域去聚焦，从而寻求在局部突破后带动全市整体科技创新能力的显著提升。

不同于中央政府，天津市的科技创新机构资源、人才资源、财政资金等资源更加有限。如果选择在科技创新投入和保障上平均用力，极可能会重复昨天的故事，使得我们在新一轮的区域竞争和国际竞争中坐失先机，继续充当发达国家和发达地区的陪衬。

### 15.2.1　汇聚一批顶级科研人才

创新驱动发展，首要的就是人才。天津要发展，要创新，就必须要汇聚形成一批顶级的科研人才。这些人才必须在国内享有盛誉、具有较大甚至极大的国际影响力。人才的重要性已经成为各个国家和地区的共识。习近平总书记自 2012 年以来已经多次对此做了论述。天津必须进一步突出强调人才尤其是领军人才或高层次人才的重要性。

过去几年来，天津遴选院士两轮落空，一个重要的原因就在于忽略了顶级科研人才的引进、培养和发挥顶级人才的作用。从当前来看，各个国家和地区的科技领军人才的产生，主要源自大师培养、著名机构培养，离不开高水平师长和平台的有力支持。但近几年，天津在引进人才和培养人才时，忽略了发挥既有领军人才的作用，要充分调动市内外院士在培养后备院士级领军人才中的作用，要高度重视引进大师、著名机构培养的潜力人才，形成天津自己的科技创新领舞者，形成天津人才汇聚的新态势。

### 15.2.2　汇聚一批顶级科研机构

人才的汇聚离不开创新载体的承载。优秀的创新机构能够有效地汇聚顶级人才。因此，要汇聚人才，就必须首先汇聚形成一批顶级的科研机构。这些机构必须在国内享有盛誉、具有较大甚至极大的国际影响力。北京生命科学院是当前国内顶级的生命科学研究机构，国内985高校生命科学院的院长多数出自北京生命科学院。北京生命科学院的成功就在于政府选择长期投入大笔科研基建费用，遴选了世界级的科学家，按照国际通行规则进行人、财、物的配置，形成了体制内支持的新体制下运营的独立科研组织，从而让科学家心无旁骛、潜心科研，取得了举世瞩目的科研成就。

这是值得借鉴的典型引路经验，对于全国都有示范意义。这意味着必须大力推进现有高校院所的体制机制创新，推动新型研发组织的建设。天津必须以引进培育打造形成这样的一批机构为目标牵引，为顶级的科技创新人才、产业创新人才等领舞者营造发挥作用的大舞台，才能在建设创新型国家中做出更大的贡献。

### 15.2.3　汇聚一批顶级科技企业和产品品牌

一个领军企业和有力的产品品牌将对天津未来的发展形成巨大的带动作用，天津目前还缺少这样的企业，产业关联度不高。必须着力汇聚形成一批顶级的科技企业和产品品牌。这些企业和产品品牌必须在国内享有盛誉、具有较大甚至极大的国际影响。2013年，在科技部王志纲书记组织召开的一次直辖市科委负责同志座谈会上，王志纲书记举了浙江的一家领军企业的例子。这家企业在当地将产业上下游、科研院所100多家企业和机构凝聚起来，从而带来了产业经济的发展。

但是，企业的培育非一朝一夕之功，但马云、马化腾、李彦宏、周鸿祎等率领的企业的成功说明，习近平总书记提到的新技术、新产品、新业态、新模式是未来发展的潜力股，必须牢牢抓住四新机遇，与传统产业、实体经济等做好融合，科技+互联网+新模式将成为未来独角兽企业演化衍生、爆发性增长的主要来源。

同时，科技创新除了围绕科技本身，更要注重围绕重大的潜在需求的显示化（如共享单车、汽车等共享经济利用科技+互联网，实现了闲置资源的优化配置，满足了数量庞大的消费者需求，产生了无限可能）。如何实现科学技术向生产力的转变，由科学到技术、由技术到产品，必须要嫁接模式创新的力量。在自身能力不足时，要学习借助成熟企业经验，包括引进成功企业到天津来推广和带动天津"四新"经济的发展。

### 15.2.4　打造一个顶级的创新创业环境

创新创业环境的营造或改造可能是最困难的，涉及文化和制度问题。但这个环境必须得有，必须得改变形成。只有拥有了一个顶级的创新创业环境，才能够汇聚国内外领军人才、知名科研机构、风险投资，形成吸纳人才、机构、资金的强大气场。

对天津来说，环境尤其重要，气场必不可少。为什么中关村能够聚集人才、机构、资金，形成媲美美国硅谷的创新创业生态？为什么长三角、珠三角能够涌现大批的创新创业企业，民营经济发展如火如荼？天津需要不断地加强对创新创业文化的研究、塑造，解决本地创业者不多、创业层次不高的问题，这就需要在大众创业、万众创新上做足功夫，在京津冀协同发展上做足功夫，让更多的创业者、创新者、投资者云集津门。这就更加需要借京津冀一体化的强大东风，将北京丰富的科教资源、创业投资资源吸引到天津来，让科学精神和创新精神融入天津文化之魂，全面激发机构活力、人才活力、资金活力，带动提升民营经济发展活力，打破天津民间的创业魔咒，使天津营造出一个真正具有国际影响力的创新创业顶级生态。

## 15.3 ▶ 科技创新发展要突出的围绕的重大方向

好的战略布局，决定未来竞争的胜负手，犹如弈棋落子，布局为先。习近平总书记在 2016 年的全国科技三会上强调，必须坚持走中国特色自主创新道路，面向世界科技前沿、面向经济主战场、面向国家重大需求，加快各领域科技创新，掌握全球科技竞争先机。这三个面向也是天津科技创新的根本价值所在。但同时，必须清醒地认识天津市经济社会发展的需求和科技创新的基础与优势，在全力服务国家战略的过程中，一定要坚持有所为有所不为的原则，切忌平均用力，投"钱"惮争（害怕争议）。要力争在世界科技前沿的局部领域抢占先机，在国家重大需求中谋求占位并发挥重要作用，在天津经济发展中支撑先进制造和现代服务业的发展，实现科技创新驱动，森林和云彩相得益彰，以天津科技创新之进服务建设创新型国家之进，这也是天津建设具有国际影响力的产业创新中心的应有之义。

### 15.3.1 聚力建设科学研究高峰

要面向世界科技前沿，力争在世界科技前沿的局部领域寻求突破，形成天津科学研究的若干高点和高峰。作为天津的科技工作者，不要把天津看作天津的天津，要把天津看作中国建设世界科技强国进程中的天津，必须发挥天津的科教优势，为中国的整体战略目标提供支撑。

建议有关部门在充分调研分析南开大学、天津大学、驻津院所和市属高校院所在学科、产业的科学研究和应用研究前沿的发展基础和现状，加大机构科研能力建设和领军人才、团队的引进力度，争取在天津具有基础、优势和潜力的一些重要的科学研究和应用前沿研究领域更多地跻身世界前列，着力实现科技研发从跟跑向并跑、领跑转变，向自主判断科研方向和预测技术路线转变。

在引进学科人才时，一定要注重战略科学家的引进，用世界的眼光来看待天津一个学科的发展问题，着眼于在原创理论、原创发现、原创技术等方面取得更多突破，打造天津科学创新的高峰，形成具有尖兵效应的学科高地，带动形成人才高地，为建设世界科技强国做出贡献。

当前的主要工作包括：聚焦重大科学问题，参与国际大科学计划和大科学工程，争取培养造就更多像天津大学元英进教授那样的学科英才，在更多战略性领域实现率先突破；优化整合市内外某些领域和学科的机构资源、人才资源，争取在某个领域成为国家实验室建设的重点支撑或不可或缺的主体；下大力气，引进、培育、造就一批具有世界水平的科学家、科技领军人才和高水平创新团队。

### 15.3.2 聚力打造产业先行高地

要面向国家重大战略需求。力争为国家规划布局的重点领域、重大项目、重点产业发挥攻坚克难作用，巩固和提高天津科技中心城市地位，为建设创新型国家做出贡献。根据国家"十三五"科技创新规划，新的国家科技重大专项——"科技创新 2030—重大项目"已经正式启动，提出了一系列的重点攻关的领域和装备，主要目的是突破西方国家的技术封锁，形成自主知识产权，推动专项成果应用及产业化。

天津要发挥学科优势、产业优势和组织优势，围绕"核高基"（核心电子器件、高端通用芯片、基础软件）、集成电路装备、数控机床、油气开发、水污染治理、新药创制、新材料研发及应用、京津冀环境综合治理等国家布局的关键核心技术领域，加大研发投入力度，研发形成具有国际竞争力的重大战略产品，建成一批引领性强的创新平台和具有国际影响力的产业化基地，造就一批具有较强国际竞争力的创新型领军企业，在部分领域争取率先涌现出 3~5 家世界领先的高科技产业。

### 15.3.3　聚力推进新旧动能转换

要坚持面向经济主战场，不断增强供给侧结构性改革的科技供给能力，加快经济发展动能转换。要突出围绕当前经济转型升级、提质增效的需求，为形成科技创新驱动服务天津之进进而服务全国之进的整体局面，围绕产业链部署创新链、服务链、政策链，形成上下游结合、技术研发和产品创新梯次接续的系统布局。

着力围绕天津市具有较好产业基础的电子信息、先进制造、环境领域、生物和健康领域，加大基础材料、关键技术、重大战略产品和装备研发的整体布局，借鉴学习 IBM、GE、西门子等世界级公司转型发展的经验，着力为行业升级发展提供关键技术支持方案、系统化解决方案。尤其要围绕先进制造定位，加强基础性材料、功能性材料开发，将天津全面建成全国先进制造研发基地，服务《中国制造 2025》，提升天津制造业在产业链、价值链中的地位，提供关键性支撑，着力突破产业发展、产品开发的"卡脖子"问题，使科技创新成果真正转化为生产力。

## 15.4 ▶　加快天津科技创新的重大战略举措建议

### 15.4.1　狠抓平台建设，构筑科技创新"靓舞台"

科学研究机构、产业研发组织、产业技术研究院等是天津未来抢占重点领域科学研究高峰、产业创新前沿、产品创新前沿的科学技术原创、产品原生策源地。必须紧紧围绕世界科学研究和应用研究前沿，围绕国家战略布局，围绕天津市产业技术发展的重点领域，围绕知识和技术向产品化、价值化转移转化，继续加大引进和自主建设一批具有国际和国内影响力的载体平台，形成参与国际国内竞争的科研平台基础，才能巩固和提高天津在国家科技创新体系中的地位和作用，才能为建设具有国际影响力的产业创新中心提供强有力的靓丽舞台。

一是建设科学研究大平台。面向世界一流大学和一流学科的"双一流"目标，打造世界级的研究平台。在国家实验室建设中，力争国家实验室能够在天津布点，或者作为主要参与机构进入重大战略布局或联合共建，抢占重要领域科学研究高峰，占据国内科学研究新高地。此外，要加大天津优势学科和具有领军人才领域的投入力度，通过在全市遴选重点院校和重点学科、重点人才，以国际通行经验，在知名大学或院所建设以新体制、新机制为基础的专业学院、科学家工作室，让领军人才成为团队组建、平台建设、研究领域选择的真正决策者、推动者，将科研的自主权归还给科学家。以提升原始创新能力和支撑重大科技突破为目标，依托高等学校、科研院所布局建设一批重大科技基础设施，支持依托重大科技基础设施开展科学前沿问题研究。

二是建设产业创新大平台。瞄准世界科技前沿和产业变革趋势，聚焦国家战略需求，结合天津优势产业、新兴产业和传统产业发展的现实基础和特点，按照创新链、产业链多链融合的理念，加强系统整合布局，提升创新全链条支撑能力，为实现重大创新突破、培育高端产业、打造现代产业体系提供重要的产业技术支撑。要引入新的建设和运营机制，围绕移动互联、新能源、新材料、智能制造、航空航天、生物医药等领域，新建或加强建设特色领域的产业研发组织，突出产业技术创新的前沿研究和应用技术研究。借鉴美国西南研究院、德国弗朗恩霍夫、我国台湾工研院等产业研究机构的先进经验，以崭新机制推动建设天津市先进制造产业技术研究院等新型研发组织，着力增强新型研发组织的技术供给、人才培养、产品革新、行业组织功能，着力增强技术创新整体解决方案提供能力，破解技术研发与产品开发孤立的"不良"行为，加强技术研发与产品开发的衔接，破解创新孤岛问题。要面向行业和产业发展需求，整合现有的国家工程技术研究中心和国家工程研究中心，争取培养和形成一批国家级制造业创新中心。

三是建设创新设计研究院。着力破解产业研用结合难题，借鉴美国斯坦福大学创新设计研究院的经验，打破学科界限，将风险投资引入创新设计院中，构建跨学科、跨领域的综合创新平台，专业开展面向产品的创新设计。在全市所有高校院所可以探索建立综合性、专业性、多学科的创新设计研究院，组建创新设计联盟，共享全市创新设计的硬件资源、人才资源和信息。建立严格的创新设计知识产权保护制度，对创新设计的创意予以保护和支持。在全校院所中建设相对独立的创新学院、创新设计研究院，支持风险投资人和机构与大学联合建设创新设计研究院、创新学院。鼓励创新设计研究院与众创空间、加速器、孵化器和产业园区联合，促进科技成果和产品设计成果走向商品化、产业化和规模化。开展风险投资人与科学家面对面活动，将科学家的知识空间与投资人的财务空间耦合，打破思维局限，激发面向产品的创新设计和科学技术研究开发活动。

四是构建对外开放大平台。加大天津科技计划开放力度，支持海外专家牵头或参与科技计划项目，参与指南制定和项目评审等工作，参与国家科技计划与专项的研究工作。围绕国家和天津市重大科技需求，与相关领域具有创新优势的国家合作建设一批联合研究中心和国际技术转移中心。支持企业在海外设立研发中心、参与国际标准制定，推动装备、技术、标准、服务走出去。充分发挥国际科技合作基地的作用，与优势国家在相关领域合作建设高层次联合研究中心。推动科研机构和企业采取与国际知名科研机构、跨国公司联合组建等多种方式设立海外研发机构。以中欧、中德、中以等国际合作为基础，建设一批特色鲜明的科技园区，探索多元化建设模式，搭建企业走出去平台。加快建设中欧先进制造产业园，引导高端装备制造企业和创新型企业设立生产研发总部，打造京津冀高端制造创新合作载体。

### 15.4.2　狠抓领军人才，锁定科技创新"驱动力"

高水平的科研载体和平台是人才发挥作用的舞台。靓丽舞台迫切需要靓丽身影。习近平总书记指出，综合国力的竞争归根结底是人才竞争。区域竞争也不例外，天津当前在国内外竞争中面临着较大的薪酬劣势，尤其是"双一流"提法出台后，各个省市在引进海内外人才时给出了非常具有竞争力的薪酬和科研条件，使得天津在引进人才时面临窘境。习总书记说，没有强大的人才队伍作后盾，自主创新就是无源之水、无本之木，引进一批人才，有时就能盘活一个企业，甚至撬动一个产业。因此，天津必须进一步提高对领军人才重要性的认识，构建具有国际竞争力的人才制度，为领军人才及其团队提供具有国际竞争力的薪资水平、事业发展空间和生活配套环境，切实确立增加知识价值的用人导向，为人才的引进、培育、发挥作用提供基础和保障，形成领军人才汇聚的强大洪流，带动创新创业呈现新的气象。

一是优化实施重大人才工程。要统筹全市人才计划，构建天津市一体化、层次分明的人才体系。深入实施重大人才工程，打造国家和市两级高层次创新型科技人才队伍。天津要研究提出具有津味的人才计划体系，在市级层面将千人计划、万人计划、创业人才、创新人才计划统筹起来，顶层设计为"海河人才计划"，对接国家的千人计划、万人计划等各个层次的人选。

（1）在海河计划下，可探索设立海河杰出人才计划，着力引进培养天津"本地产"院士级专家学者、产业领军人才、战略科学家等。

（2）将原131创新人才计划针对自然科学领域的中青年专家计划修订为"海河未来计划"，将人才年龄限定到35岁或40岁以下。

（3）实施"海河创业计划"，设立雏鹰计划（创业者）、飞鹰计划（新型企业家）、雄鹰计划（上市企业家，培育独角兽企业）等。

（4）实施"海河工程师"计划，针对各领域优秀高技能蓝领人才、灰领人才。

二是突出培养世界级领军人才。要坚持领军人才培养开发的"高精尖缺"导向，加强战略科学家、科技领军人才的选拔和培养。要突出大师带动、大项目担当，团队整体成长，优秀人才层出不穷的人才培养新局面。在大机构、大平台、大项目、大作为中培养领军人才。面向世界级大师、世界级机构、世界级企业引进人才或输送人才去接受训练。要结合全国先进制造研发基地建设的任务，结合天津重点发展的产业领域和科学研究应用前沿领域，通过杰出人才计划，在全球范围内招揽院士级后备人选。数据显示，天津留学归国人员数量仅为上海的1/10左右，存在明显差距。而具有海外留学归国人员已经逐渐成为国内科技创新迈向国际水平的主要力量，天津必须加大海外高层次人才的引进力度。

三是实施具有国际竞争力的人才政策。引进人才要从待遇、事业空间和生活环境三个方面着力。首先，要解决给予人才的待遇是否具有国际竞争力。当前各个省市在面向双一流的新一轮人才争夺中，纷纷出台具有极大争议的优惠政策，导致高层次人才在东部地区之间，在东中西部之间发生了极大的流动。这既表明了高层次人才的重要性，又说明了人才竞争的白热化程度。天津必须在引进人才上加强调查研究，发挥用人主体的能动性，下大力气引才聚才。其次，要着力为引进和培育人才提供事业发展的空间，构筑前述的大舞台。不仅如此，还要注重"舞伴"的培养。人才的成长离不开团队，离不开对话者。天津大学药学院聚集了一大批外籍人才，使得人才之间的对话交流形成了共同的话语体系，思想交流更加活跃，有助于迸发思想的火花，形成具有原创性的重要成果。最后，要加紧营造良好的人才生活发展的配套政策。对重点引进的各类人才在户籍、家庭、子女等方面给予优厚待遇。针对高层次领军人才，启动实施新人才绿卡制度，做到"一卡在手，全家无忧"，联动解决人才父母、子女的医疗保险、社会保险等一系列问题，真正给予人才及其家属市民待遇，给人才以家的感受，让人才被天津所征服。

### 15.4.3　狠抓产业载体，推动科技创新"价值化"

一是高水平建设国家自主创新示范区。国家自主创新示范区是国家赋予天津科技创新、产业创新的重要功能。要发挥自主创新示范区核心区的引领作用，加速培育新能源和新能源汽车、新一代信息技术等千亿级产业集群，打造世界一流科技园区，实现知识密集型产业集聚化、集群化发展，体现科技创新的溢出效应、品牌效应。支持沿京津高速高铁沿线的自主创新示范区分园特色发展、联动发展。支持南开区创新创业"十字街区"，建设全国领先的环天南大知识经济创新圈。推动泰达开发区、滨海高新区、保税区和环城四区发挥区位优势、产业优势，强化先进制造功能，主动对接"中国制造2025"和"互联网+"行动计划，以战略性新兴产业和高端装备制造业为主导，推动制造业集群化、智能化、服务化发展，在高端制造业领域培育形成一批具有国际影响力的科技创新型企业和产品。聚焦未来科技城，重点吸引央企在津建立研发机构、产业化基地等，孵育一批具有核心竞争力的骨干企业，打造大型企业集团技术创新集聚区。鼓励并支持南开大学、天津大学及市属高校转变发展理念，对接优势支柱产业和区域发展重大工程需求，做好学科群与产业群对接，发挥优势学科与龙头骨干企业强强联合的示范带动作用，让更多的成果走出实验室、走向市场、惠及民生。

二是加快打造专业化众创空间。众创空间是新的创新创业载体，是中国经济转型升级的重要创新产品的源发地。要把众创空间的发展与大学院所的转型发展结合起来，把培育打造专业化众创空间作为进一步推动科技与"双创"协同创新的重要着力点。要突出众创空间与创新设计的耦合，促成高校院所的科学家、工程师与企业家——产品开发需求方见面，与风险投资家见面，发挥市场对资源配置的决定性作用，让风险投资方成为技术创新背后的重要推动力量，让科学家成为产品开发的一线力量，真正让创新创意变成产品导向的研发设计，实现商业化、产业化、规模化，真正体现科技创新的价值。

### 15.4.4　狠抓全面改革，推动创新举措"落实处"

一是扩大高校院所绩效和收入分配自主权。以增加知识价值为导向，对于建立人才智力密集型、承担国家和市重点科技创新项目以及建有市级以上科技创新平台的高校和科研院所，实行事业单位绩效工资总额和分配的弹性管理机制，允许绩效工资总额的突破。高校和科研院所可以自主决定绩效考核和绩效分配办法，重点向关键岗位、业务骨干和做出突出成绩的科研人员倾斜。科研人员取得的绩效支出和奖励，不受单位工资总额限制、不纳入单位工资总额基数，让绩效分配或奖励与科技人员贡献相匹配。对部分紧缺或者急需引进的高层次科技人员，可实行协议工资、年薪制或项目工资等多种分配办法，所需工资额度不纳入绩效工资总量调控基数。允许财政科研发项目资金的劳务费可以支付给高校和科研院所的项目组成员，劳务费预算不设比例限制。对以市场委托方式（特别是开具发票的服务收入）实施的横向项目，高校院所具有横向项目经费分配自主权，按合同约定或提取一定比例管理费后用于对项目组成员给予劳务回馈——将增加人力资本/知识价值落到实处。

二是落实科技成果转化收益分配的自主权。依照《中华人民共和国促进科技成果转化法》，落实高校和科研院所科技成果使用、处置和收益分配的自主权。不涉及国防、国家安全、国家利益、重大社会公共利益的科技成果，高校和科研院所可以自主决定转让、许可或者作价投资，转移转化收益全部留归本单位。高校和科研院所要建立健全科技成果转移转化收入分配和奖励制度，自主确定奖励比例（不一定要定一个50%、70%、90%这样的比例，关键要快速、高效、有序地落实）。转让收入在对完成、转化科技成果做出重要贡献的人员给予奖励和报酬后，主要用于科学技术研究与成果转化等相关工作。高校和科研院所要建立健全关键环节公示制度，建立规范的异议处置程序，自觉接受各方面监督。

三是依法保障高校院所领导干部获得科技成果转化的奖励和报酬。贯彻落实国务院关于实施《中华人民共和国促进科技成果转化法》若干规定，高校院所（不含内设机构）的正职领导，以及所属具有独立法人资格单位的正职领导，作为科技成果的主要完成人或对促进科技成果转化做出重要贡献者，可以依法依规获得现金奖励，原则上不得获取股权激励。其他担任领导职务的科技人员，作为科技成果的主要完成人或对促进科技成果转化做出重要贡献的，可以依法依规获得现金、股份或者出资比例等奖励和报酬。

四是依法保障和促进科技创新和科技人员权益。市纪检委、市监察委、市检察院、市教委、科研院所主管部门等，要充分考虑科技创新工作的体制机制和行业特点，保护科技人员凭自己的聪明才智和创新成果获取的合法收益，建立尽职免责和容错机制。对于身兼行政职务的科研人员特别是学术带头人，注重区分其科研人员与公务人员的身份，将合法兼职收入与利用行政权力索贿受贿相区分；将科技人员特别是党员领导干部合法的股权分红、知识产权收益、科技成果转化收益分配与贪污、受贿相区分；将科技人员科技创新探索失败、合理损耗与骗取科研立项、虚增科研经费投入相区分。

> **说明**
>
> 本章内容是笔者在参与编制天津市科技创新"十三五"规划和参与起草市科技创新方面重要文件过程中的一些思考。时值天津市委研究室约稿，于 2017 年 4 月写就上述内容，并在天津市科学学研究所微信公众号——海河创新智库以及《科技战略研究报告》2017 年有关期目上对部分内容进行了发表。笔者最关注的问题是，天津科技在国家层面的定位问题以及实现这样的定位，天津需要什么样的机构、人才和政策环境支撑。

# 第16章

# 建设有特色高水平的全国产业创新中心

刚刚进入 2016 年，天津迎来利好消息。科技部正式印发了《天津国家自主创新示范区发展规划纲要 （2015—2020 年）》。纲要提出，天津示范区将着力形成开放式创新新局面，建成具有国际竞争力的产业创新中心和国家重要的区域创新中心。打造产业创新中心，需要进一步营造具有活力的创新创业生态，在国家新一轮的科技创新布局中抢占先机，积攒创新驱动发展新动力，实现转型升级更好发展。本文建议天津要趁国家仅对上海、北京赋予了明确的科技定位、其他城市的科技定位还没有明确的契机，抢占国家科技创新布局关键节点，争取获得"全国产业创新中心"定位，并加大改革力度，制定围绕人才、机构、创业生态的三类特色政策，突出聚集创业型、创新型、创业投资型、技能型四类人才，为建设有特色、高水平的全国产业创新中心服务。

## 16.1 ▶ 创新创业生态的典型范例

### 16.1.1 创新创业生态

纵观历史，区域的兴盛与衰落，重要的表现在于区域是否拥有一个活力的生态——创新与创业是否"活"。天津示范区的建设能否取得示范的效果，很大程度上取决于一个"活"字。只有注重"活"，才能"活"得更好。这个活源于创新创业的生态。

创新创业生态必然是一种内生型的增长。创新和创业都是源于生态内的，原创成为这一生态的重要标志。在这个生态系统中，大学和科研机构、生物技术或制药等高技术企业、风险投资人成为实现新兴产业和活力经济的关键因素。这些因素形成一个紧密的网络，实现人才、信息、资金在网络内部自由地流动，既保留了学术界的开放共同体性质，又保障了商业创新所需要的利益实现机制。硅谷、中关村、深圳、以色列的特拉维夫，拥抱了这种生态，因此它们拥抱了成长。它们成为全球原创思想的发源地和高科技创业者实现梦想的首选地。

### 16.1.2　产业中心崛起的秘诀

近期，笔者阅读了香港中文大学社会学系沈茜蓉所写《"创新的进化"：产业中心崛起的奥秘》一文，感到很受启发。文中介绍了美国斯坦福大学商学院的 Walter W. Powell 教授和他的合作者的研究成果。Powell 教授等人研究了美国生物技术产业组织的"进化过程"。他们发现，20 世纪 70 年代末，当美国现代生物技术产业起飞时，费城、新泽西州、华盛顿市、旧金山、波士顿等 11 个地区都具备丰厚的研究和商业资源，极有可能成为生物技术产业发展的温床。但是，2000 年之后，超过半数的公司、专利和新药都集中在旧金山湾区、波士顿和圣地亚哥三个地区。由此引发了他们的思考：为什么其中成为产业发展引擎的却寥寥无几？美国有许多地区都集中了诸多世界一流大学和研究机构，为什么成为创新产业温床的只是少数几个地方？这些问题很有意思。类似地，国内这么多省市，为什么深圳崛起了？为什么在广东、浙江和江苏形成了很多产业集群、优秀企业和产品品牌？

Powell 教授等人认为，最初的优势资源不一定引致最好的发展，产业组织网络化对新兴产业的崛起发挥了决定性作用。他们发现，波士顿、旧金山湾区、圣地亚哥在 20 世纪末发展成为美国现代生物技术产业集群的三大重镇，虽然有着非常不同的起点，但在这些地区，研究机构、医院、公司和风险投资机构形成了紧密合作网络，与其他地区形成了鲜明的对比。最终，是科研（创新）、企业（创业）、风险投资人所形成的紧密网络共同成就了三个地区的兴盛。这个网络中的产业组织是平等多元的，没有统一的规范和标准，不存在一个机构或组织对资源的垄断，从而也就没有迈克尔·波特所谓的新进入者障碍。同时，创业团队解散并没有带来恶性的倾轧，这些成员分开后又分别创办了很多生物科技公司，实现了创业人才的裂变。这些创业者由于相同或相近的经历，形成了高效、共通的复合网络，深化了当地的产业、创新和金融合作。

因此，产业兴盛离不开科学界（大学和科研机构）的开放共同体的技术源泉，也离不开商界的利益共同体的资本支撑，相互增强的作用形成了发展的共同体，实现了研—金—产的结合。

## 16.2 ▶ 天津创新创业新生态的局限和问题

自 2010 年 9 月天津市全面推进科技型小企业发展以来，天津在推动科技进入经济社会发展主战场上取得了巨大成效。截止到 2015 年年底，科技型中小企业数量从 2010 年的 1.25 万家增加到 7.2 万家，科技小巨人企业从 720 家增加到 3500 家，形成了科技型中小企业铺天盖地、小巨人企业顶天立地的良好局面，为国家实施创新驱动发展战略做出了突出贡献。但是，天津迈向全国产业创新中心之路仍然任重而道远。对比分析发现，天津的创新创业生态仍然存在以下局限和问题。

### 16.2.1 科技企业与资本市场对接不足

创新是将知识和技术转化为财富的活动。根据前述分析，美国各个地区产业兴盛的重要一环就是风险投资的融入，通过市场之手破解寻找转化什么知识，如何转化的问题。风险投资追求的是资本收益，这个收益主要来源于被投资企业上市后的巨额回报。数据显示，2015 年年底，上市挂牌企业总数 142 家（含上市企业 42 家），实现了历史性突破。但与中关村等相比，仍然弱小，例如中关村上市企业达到 278 家（2015 年 7 月底），深圳超过 200 家，其中不乏大型的科技型企业，如百度、中兴等。显然，天津科技型企业在资本市场的表现仍然迫切需要提升。可喜的是，天津市已经关注到这一过去长期存在的短板，在最新出台的《关于打造科技小巨人升级版的若干意见》中明确提出了关于促进科技企业股改上市的政策措施。

### 16.2.2 科技研发投入和产出仍然不足

科技研发是将金钱转变为知识，是创新知识和技术的重要来源。这个投入的重要表现就是试验与发展经费的相对强度。当前，天津的 R&D 投入比例接近 3.0%，已经与发达国家平均的研发投入水平相当，但作为一个致力于打造产业创新中心的城市，要建设一个全国先进制造研发基地，这显然还远远不够。而且，与兄弟省市相比，差距也很明显。2014 年，天津的 R&D 经费投入只有北京的 1/3、上海的 1/2，市级财政科技拨款也只有北京的 1/3、上海的 1/4，同时明显低于南京、深圳等地。天津万人发明专利拥有量为 10 件，不足北京的 1/4 左右、上海的 1/2；国家高新技术企业 1688 家，分别是北京、上海、深圳的 1/7、1/4、1/2。在技术交易来看，技术输出合同成交额，北京居首，达到 3136 亿元（吸纳 1235 亿元），上海 668 亿元（吸纳 447 亿元），天津 389 亿元（吸纳 344 亿元）。在缺乏原创能力的情况下，有利于原创的投入、高水平创新创业人才的引进力度必须加大。

### 16.2.3　创新创业的内外环境局限

市场是决定创新资源配置的根本性机制。但当前国家层面在科技管理机制改革上出台的原则性举措较多，而根本性、破冰性、操作性举措没有出台。李克强总理在 2016 年的国家科学技术奖励大会上强调，要改革科研项目管理机制，砍掉繁文缛节。从 2016 年湖北、重庆的政策和上海最近的政策来看，地方政策与国家的战略意图是一致的。按照上海社会科学院王战院长的观点，落实创新驱动发展战略，需要解决体制机制的三个痛点：一是创新者能不能名利双收；二是如何调动和保护企业家的积极性；三是企业成本如何降低。这三个痛点在天津同样存在。前两者都属于激励问题。对创新者而言，当前科研型事业单位在用人、激励上的自主权在收窄，科研人才作为高投入的人力资本，但其人力资本回报（工资水平）与人力资本投入相比并不高，对人才的激励力度明显不够。因此，仅仅在科研经费管理中增列或增加劳务费额度并不是解决问题的根本。对企业家而言，企业发展需要稳定的外部环境和较合理的税负水平，并且需要能够保障私有财产的安全。从商务成本来看，上海的商务成本与 10 年前相比上升了 260%。天津的商业成本上升也不可小视。仅从房地产价格的上升看，10 年前天津中环线附近的房价大约在每平方米 3500 元，2015 年年底已经上升至 25000 元左右。无疑，商务成本在显著提升。

## 16.3 ▶ 天津构筑创新创业新生态的若干建议

新常态下经济增长方式转变已成必然，大众创业、万众创新成为中国打造新的增长点和实现就业增长的根本路径。天津面向 2020 年乃至 2050 年的发展，必须着力于形成"大众创业、万众创新"的新局面。围绕京津冀协同发展、国家自主创新示范区建设等国家战略布局，必须克服当前创新创业生态环境局限，主动融入发展大势，积极借助战略机遇叠加优势，激发机制和制度的"活"性，提升产业组织活性、研发机构活性、风险投资活性，形成动态高效的网络化产业组织体系，高水平地建设具有特色的全国产业创新中心。

### 16.3.1 抢抓全国科技创新布局新机遇

进一步加大理念革新力度，坚持"开放、放开、创新、新创"，开放津门，放开政策和制度约束，创新体制机制并加强产业技术攻关，新创办一批具有国际国内影响力的科研平台、创新型企业，抢占全国科技创新布局关键节点，高水平地规划建设具有天津产业科技特点的全国产业创新中心。

目前，国家仅对北京和上海的科技创新提出了定位要求，北京将建设全国科技创新中心、上海将建设全球科技创新中心，但对深圳、广州、西安、成都、武汉等城市均未提出科技创新布局的要求。建议天津围绕自主创新示范区建设，组织高水平科研团队，以抢占国家战略布局为切入点，围绕全国产业创新中心的概念、构成、建设路径、资源集聚等开展战略研究，明确当前制约发展的障碍，为天津建设全国产业创新中心扛起旗帜，明确目标，确定路线。围绕目标和重点，大力度、大手笔投入。尤其要借鉴上海、重庆、湖北出台的以激励科技人才为根本的科研政策和改革措施，在企业支持、科研经费管理、人才激励、机构建设等方面，重点突破，为汇聚人才、激发创新、引领发展营造良好氛围。

### 16.3.2 强化打造全国创新创业活力高地

围绕科研、企业、投资三者交融的创新创业活力生态，要突出特色发展，强化长板，将优势做强，将研发、投资和产业化的网络做实。重点在于推进三个"特"：人才聚集机制要有特色，机构建设要有特色，创新生态要有特色，从而做到一个"活"字，使人才活、机构活、创业生态活。

首先，人才聚集要有特色。根据城市发展理论，人和人才的增长、聚集是城市活性的源泉。正如习近平总书记指出，创新驱动实质上是人才驱动。当前，天津工作的一个首要重点就是增强人才的活性。硅谷活力生态的关键在于人才开发上的特色和灵活。曾经，斯坦福大学的校长、教务长以及很多院系负责人、牵头人、教授，有的是风险投资家，有的是银行家，有的曾经是官员，有的曾经在企业有丰富的管理经营的经验和经历。这是硅谷成功的人才之道，实现了人才在学校、政府、产业、企业之间的流动——这就是旋转门机制。这种机制在我们国家还没有建立。如果天津能够在高校、政府之内率先推动建立这样的机制，将在人才开发和集聚上带来一个极大的示范效应和带动效应。因此，建议在天津试行混合的人才聘用机制，在干部选拔、人才交流上先行先"动"。尤其要动起来，不能只刮风不下雨，只出政策不落实。从而让人才在企业、政府、科研单位之间流动起来，使天津成为一个充满活力的创新创业人才特区。另外就是要集聚领军人才，引入能够带动一个产业和一个学科的领军人才，一方面增加天津的院士人才储备，另一方面为天津科学技术和产业的高水平发展吸纳一批英才，奠定发展基础，形成突破性发展的"人才池"。

其次，研发机构要有特色。建设全国先进制造研发基地，需要围绕主导和特色产业，做大做强一批具有国际影响力和国内领先水平的研发机构和平台。这里面要有大的体制机制创新，要摆脱现有的体制机制、参照国际惯例运营研发机构。开发聘用人才要多学习多借鉴，甚至引入交钥匙工程方式，外包建设运营新型研发机构。例如北京的生命科学研究所，在大的政府投入保障下，在领军人才的推动下，构建了一个完全国际化的科研体制，聘用体系、考核体系等赋予机构以自主权，给予充足的科研经费支持，使得其在科研上取得了很大的成功。天津重点发展的航空航天、装备制造、生物医药、新能源等领域，要建设一批具有国际竞争力、对标国际、国际化运作的研发机构，开展面向产品的科技研发。在这些机构中要充分发挥人才政策的特色，促进教育科研、风险投资与创业三位融为一体，使天津成为一个可持续增长的科研机构特区。

最后，创新创业要有特色。硅谷和斯坦福的互动成就了硅谷传奇，关键在于这个生态系统中形成了一个区域发展共同体——产业共享网络，使得人才（技术）、信息、资金等能够便捷、高效、高价值地交流。尤其注重了将人才、研发与创业和风险投资联系起来。天津要着力通过众创空间和孵化器、风险资本的孵育催化，加速商品化、市场化、资本运作进程，借助全社会力量促进企业做实做大做优做强。尤其要大力引进外部平台型资源，将平台型企业，如海尔、腾讯的模式内化于天津本地的发展中，推动国有和民营大中型企业的平台化发展，让大企业对中小企业发展起到产业链引导、创新链扶持、资金链撬动的领军作用；形成人才的裂变和企业的裂变，最终促进创新创业的爆炸式增长。前述的硅谷的仙童半导体公司就是这样的典范，通过人才的裂变带动硅谷的创业企业实现了几何级数增长。天津引入腾讯、阿里巴巴，要注重发挥其人才裂变效应，带来本地企业的几何级数的增长，而且是高水平创新。

### 16.3.3　突出发挥四类人才协同作用

创新驱动，人才是关键。无论是中高端的创业创新型人才、管理精英，还是工程师、产业工人都是建设全国产业创新中心的重要人力资本支撑。因此，要重点做好创业型、创新型、投资型、技能型四类人才的培育和引进。第一类是创业型人才。经济增长最重要的动力就是企业家，他们将要素资源和资本组合起来，实现了产出和增长。如果没有创业者和企业家，经济就失去了持续增长的动力。天津这些年抓科技型中小企业，事实上很大程度抓的就是创业型人才。第二类是创新型人才。创业要成功，产业要升级，必须实现技术进步、工艺改进、设计优化。第三类是风险投资人。好的思想和技术需要资本的支撑、市场的引导，风险投资人通过挑剔的眼光为创业插上翅膀，让思想最终形成产品。第四类是技能型人才。中国制造向中国创造转变，推进供给侧改革，不仅需要思想，更需要技能型人才。

这四类人才，将企业创办、产业制造、研发设计、风险投资等因素串联起来，将创新链、产业链和资金链贯通起来，四类人才代表了产业、研发、投资的协同，能够有力地将金钱转化为知识，将知识转化技术和商品，最终实现科研的市场价值，形成科研、人才和投资交融的社区化创新网络，打造具有创新创业的"活力"生态。

唯有如此，才能实现微笑曲线和武藏曲线的结合，让天津这个以制造为基的产业创新城市威武起来，实现人才立津、创新立津、制造立津、品牌立津。

---

**说明**

笔者作为一个长期关注天津科技发展的科技工作者，对于天津在全国的城市定位和科技定位一直有所关注。所谓不谋全局者，不足谋一域。在各个场合，如果有发言的一席之地，笔者都会强调要从更高层面明确天津的定位，然后才能围绕定位下功夫、出大招。如果没有定位，或定位不高不准，就会影响到天津未来经济社会发展的全局，影响到天津科技创新在全国和区域竞争中的地位。

第 17 章

# 借鉴美国经验，建设产业科研平台

美国西南研究院（研究院）总部位于得克萨斯州圣安东尼奥，是世界上历史最悠久、规模最大的独立的、非营利性的应用研究与开发（R&D）组织。笔者在圣安东尼奥东亚学院的协助下，参观考察了西南研究院。

## 17.1 ▶ 美国西南研究院起源、组织与特点

### 17.1.1 研究院起源

60 多年前，一群得克萨斯公民在 Thomas Baker Slick 爵士的带领下，创建了西南研究院（Southwest Research Institute，SwRI）。他们认为，人类更美好的生活依赖于先进的科学和技术的应用。Slick 爵士是一个石油商人、牧场主，也是一位慈善家。1947 年，他萌生了在圣安东尼奥创建一个国际一流的科学研究中心的想法。他捐助了一块农场的土地，并且从美国各地吸纳了各个领域富有开创性的一些科学家和工程师到这个新中心来，希望通过技术开发和应用取得革命性的进步。

今天，这个梦想已经实现，并超过预期。研究院已经发展成为独立的非营利性研究开发机构中的翘楚。根据副总裁唐宁先生的简要介绍，研究院当前开展研发活动的 12 个研究领域，涉及化学化工、航天电子及信息工程、数据自动化、应用物理、空间技术与工程、机械与材料工程等各个学科。

其中，研究院发动机、排放及车辆研究所是汽车行业内著名的研发、测试和技术支持与咨询机构之一。该所具有当前汽车行业顶级的研发能力。科研领域包括了从车辆产品概念的形成阶段，直至最终生产阶段的整个流程。汽车领域的两个主要部门，分别是燃料与润滑油研究部和发动机、排放与整车研究部，涉及的技术方向包括发动机及零部件设计开发、发动机及整车排

放控制、后处理系统集成及优化等，各方面都具有国际领先水平。研究院每年总收入的 1/3 左右来自与车辆和发动机技术有关的项目。

每一个步入美国西南研究院考察的人、每一个浏览西南研究院主页的人，都会在 Southwest Research Institute 的组织名称下面发现这样一句话：利用科学和技术为政府、产业和社会服务。围绕这一宗旨，西南研究院在 60 多年的发展历程中取得了卓越的成就，成为世界领先的工程科技研发中心。

### 17.1.2　研究院组织管理

研究院由理事会领导，理事会成员由 100 名左右的理事成员选举产生。研究院实行典型的矩阵式管理模式，同时兼具"教授治校"的特点，在行政管理上以部门为主导，在工作管理上以项目为主导，实现项目、人员的交叉。这种模式下，跨学科跨部门相互合作、相互支持，有利于研究院调配人才资源和设备设施等各项资源。

西南研究院下属各研究所对于各种科技领域提出的项目提供技术咨询服务。首先根据客户要求，提出确定的工作内容的报价，经双方同意后签订合同。按照客户要求，合作项目对外保密。对于客户委托的研究项目的知识产权，传统的做法通常是归客户所有。西南研究院通常只对内部投资项目成果保留知识产权拥有权。

### 17.1.3　研究院的三大特点

研究院在运营管理中体现了三大特点：非营利性、独立性和创新性。非营利性指它不从事任何商业性的生产活动，收入全部用于增置新的设备和内部研究项目开支。独立性指它不从属于任何政府机构、教育系统和企业实体。创新性是指它开展的合同研究开发项目中，所产生的一切专利和技术成果均属于合同方所有，只有内部资助的科研项目成果才以研究院名义申请专利。这是研究院为了破除知识产权垄断、鼓励持续创新所做出的最富魅力的举动。

## 17.2 ▶　美国西南研究院发展概况

### 17.2.1　发展沿革

建院以来至 2010 年，研究院一共经历了三任总裁。

1948 年，颇有声誉的科研管理者 Harold Vagtborg 接受 Slick 爵士的邀请，成为研究院的第一任总裁。Vagtborg 总裁重点推动了汽车测试、环境研究和无线电测向的发展，这些至今仍然是西南研究院重要的研究领域。到 1957 年，西南研究院的总收入超过 450 万美元。

1959 年，Martin Goland 先生成为研究院的总裁。Goland 在研究院做了 37 年总裁，于 1997 年去世。他创造了西南研究院最繁荣的一个时期，1997 年研究院总收入达到 2.7 亿美元。在他的带领下，研究院实现了多年的快速增长。研究领域扩展到中药研究、现场服务、石油和天然气工业、海洋工程、无损检测、排放和材料等。

1997 年 11 月，Dan Bates 成为第三任总裁。Bates 领导着超过 3200 名员工，每年承担全美及全世界的近 2000 个项目。目前业务范围已经扩展到世界各地，在全球有 20 多个办事处，与众多国际知名企业技术联盟和组织建立了关系。

### 17.2.2　基础设施和环境

研究院坐落在 1200 英亩的土地上，属于圣安东尼奥市范围。研究院具有近两百万平方英尺的试验室、车间和办公室，有近百幢试验楼。

在考察过程中，先进而充足的科研仪器设备和科研测试平台给我们留下了深刻印象。在研究院的汽车和发动机试验室，不仅拥有工厂化规模的用于尾气后处理系统测试和传动控制技术及燃料与润滑油测试开发的各种发动机台架，还有测试轻型及重型车性能的评价台架，也包括用于满足目前最新法规要求的检测设备及设施。由于研究院是美国环保局认可的权威研究机构，福特、通用等汽车公司将开发的新产品送至研究院经过测试合格后，可获得该院颁发的产品认证书，同时也可得到美国环保局的认可。

研究院还拥有一个视频电话会议中心，和创建者 Thomas Baker Slick 的一个纪念图书馆。图书馆馆藏超过 6 万本书籍、36.5 万册期刊，4000 份科技方面的电子书籍。

### 17.2.3　收入增长

自研究院成立以来，总收入（Total Revenue）快速增长。第一任总裁卸任时年收入为 500 万美元左右。Goland 就任第二任总裁 10 年后的 1969 年，年收入达到 1700 万美元，10 年后（1979 年）达到 6500 万美元，20 年后（1989

年）达到 1.86 亿美元。Goland 去世时，总收入达到 2.7 亿美元。到 2009 年，研究院的总收入达到 5.44 亿美元（见图 17-1）。

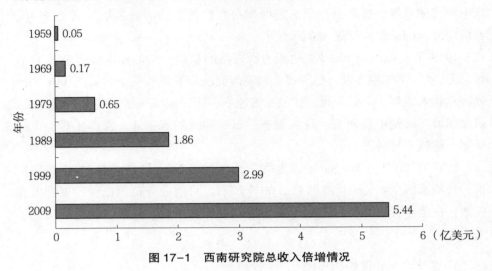

**图 17-1　西南研究院总收入倍增情况**

项目经费来源上，直接的政府合同收入占研究院 2009 年总收入的 35.0%，政府分转包合同带来了 25.0% 的收入，政府合同收入的总比例占到了 60%；产业界合同收入占 36.9%；研究院内部资助占 3.1%。项目数量分布上，政府合同项目占研究院 2009 年总项目数的 13.6%，政府分转包合同项目占 12.8%，二者合计占 26.4%；产业界合同项目占 68.6%，研究院内部资助项目（IR&D）占 5.0%（见图 17-2、图 17-3）。

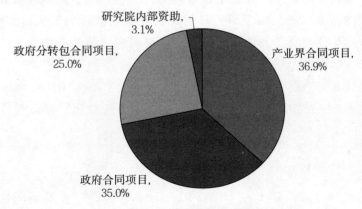

**图 17-2　项目经费来源分布**

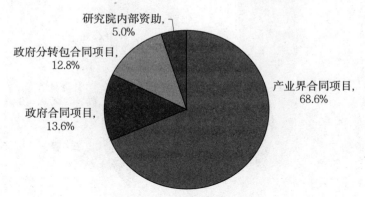

研究院内部资助，
5.0%

政府分转包合同项目，
12.8%

政府合同项目，
13.6%

产业界合同项目，
68.6%

图 17-3　项目数量来源分布

从经费来源与项目来源的综合分析可看出：①尽管政府合同项目数量较少，但对于研究院年度收入起着主要作用，26.4%的项目数量带来了60%的项目收入；②尽管产业界合同量达到了68.6%的水平，但带来的收入水平仅有36.9%。副总裁唐宁先生介绍，研究院将致力于扩大企业服务的收入。

从承担的美国本土以外的项目数量来看，各个地区或国家的项目数量所占比例分别为加拿大34.3%，加勒比海地区5.1%，南美4.5%，欧洲22.0%，欧亚大陆32.2%（包括俄罗斯），非洲0.6%，大洋洲1.3%。

### 17.2.4　人才资源

2009年，全院共有3224人，其中研究人员2500余人。这些工作人员来自全球480多所大学。研究人员中，机械工程专业有387人，占15%；电子工程专业347人，占14%；计算科学和数学专业227人，占9%；化学和化学工程专业213人，占8%；物理学专业155人，占6%；其他专业有1215人，占48%（见图17-4）。

在研究人员中有1600余名专业人士，272名具有博士学位，占17%；518名具有硕士学位，占32%；824名具有学士学位，占51%（见图17-5）。

在如此众多的优秀人才中，不乏国际一流的科学家、世界级的大师。尤其是发动机、排放与整车排放研究部的专家，在汽车行业内享有盛誉。除了美国本土的专家，研究院还引进国外人才，都是具有丰富开发经验的科学家。同时，研究院还有十分健全的工程师团队，从刚工作的年轻工程师到业内资深的专家均有合理的配置。

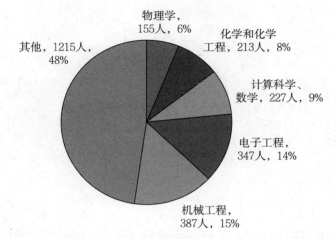

图 17-4　研究人员专业分布

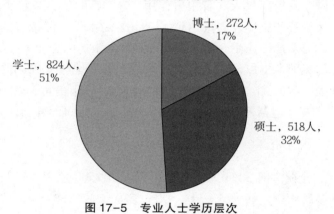

图 17-5　专业人士学历层次

### 17.2.5　卓越成就

2009 年，研究院员工发表技术论文 420 篇，在全球的技术会议、研讨班、座谈会上演讲 371 次，提交发明成果 74 项，申请专利 46 项，得到专利奖励 31 项/次。

截至 2010 年，研究院拥有 940 多项专利授权。其中有 35 项专利获得了一年一度的美国 100 个研发大奖（该奖自 1971 年设立），进入美国的技术名誉堂。研究院还得到两次 Cogswell 工业安全杰出成就大奖。研究院开发的 split-Hopkinson 压杆装置被美国机械工程师协会认为是全美历史上最具有标志意义的工程设备。

西南研究院的多个部门已经获得 ISO 9001 或 ISO 14001 认证以及 ISO/IEC Guide 25 认可。研究院是福特汽车公司指定的一级产品研发工程服务供应商。

## 17.3 ▶　思考与建议

### 17.3.1　西南研究院的主要经验

一是定位明确。西南研究院发起于一群富有理想的实业家，他们致力于利用科学和技术为社会发展提供服务，增进人类的福利。这一发展方针 60 多年始终没有变化。

二是制度合理。①在 60 多年的发展历程中，西南研究院仅起用了 3 位总裁，从而比较稳定地推进了研究院的发展。三位总裁率领整个团队实现了当初 Slick 爵士预想的目标——建立一个在国际上受尊敬的科研机构。②无论是外部合同还是内部合同，均以项目为单位进行管理。管理模式切实做到了业务负责人主导，而不是行政部门主导，这与教授治校的国外大学模式有相近之处。③内部资金资助（IR&D）是研究院保持技术领先的重要手段。这个项目也允许研究所的工程师和科学家继续在其技术领域进行自由探索创新，未经证实的概念没有合同限制和期望。

三是基础雄厚。①起步优。由于 Slick 爵士的慈善之举，奠定了发展所需的土地基础和优秀人才基础。②积累深。在发展过程中，积淀了丰富的物质资本——仪器、试验平台。笔者在考察中发现，汽车、排放与车辆所的一个试验测试用压缩筒装置，规格不同的竞争品有几十个。类似装置，国内机构通常只备有一个。③人才足。在富有竞争力的薪酬和知名专家的吸引下，研究院群贤毕至。来自 480 所大学的 3224 名员工、1500 余名专业人才和近 1000 名硕士、博士，是西南研究院服务产业界和政府的坚实基础。

目前来看，跨学科跨领域的合作研究已经成为国际趋势。大到全球气候变化、基因组计划等国际合作项目，小到企业技术创新与产品开发，单一的学科领域已经不能满足现实的需要。从科技服务经济发展来看，对学科领域进行集成，打造优势领域，是促进产业发展和技术进步的重要路径。

### 17.3.2　天津打造产业科研平台的两点建议

一是大力引进类似西南研究院的高水平科研机构。美国西南研究院、德国的弗朗霍夫学会等机构，在国际上享有盛誉，为本国的产业发展提供了强有力的技术和人才支撑。西南研究院以为产业界和政府提供高水平的科技服务为宗旨，弗朗霍夫学会在促进中小企业发展上贡献卓著。

当前，天津市正在大力加快建设滨海新区高水平研发转化基地，大力推动广大科技型中小企业成为"科技小巨人"型企业，迫切需要各类科研平台的大力支撑。在今后一段时期，大力吸引集聚外资机构，加快产业技术升级，提高国际化水平，仍然是滨海新区建设自主创新高地面临的重要任务。引进以产业服务为主的机构，不同于引进企业研发中心。这些机构以服务为生存的根本，能够直接为产业技术发展和产品开发提供支持，可以有效地解决当前产学研合作中存在的一些利益纠葛问题。

西南研究院从事的12大技术领域研究，多数具有国际先进水平。目前，西南研究院在全球20多个城市建立了办事处（包括北京），与中国汽研中心在天津合作创办了天津索克汽车试验有限公司，主要开展汽油车用三效催化转化器试验研究与评价；柴油车用排气后处理装置试验研究与评价；车用催化剂中贵金属含量与比例检测等业务。

围绕天津市发展的优势产业和重点领域、中小企业发展，可以进一步加强与西南研究院在航空航天、化学与化学工程、机械工程等领域的合作。

二是定位服务产业发展，打造天津的科研航母。主要面向天津市工业发展和科技发展规划的重点领域，面向战略性新兴产业和广大的科技型中小企业，整合全市乃至国内优秀的科研资源，打造一个独立性强的"科研航母"综合体。

（1）在组建方式上，可以依托天津现有的重点科研机构，扩充壮大；也可以依托某家机构，兼并重组；还可以引进某一重大机构，优化重组。这几种方式也可以交叉组合。

（2）在组建过程中，尤其要注意选拔一位富有领导力和推动力的领导人才，为机构发展锚定突破口，逐渐形成优势的领域，积累服务行业的资料和经验。科研机构的竞争既是人才的竞争，又是财力的竞争，更是领导力的比拼。因此，在领导人选拔、管理、经费和人才上，必须要有突破性的措施，才能实现机构的长期持续发展。

1）在管理上，要赋予领导者较为独立的人事权和财政权，形成较为完善的激励机制。

2）在资助上，最好能够得到企业或基金会的大力支持，政府给予优惠政策，在土地、项目服务和人才引进上给予引导。

3）在发展上，要优先积累科研人力资本和科研物质资本，丰富学科领域的各类人才，引进一批先进的科研设备和仪器仪表。

> **说明**
>
> 　　2010 年，笔者参加了由刘尚俭先生资助、天津市委组织部组织的为期 5 个月的美国得克萨斯州立大学 EMBA 培训班。期间参观访问了美国的 DELL、GOODWILL、西南研究院等各型企业和科研机构。有鉴于天津在产业科研平台上建设的层级和服务的水平，笔者在 2010 年 5 月学毕归国后提出了一些思考和建议，原文发表在天津市科学学研究所主办的《科技战略研究》报告 2010 年第 9 期。现在看来，天津仍然需要围绕全国先进制造研发基地的定位，大力建设先进制造产业技术研究院。这个工作自 2015 年以来一直在推动，笔者也参与了前期的研究院建设方案起草工作，希望会在不久的将来见到研究院建成并发挥重要作用。

**第 18 章**

# 香港新建研发中心对滨海新区的启示

香港是自由市场经济的典范，政府较少地干预应当由市场去实现的功能。但是，香港创新科技署筹备建立汽车零部件等五大研发中心一事则让人感受到新经济形势下，"看得见的手"仍然能够有效地为市场的发展提供引导与支撑。香港新建研发中心由香港创新科技署筹备，并由创新及科技基金拨款逾20亿港元资助，于2006年4月20日正式成立，包括汽车零部件、资讯及通信技术、物流及供应链管理应用技术、纳米科技及先进材料、纺织及成衣五个独立运作的研发中心，分别由香港生产力促进局、香港应用科技研究院有限公司、香港大学、香港中文大学、香港科技大学、香港理工大学等院校及科研机构具体承办。对于天津和天津滨海新区而言，如何吸引、建立国际一流的研发机构，如何实现引进消化吸收再创新，香港研发中心的建立过程与经验能够提供有益的启示。

## 18.1 ▶ 香港研发中心建设的背景

香港一向有"商业之都""金融中心""航运中心"和"娱乐之都"的美誉，是世界上经济最发达的地区之一，国际投资者对香港前景也普遍看好。在最新的全球竞争力报告、世界知识竞争力报告、全球城市竞争力报告中，香港作为一个国际化大都市，其竞争力排名都位居前列。

但是，香港的技术创新能力表现欠佳。《2005年全球投资报告》指出，香港在吸收外来FDI上成绩优异，但创新能力不足。从联合国贸易和发展会议编制的创新能力指数来看，香港自1995年以来一直处于"中等能力"

范畴。

为了保障和提升香港当前的国际地位，实现持续发展，香港借国家提出"建设创新型国家"的东风，也开始重新审视和安排本地发展创新科技的方略，希望充分利用香港的人才、资金、机制等优势，动员和整合全社会力量，创造良好环境，积极与深圳等周边地区合作，全力发展和利用创新科技进行创新研究，从而将香港建设成一座创新之城。

因此，香港政府大力干预科技发展，完全是囿于形势发展的需要，顺应了各国（地区）发展科技的通行做法。成立五所研发中心，就是希望结合政府、产业界、学术界以及科研机构四方面力量，进行应用研发，实现科研成果产业化。

## 18.2 ▶ 香港建设研发中心的四大优势

首先，香港有资本优势。香港作为内外混合型离岸金融中心，资本流动高度自由化，是联系内地与国外资本市场的最佳纽带。在新的国际资本流动格局中，正在逐渐成为国际资本新的"避风港"和"安全岛"。此外，香港政府和企业都具备大力推动科技创新的资本，外国投资者对香港与内地良好的投资环境和投资前景有着一致的共识。

其次，香港有制度优势。无论是知识产权的保护、科技人才的引进和激励，还是科技成果的交易和转化、科技公司风险投资的支持等，香港都有与国际接轨的成熟制度。

再次，香港有人才优势。它拥有生物、化学、医学、电子等多个领域的知名专家，并且具有吸纳世界级科技人才的实力。香港各大学在国际上较高的知名度则是一个间接的证明。

最后，香港有市场优势。香港与珠三角地区有着紧密的地缘、血缘、亲缘联系。珠三角地区较为强大的工业基础和科技项目投资需求，迫切需要研发中心的支撑与信息供应。调查显示，珠三角地区共有 6 万多家港资工厂，迫切需要借助科技创新来提高市场竞争力。

## 18.3 ▶ 香港新建研发中心的基本情况简介

### 18.3.1 研发中心的功能定位

研发中心建设全面面向社会需求，旨在为众多客户提供一站式技术转移服务，其职能主要有五个方面：①开展以业界为本的研发项目；②收集并提供科技和市场情报；③提供知识产权及技术的交换平台；④促进科技发展、转移及知识传播；⑤将知识产权商品化。

### 18.3.2 研发中心的五大领域

为了推动香港的创新科技发展，香港特区创新科技署用了一年半的时间，广泛咨询了业界、大学和科研机构的意见，最后针对汽车零部件、信息及通信科技、物流、纳米科技、纺织成衣成立五个研发中心。每个领域的重点发展方向如表18-1所示。

表 18-1　五大研发中心的重点研发方向

| 领域 | 研发方向 |
|---|---|
| 汽车零部件 | 电子及软件、安全系统、先进材料及制造技术、混合动力及环保科技 |
| 信息及通信科技 | 集成电路设计、无线通信、企业与消费电子、材料与构装技术 |
| 物流 | 物流及供应链管理应用技术、物流软件开发 |
| 纳米科技 | 纳米材料的功能化与应用、纳米光电子技术、纳米结构材料的应用、应用于互联/封装/热传的先进材料以及先进材料的合成 |
| 纺织成衣 | 新品种开发、高级服饰的生产技术、创新设计和评估技术及工业系统和基础设施的改进 |

### 18.3.3 研发中心的建设目标

香港研发中心的建设目标不仅局限于科技创新，而且是以行业整体竞争力的提升为宗旨，全面着手于促进产业发展的各类创新，或为其提供便利和各种软硬件保障。因此，各中心基本都围绕相应产业的发展，在信息、管理、法规、交叉领域等方面进行了较为系统的规划。具体建设目标如表18-2所示。

表 18-2  各研发中心的建设目标

| 研发中心 | 建设目标 |
| --- | --- |
| 香港汽车零部件研发中心 | 推行市场导向的研发计划，并与业界、大学和技术机构合作，把研发成果转化为商品，从而促进汽车零部件业的发展；提供多种支持，包括市场信息、管理、产品设计、质量标准和符合国际规定的技术，务求提升业界的实力和竞争力 |
| 香港资讯及通信技术研发中心 | 期望以完全顾客导向的经营方式，持续地推出世界级产业科技成果，并且以经济合理的成本移转至香港、珠三角乃至全中国的新兴科技产业，从而使中心成为兼具优越技术层次与产业效益的卓越研究组织，并且为香港参与未来中国朝向科技大国迈进的过程里提供重要的动力 |
| 香港物流及供应链管理应用技术研发中心 | 通过提升核心技术，推广新技术，确保香港世界级物流港的地位，促进地方工业以满足国际 RFID 规则，提升有关产业竞争力、确保物流业持续较高的 R&D 投入 |
| 香港纳米科技及先进材料研发中心 | 提升纳米科技及先进材料领域的核心竞争力，为将来造就各类创意产品准备一个强有力的技术平台；成为开发由市场需求主导的纳米技术和先进材料研发中心，致力提升本地企业的生产技术；为本港及珠三角地区培养纳米科技及先进材料相关专业人才 |
| 香港纺织及成衣研发中心 | 全力提升大珠三角地区相关产业技术的创新发展能力，包括：纺织、成衣、皮革和鞋产业；化学工程、机械、电子、市场营销、贸易、投融资、法律和物流等产业支撑技术；服饰电子技术、生物服饰产品和设备等潜在新兴领域 |

## 18.4 ▶ 香港五大研发中心的运作管理

### 18.4.1 研发中心以有限责任公司运作

研发中心是有限责任公司，拥有独立的法律地位。中心由督导委员会、技术委员会及研发中心总裁管理，负责制定中心发展方向及管理日常运作；委员会成员来自业界合作伙伴及其他科研机构，确保委员会独立和公正；创新科技署向研发中心提供资助，以支援中心的日常运作及研发项目。每个中心设有一名中心总监。

### 18.4.2 研发中心以产业需求为导向

研发中心为产业发展提供有针对性的支援和解决方案。各研发中心独立运作，但为了确保有关研发工作，切合有关业界的发展和充分利用香港的市场经验，研发中心设有董事局和科技委员会。五所研发中心将得到创新及科技基金预留超过 20 亿元的资金，以支持研发中心的运作和研发。研发中心由本地的大学及科技支援机构承办，致力提供一站式的应用科研、技术转移及科研成果商品化服务，借此协助产业走高增值路线。

中心在研发目标方向的制定、科技和市场情报信息服务、科技成果转化和推广等方面直接面向业界，并且结合了科技创新的资金投入特点，通过政府有限的资金，大力引导企业加入到中心的发展建设中，通过会员制、合约合同式合作、代理研发等形式，让企业列出其发展需求和单个企业技术开发信息，并为中心进行技术产品研发提供必要的技术人员、生产现场、科研资金和知识产权等方面的支持。

### 18.4.3 开展单个研发项目的合作创新和激励创新

充分吸取了先前的经验教训，借用资金分红、技术入股的方式促进业界广泛参与，促进业界与专家的通力合作，避免各行其是、各自为政。通过技术入股与业界共同分红，云集了各科研领域的专家和各大学的教授。通过资金分红，极大地激发了业界的投入热情，吸引了较多的业界投资。

### 18.4.4 充分利用信息化构建交流互动平台

香港研发中心的建设充分利用了信息网络平台，不仅直接同政府网建立直接链接，各中心也精心打造各自的网站。网站特点表现为：网站不仅是中心发布重要信息的窗口，更重要的是，它具备较强的同社会各界交流互动的功能，项目申请、合作计划、会员区、招标通告、检测服务等链接则充分体现出了同中心交流的便捷性及所采用方式的高效性和先进性。

## 18.5 ▶ 研发中心与业界合作的模式介绍

大型生产商、中小型企业，以及海外的大学与科研机构，都可通过不同的形式参与香港研发中心的计划。业界与中心的合作模式有三个，分别是交缴牌照费、由业界和中心共同出资以及由业界负担全部费用。在知识产权方面，业界若出资少于五成，便不可独享使用权；若出资五成以上，便按照不同的比例，享受项目成果所带来的利益。

合作模式一。对于业界单位投入的资源不可低于项目总成本的 10%，以及以项目投资者或研发人员身份参与的公司或机构，如科技企业、科研机构及大学。其参与形式如表 18-3 所示。

表 18-3　投入—权益表（模式一）

| 投入资源 | 权益 |
| --- | --- |
| ◆ 研发技术<br>◆ 相关技术的知识产权<br>◆ 实物或现金投资 | 得到业界参与及资助，进行研发工作<br>得到项目结果及研发成果资料<br>可在研发项目中途投入资源<br>以投入的资源计算，按比例获得项目成果的知识产权收益（项目投入资源须超过一定百分比） |

合作模式二。对于以项目投资者及研发成果使用者身份参与的公司，如生产商及服务公司。其参与形式如表 18-4 所示。

表 18-4　投入—权益表（模式二）

| 投入资源 | 权益 |
| --- | --- |
| ◆ 相关技术的知识产权<br>◆ 现金投资 | 参与制定研发目标方向<br>即时取得项目结果及研发成果资料<br>可在研发项目中途投入资源<br>在其他项目参与者同意的合理条款下，享有非专用特许权利将研发成果注册，并做商业用途<br>以投入的资源计算，按比例获得项目成果的知识产权收益（项目投入资源须超过一定百分比） |

合作模式三。对于以一般会员身份参与的公司，如中小型企业及创业资金投资者。其参与形式如表 18-5 所示。

表 18-5　投入—权益表（模式三）

| 投入资源 | 权益 |
| --- | --- |
| ◆ 象征式会员年费 | 在不影响项目保密性的情况下，可得到研发中心的项目资料<br>参与研发中心的技术转移活动可享有折扣率 |

## 18.6 ▶ 香港研发中心建设对滨海新区开发开放的启示

香港研发中心的设立为滨海新区建设成为高水平的现代制造和研发转化基地、北方国际航运中心和国际物流中心提供了可资借鉴的有益经验。

首先，要加大区域科技合作，大力引进知识创新高地（北京）的科技资源，将国家级的科研院所和国内一流的研发机构吸引到天津，但是必须开展深入细致的调研和咨询，形成引进和建设研发中心的决策基础，重点围绕滨海新区规划的先进制造、高新技术、物流、航空航天等领域，开展有针对性的技术合作与配套，开展面向产业需求的研发创新。

其次，要创新促进产学研合作的激励方式。产学研合作一直是政府、企业和专家都头疼的问题，如何通过有效的合作探索、实践、推进来实现资金分红、技术入股等激励方式，促进业界的广泛参与和专家的通力合作，香港为我们提供了观摩的舞台。

再次，要学习应用先进的组织管理模式。企业必须在明确的产权界定下运行，实现责权利的清晰划分，保障组织利益和个体（技术专家）利益，需要有合理的公司治理结构，需要构筑研发中心运转的长期盈利模式。

最后，可以大力开展与香港科技创新署的合作、与五大研发中心的合作，实现借"技术势能"提升"产业势能"，以"产业势能"为一极，驱动经济社会全面发展，增强自主创新能力，提升滨海新区和天津市的国际竞争综合实力。

---

**说明**

本章内容源起于 2006 年天津滨海新区的开发、开放纳入国家战略，如何更好地加快天津研发转化与先进制造基地建设，需要得到有力的科技创新支撑。在天津市科学学研究所李春成所长动议下，笔者组织原所内同事陈兵撰写了初稿并最终修订统稿。文章最终发表于《科技战略研究报告》2006 年第 18 期，并得到了时任天津市政府主要领导戴相龙同志的肯定性批示。这一建议与笔者 2010 年参观完美国西南研究院后的建议，以及天津后来多次掀起的学习德国弗劳恩霍夫的活动，都有着类似之处，在于建议加强天津技术创新体系的建设，服务于研发制造产业化。

---

# 第 19 章

# 发挥天津外资研发功效的调查建议

创新活动具有显著的外部性。这种外部性的表现主要通过以下几种渠道实现：首先是"站在巨人肩膀上"的"溢出效应"，它可以通过知识溢出、不完善的专利保护和技能型人力资本向其他公司流动而降低竞争性公司的成本。其次是"盈余分配效应"，意味着创新者即使不产生溢出效应，也可能由于自身不能完全占有创新产生的效益而对竞争性公司和下游的使用者产生盈余分配的事实。最后是"创造性毁灭"效应，意味着新的思想使得旧的生产工艺和产品变得陈旧，从而为市场所淘汰。

在全球经济科技一体化日益深化的大趋势下，科学地利用外资在华研发活动的正外部性（溢出和盈余分配效应）和负外部性（创造性毁灭效应），是落实科学发展观，促进技术进步和产业升级，实现经济增长方式转变的重要手段。经初步统计，截止到 2007 年 10 月，天津已有外资研发机构 90 余家，其中独立法人的外资研发机构逾 15 家。他们开展了大量的研发活动，取得了丰硕的研究成果，聘用并培养了大批高级科研人才，对于本土企业和机构的创新产生了一定的溢出效应、盈余分配效应等，对于国家和地方的自主创新活动具有重要影响。

## 19.1 ▶ 在津外资研发机构的基本情况

我们的统计调查、访谈及网络调研表明，天津的外资研发机构在 90 家以上，其中具有独立法人资格的研发机构超过 15 家，其余为企业内设研发机构和与天津高校合作设立的研发机构。对 84 家机构的调查统计表明，随着天津改革开放的深化，外资在津设立研发机构越来越踊跃。自 1993 年美国率先在津设立研发机构以来，韩国、中国台湾、德国、日本、法国等国家和地区先后在1994年、1995年设立了研发机构。进入21世纪以后，掀起了一股外资在津设立研发机构的小高潮。2005年和2006年更是外资在津设立研发机构的黄金年份，更多的国家和地区开始在天津设立研发机构。

（1）研发机构来源地分析。调查表明，84家在津投资研发机构的母国或地区有15个，其中美国、日本、韩国、中国香港是主要的研发机构投资主体，依次排在前四位，设立的研发机构数分别为24家、14家、12家、10家，占84家机构的百分比分别为28.6%、16.7%、14.3%、11.9%，总共占到研发机构设立总数的70%以上。

（2）研发机构的区域集聚分析。从研发机构的地域分布来看，天津开发区、保税区所在的塘沽区成为吸引众多研发机构的主要地区，吸引了84家中32.5%的外资研发机构；南开区由于密集的知识创新资源（高等院校和研发机构），吸引了较多的合作投资主体，成为外企与高校合作共建实验室的主体区域。此外，高新技术产业园区的附属区（西青区）及天津开发区的附属区（武清区）也吸引了部分研发机构落户（见图19-1）。

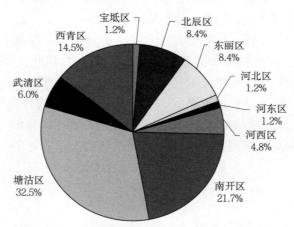

**图19-1 外资研发机构在津的区域集群分布**

（注：由于对数据进行了四舍五入，百分比之和可能不为100%。）

尽管天津市外资研发机构初步显现出集聚分布的特征，但需要注意的是，天津的外资研发机构数量并不足以自傲，而且这些机构的研发领域分布还存在着较大的差异，还远不能像硅谷那样形成IT研发产业集群，并极大地促进先进制造业的发展。

（3）研发机构的产业领域分析。根据产业或研发领域，课题组对在津的这些研发机构进行了初步分类。电子信息产业是天津的支柱产业之一，而以摩托罗拉、LG、三星等外资企业为代表的电子信息企业也对天津电子信息产业的发展和壮大做出了巨大贡献。数据表明，电子信息产业类的研发机构达到了 25 家，占所有研发机构数的 29.8%。先进制造、装备制造、生物与医药领域的外资研发机构也有相当数量，分别有 16 家、9 家、7 家，汽车及汽车电子领域的外资研发机构也达到了 9 家（见图 19-2）。

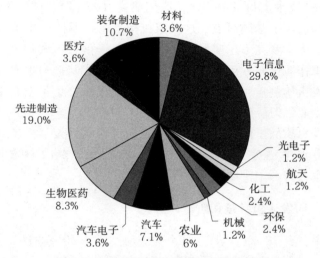

**图 19-2　在津外资研发机构的领域分布**

（注：由于对数据进行了四舍五入，百分比之和可能不为 100%。）

（4）法人及所有制形式分析。79 家机构对本类问题进行了回答，其中具有独立法人资格的跨国公司研发机构占 10 家，所占比例仅为 12.7%；余下的 69 家研发机构采取的是非法人的研发组织形式，隶属于企业内部，所占比例为 87.3%。另外，根据天津市商务委员会资料和网上收集资料，共计有 15 家外资独立法人研发机构，并且电子信息及软件领域最多，共 4 家。

此外，79 家机构回答了研发组织形式中的所有制问题。天津的研发机构中独资、合资、合作的机构分别为 29 家、38 家、12 家，独资的色彩并不明显，合资则占据了主流，而且这种独资不占主流的模式在近两年新成立的研发机构中仍然占主导地位。

## 19.2 ▶ 在津外资研发机构的研发活动情况

### 19.2.1 研发类型及领域分析

天津的外资研发机构具有鲜明特点，它们重点围绕的是应用研发成果（50家）、提供技术支持（26家）、应用研究（22家）、试验发展（17家）。只有2家机构提及了基础研究，这两家机构是摩托罗拉（中国）电子有限公司和天津理工大学罗克韦尔实验室，分别在电子信息领域和先进制造领域从事基础研究工作，这充分反映了天津作为一个现代制造与生产加工基地的特点，外资研发机构侧重于成果应用。尽管目前天津聚集了130家左右的世界财富500强企业，但从事基础研发的机构屈指可数。

在津研发机构从事的业务以工程领域研究与试验发展、工业设计、工程服务为主，分别在15家（占15%）以上。此外，计算机系统及相关服务、生命科学研究也占有一定比重。

### 19.2.2 研发人员数量和质量分析

在调查中，有78家机构回答了年末从业人员和研究与试验发展（R&D）人员数量，6家机构没有回答。各机构从业人数分布如下：人数最少的机构有5人，最多的有1198人，平均从业人数为60人，总从业人员数为4769人；研发人员数最少的为2人，最多的为1016人，平均研发人数为38人，总研发人员数为2956人，研发人员数占从业人员数的比例为62.0%。

除了美国有一家机构的研发人员数超过1000人以外，韩国有一家机构超过了300人，美国还有一家机构超过了200人，日本有一家机构超过了100人。其余机构的研发人员数都在200人以下，超过50人的研发机构一共也只有7家。研发人员数量靠前的前10家机构的从业人数占了78家机构从业人数的60.95%，研发人员数占67.66%。

从研发人员的国籍构成来看，在津外资研发机构中外籍人员总量不高，共237人，其中常驻外籍人员81人，临时外籍人员156人，占研发人员的比重分别为2.7%和5.3%，占总从业人员的比重分别为1.7%和3.3%。海外归国人员的数量更少，只有44人，占研发人员总数的1.5%、从业人员总数的0.9%（见表19-1）。

表 19-1  研发人员构成及学历分布（总研发人数 2956 人，总人数 4769 人）

| 类型 | 样本数（人） | 最小值 | 最大值（人） | 平均值 | 标准差 | 小计（人） | 占研发总人数百分比 | 占从业人员总数百分比 |
|---|---|---|---|---|---|---|---|---|
| 常驻外籍人员 | 79 | 0 | 23 | 1.03 | 3.60 | 81 | 2.7 | 1.7 |
| 临时外籍人员 | 79 | 0 | 37 | 1.97 | 6.41 | 156 | 5.3 | 3.3 |
| 海外归国人员 | 79 | 0 | 8 | 0.56 | 1.31 | 44 | 1.5 | 0.9 |
| 博士 | 79 | 0 | 35 | 1.59 | 4.53 | 126 | 4.3 | 2.6 |
| 硕士 | 79 | 0 | 562 | 14.84 | 63.36 | 1172 | 39.6 | 24.6 |
| 研究生小计 | 79 | 0 | 597 | 16.43 | — | 1298 | 43.9 | 27.2 |

从学历构成来看，博士 126 人，硕士 1172 人，占研发人员的比例分别为 4.3%，39.6%，占从业人员的比例分别为 2.6% 和 24.6%。研究生学历人数占研发人员总数达到了 43.9%。这在一定程度上显示，天津研发人员的学历水平还是较高的，平均 1 家机构中就有博士 1.6 人、硕士 15 人左右。

但这些研发人员在机构间的分布是不均匀的。例如，只有不足 9% 的机构（7 家）拥有常驻的外籍人士，一家机构中最多有常驻外籍人员有 23 人，最少的有 2 人。又如，为数有限的海外归国人才只分布在 11 家机构当中，占 79 家机构的 13.9%，其中一家机构中最多有 8 名海归，最少的只有 2 名，余下的 68 家机构中没有海外归国人员。再以博士人才的分布来看，126 名博士分布在 18 家机构当中，占 79 家机构的 22.8%，其中最多的一家机构有博士 35 人，而最少的只有 2 人。

### 19.2.3  研发经费投入分析

根据问卷回收结果，共有 76 家机构回答了研发经费投入的情况，投入的最小值是 10 万元，最大值是 5.8 亿元，平均是 2067 万元，76 家机构的总投入为 15.7 亿元。投入经费过亿元的机构只有两家，分别是 5.8 亿元（韩国机构）和 3.7 亿元（美国机构），其余的投入均在 1 亿元以下，其中投入水平超过 5000 万元的机构只有 2 家，超过 2500 万元的有 4 家（见表 19-2）。

研发投入排名前 10 的外资机构如表 19-2 所示。可以看到，排名前 10 的机构占 76 家机构数的 13.2%，但它们的研发经费投入占到了 76 家机构的 80% 以上，10 家机构的平均研发经费达到了 126495 万元，是 76 家机构平均投入经费（2067 万元）的 61 倍多，它们的人均研发经费投入是 68.6 万元，是 76 家机构平均研发经费投入的 1.27 倍。其中，来自韩国和美国的电子信息类研发机构排名第一和第二，投入的研发经费达到了 9.5 亿元，占到了总研发经费的 60.5%，主导了天津外资研发投入的水平和方向。

**表 19-2　研发经费投入排名靠前的 10 家机构的基本情况**

| 排名 | 领域 | 国家/地区 | 从业人数（人） | 研发人数（人） | 研发投入（万元） | 人均研发经费（万元） |
|---|---|---|---|---|---|---|
| 1 | 电子信息 | 韩国 | 712 | 306 | 58056 | 189.7 |
| 2 | 电子信息 | 美国 | 1198 | 1016 | 37000 | 36.4 |
| 3 | 农业 | 法国 | 139 | 37 | 7285 | 196.9 |
| 4 | 汽车 | 日本 | 250 | 63 | 7000 | 111.1 |
| 5 | 先进制造 | 美国 | 95 | 45 | 3661 | 81.4 |
| 6 | 电子信息 | 韩国 | 25 | 25 | 3039 | 121.6 |
| 7 | 电子信息 | 韩国 | 50 | 49 | 3001 | 61.2 |
| 8 | 装备制造 | 中国香港 | 68 | 48 | 2821 | 58.8 |
| 9 | 生物医药 | 美国 | 260 | 235 | 2600 | 11.1 |
| 10 | 先进制造 | 德国 | 19 | 19 | 2032 | 106.9 |
| 小计 | — | 10 家 | 2816 | 1843 | 126495 | 68.6 |
| 总计 | — | 76 家 | 4610 | 2916 | 157087 | 53.9 |
| 占比 | — | 13.2% | 61.1% | 63.2% | 80.5% | 127.3% |

### 19.2.4　专利和科技论文产出分析

在津外资研发机构中，78 家机构回答了专利产出情况，总的专利申请量达到了 1049 件，其中发明专利 957 件；专利授权量 525 件，其中发明专利 335 件。一家机构（乐金电子天津研发中心）的专利申请量最多达到了 885 件，其中申请发明专利最多的达到了 870 件，取得专利授权量最高的为 457 件，其中取得授权的发明专利量最高的为 310 件。这充分表明专利在不同机构间的分布是极不均衡的。乐金电子的专利申请量占到了天津市年申请量的 84% 以上、发明专利授权量的 92% 以上。而专利申请量排名第二至五的机构的年申请专利量分别有 45 件、24 件、18 件、15 件。

从科技论文产出情况来看，共产生了 221 篇科技论文，研发机构的平均论文数为 2.8 篇，产生论文最小值为 0 篇、最大值为 110 篇。从论文的机构间分布来看，仅有 7 家机构发表了科技论文，发表的论文数分别为 110 篇、54

篇、23 篇、16 篇、15 篇、2 篇和 1 篇，分布的领域分别是医疗、先进制造、医疗、电子信息、农业、装备制造和先进制造（见表 19-3）。

表 19-3　在津外资研发机构的专利和科技论文产出情况

| 变量 | 样本量 | 最小值 | 最大值 | 平均值 | 总量 |
|---|---|---|---|---|---|
| 研发机构专利申请量 | 78 | 0 | 885 | 13.4 | 1049 |
| 其中：发明专利 | 78 | 0 | 870 | 12.3 | 957 |
| 研发机构专利授权量 | 78 | 0 | 457 | 6.7 | 525 |
| 其中：发明专利 | 78 | 0 | 310 | 4.3 | 335 |
| 研发机构人员发表科技论文 | 78 | 0 | 110 | 2.8 | 221 |
| 研发成果的产权归属 | 76 | 1 | 2 | 1.5 | 113 |

从研发成果的产权归属来看，共有 39 家机构回答产权归母公司所有，37 家机构回答产权归本地研发机构所有，8 家机构没有对此做出回答。即过半的机构要求研发成果归母国（或地区）所有。在实际中，只有 17 家机构在 2006 年申请过专利。数据显示，在实际有专利申请行为发生的机构中，有 10 家机构的专利产权归属于本地机构，但其专利申请总量只有 85 件，占实际的专利申请量不足 10%。

### 19.2.5　外资研发机构的意见和建议

在积极配合调研活动以外，有 71 家外资研发机构表达了参与中国政府项目的意愿，部分外资研发机构还提出了一些意见与建议，主要有：

（1）建议国家及地方政府提供专项支持，加大对合资类企业科研项目的支持力度，在国际学术交流与科研立项方面给予支持，促进企业将科技与生产结合发展。

（2）政府牵头，组织大学、研究所和企业之间的合作。

（3）建立和完善公共科技信息平台，以便于通过网络获取最新科技信息。

（4）希望政府能够给予更优惠的政策，有关部门在制定公共科技政策过程中，更多地咨询企业意见。

## 19.3 ▶ 基于统计调查和调研活动的结论

一是在津的外资研发机构数量不多，但处于机构数量的大幅增长过程中，而且在研发机构的地理分布上具有一定的区域集聚性，研发人才、研发成果、研发经费都主要集中在电子信息领域中有限的几家研发机构。

二是在津外资研发机构的研发活动主要以应用研究和研发成果应用为主，主要业务领域是工程领域的研发活动和工业设计，专利和科技论文产出不高。

三是非独立的外资研发机构占大多数，独立研发机构较少，而且大多没有外籍人员或海外归国人士，研发人员的数量有限，整体素质不高，博士和硕士研究人员集中在有限的几个研发机构中。

四是从研发成果的所有权归属来看，超过 50% 的研发机构要求成果归母国（或来源地区）所有，仅有 17 家研发机构有专利申请行为，实际专利申请量的 98.7% 在事实上都是归母国所有的。

五是在津外资研发机构与企业的合作行为较为稀少，但与大学的合作相对较为活跃。绝大多数外资研发机构都没有参与中国政府的合作项目，它们表示愿意参与中国政府的合作项目。

因此，无论是从外资研发机构的数量、领域分布、机构的人才规模、人才质量，还是从研发经费的投入、研发成果（专利与论文）来看，天津的外资研发活动还相当薄弱。不仅如此，不同机构、领域之间还存在着极大的不均衡，个别机构较为突出的研发投入和人力投入掩盖了绝大多数研发机构在人才、经费投入、创新绩效方面的巨大差异。

## 19.4 ▶ 对天津市进一步集聚外资研发机构的几点建议

国家批准天津滨海新区为综合配套改革试验区，是天津最重大的发展机遇。引进吸纳国内外最优秀的研发机构和科技人才，勇于"与狼共舞"，是天津发展迈上一个新台阶并实现经济增长方式转型的重要方式；也唯有如此，才能最大限度地发挥研发创新带来的"溢出效应""盈余分配效应"和"创造性毁灭效应"。

因此，进一步吸纳研发机构落户天津、集聚天津并引导其研发活动是落实滨海新区开发开放战略，建设现代制造与研发转化基地，促进天津社会经济发展更上一层楼的重要举措。兹建议如下：

### 19.4.1　整合外资研发机构政策体系

顺应研发国际化和外资研发机构加快进入中国的趋势，紧紧抓住滨海新区开发开放的机遇，加强对外资研发机构的引进和引导工作，从政策的全局性出发，紧紧围绕滨海新区构建引进外资及外资研发机构的政策体系，使外资研发机构及其研发活动成为天津科技创新体系的重要组成部分，成为滨海新区高水平研发转化基地的重要力量。

这需要天津市政府统一安排，打破部门分割的局面，使各委办及开发区、园区政府及财税部门充分参与到政策的制定过程中来，形成一致的、可操作的、革新性强的政策体系，使滨海新区成为名副其实的综合配套改革试验区。

对外资研发机构按照一定标准进行认定并给予政策扶持。从全市的角度，从服务于滨海新区开发开放的角度，制定认定标准与办法，落实支持研发机构设立、支持研发活动、支持研发合作、支持研发成果转化的措施，制定细则，落实到机构和操作手册，而不是原则性的规定，否则找不到执行落实的主体或符合有关政策的客体。出台措施鼓励建立合资合作的外资研发机构；鼓励外资研发机构与天津的高校、企业和科研机构开展各种类型的合作；鼓励外资研发机构的成果在天津实现转化和产业化。

### 19.4.2　打造研发机构研发密集区

天津经济技术开发区、滨海高新区（包括新技术产业园区）和天津保税区是滨海新区最主要的外资企业聚集区，应发挥其各自的独特优势，通过紧密、规范的服务，吸引更多的外资研发机构，促进产业升级和新的研发业态、服务业态的形成。经济技术开发区、滨海高新区和天津保税区等功能区可依靠外资产业聚集优势，尽快形成天津外资研发机构的聚集区。

这既需要宣传我们的政策，又需要彰显天津未来的发展前景和机遇，让外资敢于落户天津、乐于落户天津、不愿离开天津。

### 19.4.3　重点吸引外资研发设计中心

根据天津作为生产制造中心的本质特征，突出重点，分类引进。外资的海外研发中心一般分为两大类：第一类，以开发技术或从事高级研究为主的研究实验室，主要是为公司现有产品更新换代和新领域产品做研发工作，或开展基础性研究工作，这一类研发中心数量相对较少，在我国一般都设在北京、上海；第二类，以产品开发为主的产品开发中心，对原有技术、产品进行本土化改造，以适应企业所在国家市场的需求，这一类研发机构数量多一些，每个大区设一至两个。

天津虽然吸引第一类研发中心的条件和优势不如北京、上海，但吸引第二类研发中心在北方具有一定的比较优势，特别是天津市在制造业领域的工程技术开发、设计优势不容置疑，应通过政策引导和提供相应的优惠措施，鼓励外资与天津科研机构、高等院校和企业建立技术研发合作关系，从而吸引一大批外资产品开发与工程设计型研发中心落户天津。

### 19.4.4 营造有利的环境氛围

针对天津外资研发机构中外籍专家和海外归国人才等高级优秀人才匮乏的现状，应当大力构建一个优越的研究和服务体系，为外籍专家和优秀科技人才搭建一个工作、生活的舞台，提供一个自由而充实的研究空间，做到有所为、有所得、有奉献、有成就感。

要针对外资研发机构选址的区位、资源、市场、人力等现实需求，加大前期的政策研究力度，构建完善的服务体系，切实坚持问题导向，细化深化并面向实践，解决研发机构在落户、建设、发展以及人才引进中的实际问题。

**说明**

本章内容是笔者负责的科技部 2007 年国家软科学重大研究课题《跨国公司及境外组织在华研发活动对国家创新体系的影响及对策研究》之专题七《天津市外资研发活动的调查及分析研究》的阶段性成果，天津市科委 2007 年科技发展战略研究计划项目《天津研发机构的现状调查及对策研究》也进行了支持。感谢调研中天津市各相关委办和功能园区的支持及外资研发机构的支持。原来在天津市科学学研究所工作时的同事盛刚参与了全程调研和部分内容的撰写。国家和各省市高度重视外资研发机构，但从对外资研发机构开放科技计划项目、更好发挥外资机构作用来看，还存在着诸多的政策阻碍，有待国家和地方政策后续继续开放。

# 第 20 章

# 用外包思维推进创新

外包思维的三大要义在于明确外包什么、如何激励、如何启动，从而最大化地利用内外部资源，实现既定的改革发展目标。报告剖析了三种不同的外包范式及其成功的关键因素，指出：联产承包责任制是分成式外包，确定了政府责任的边界；国有企业不再承担社会的改革是剥离型外包，明确了企业的边界；服务委托是借用资源型外包，明确了政府的边界。针对当前国家提出全面深化改革的新形势，本文建议充分利用智库机构和人才（外包于智库），大力调查研究、顶层设计，在机关事业单位和国有、民营企业中推广应用外包思维：一是明确外包什么，寻找外包切入点；二是如何激励，寻找外包兴奋点；三是如何启动，寻找外包突破点。

## 20.1 ▶ 外包思维与中国改革的轨迹

中国经过持续近 40 年的改革开放，已经成为稳居世界经济总量第二的超级大国。中国特色社会主义道路日益迈出了更加明朗的新路径，十八届三中全会提出市场决定作用，四中全会提出依法治国，五中全会提出"创新、协调、绿色、开放、共享"五大发展理念。总体来看，中国过去重大改革的路径就在于利益的分享，在以计划为主向以市场为主的经济体系发展过程中，通过利益的再分配实现经济的发展和壮大成为重要的战略路径。下面主要从外包思维的角度来探讨过去改革的重大事件，希望为"十三五"乃至今后一个时期的改革发展提供一种新视角。

### 20.1.1 什么是外包思维

外包思维就是一种整合外部（内部）资源、调整利益分配、实现共享发展的思维模式。外包的根子在于最大化地利用全社会资源，实现外包主体的既定目标。

外包（outsourcing）源于管理实践，简单地说就是"干自己最擅长的，余下的交给别人去干"，这是木桶理论衍生出的长板理论，注重于将长板做长，提升自身的核心竞争力。回到经济学概念，这其实是委托—代理机制的一种直接表现。外包专注内部优势，通过对外委托不擅长的业务来实现成长，能够减少雇用和培训专业人员，并降低资本和运营费用，在 21 世纪初期成为很多公司的战略选择。事实上，当前在硅谷、中关村等创新创业活跃的地区衍生出的众包、众筹等创新机制和商业模式，也是外包的表现形式，只是人们往往忽略了上述机制与外包的内在联系。

外包的另一面是内包（insourcing）。内包是为了解决单一主体内的资源优化使用问题或者探索单一主体内的更优激励方式，通过独立主体内部不同单元间进行业务或任务的委托，应对外部刺激或内部激励需求。例如海尔采用的内部创客制度，将员工和用户合一，实现了"肥水不流外人田"的发展，把一个大企业变成两三千个小企业。

### 20.1.2　中国改革轨迹与外包思维

新中国成立后，新生的中国到底走一条什么样的道路，在资本主义、社会主义之间选择了社会主义，借鉴甚至照搬了苏联模式，让计划经济、以农助工成为发展初期的道路选择。"三面红旗"和"文化大革命"之后，城市和农村的生产力受到极大的制约，农民和工人生产的积极性被生产关系所束缚，造成了总供给能力的严重不足，物资短缺不能满足人民群众物质文化生活的基本需要。"文革"结束后，中国开启了小平同志的"第二次革命"——改革开放。循着渐进的逻辑，首先通过家庭联产承包责任制实现了农村生产的发展，激活了中国广大农民的生产热情，然后又启动价格双轨制的转轨之旅，随后孕育了乡镇企业、启动国有企业改革、对外开放引入外资，逐步将中国经济推进到一个计划和市场混合，市场发挥越来越"基础性"作用的阶段，直到今天倡导市场的决定性作用和大众创业、万众创新，淘宝、京东、滴滴快车等共享式发展成为引领中国发展理念的风向标。

改革开放前激发经济活力的最大的困难在于缺乏激励机制，在农村如此，因为农民的收成与劳动贡献不成正相关；在城市也如此，因为工人的生产与劳动贡献不成正相关。通过土地使用权的转移、通过专注于长板，中国农村和国有企业发生了巨大的变化。

（1）农村生产的外包式改革。家庭联产到户承包责任制——包产到户，解决了经济学中为谁生产和如何分配这一基本问题，是在不改变土地性质的前提下将土地使用权和收益权由政府和集体向农民家庭的外包——政府不再组织集体的劳作，通过收入分成的共享形式，实现了家庭粮食、农民收入、全国粮食产量三个增加。

（2）国有企业的外包式改革。国有企业在计划经济下，简直办成了一个小社会，企业不仅生产商品，还负责食堂、理发、洗浴、孩子上学等非生产性服务活动。通过逐渐引入市场机制，"将错装在政府身上的手换成市场的手"，使企业不再肩负政府的社会化职能，既确立了企业的长板，又促进了社会化服务业的发展，让有中国特色的市场经济体制逐渐得以确立。

## 20.2 ▶ 中国外包式改革的重点案例

### 20.2.1　分成式外包：计划的边界

中国新民主主义革命走的是一条农村包围城市的道路，中国 1978 年后的改革也首先从农村和农业开始，始于包产到户等多种非集体耕种方式。杜润生、胡鞍钢等人指出，包产到户在"文革"之前就曾经出现过。但由于集体耕种模式在"文革"期间的盛行，导致农业产出大幅下滑。根据国家统计局数据，1978 年中国人均粮食占有量比 1949 年少 18 公斤，虽然有人口基数扩大的原因，但农业生产力下降是显而易见的。

集体耕种的弊端在于缺乏激励机制，无论收成好坏都归集体所有，大锅饭制度下出工不出力是普遍现象，新的工具和生产方式也没有办法引入。在这样一种情况下，1976 年 9 月，四川蓬溪县群利镇在公社党委书记的带领下，1978 年年底，安徽小岗村在农民的自发组织下，为解决粮食产量不足问题，开展了包产到户的生产方式，破解集体耕种带来的出工出力和激励问题。四川是地方干部发起，安徽是农民自发，通过包产到户的方式，将粮食产出按固定份额上交集体，个人或家庭获得剩余收益权益。

集体耕种的方式使得土地资源的使用效益和效率低下，采用包产到户，使集体组织（公社、生产队等）作为土地出租方——事实上的"地主"，转变过去将生产、分配一统到底的计划经济方式，将土地外包于农民，农民作为租赁方，采用集体取得固定分成，农民获得剩余收益的分成式外包方式，将经营与激励制度结合起来，调动了农民的积极性。数据显示，我国农业总产值在1979—1984年增长了455.4%，粮食产量由1978年的3.04亿吨增加到1984年的4.07亿吨。需要注意的是，家庭联产承包责任制的贡献不仅在于增加了农业产出，更重要的是解放了农民，使农民获得了自由生活选择权，促进了商业和私营企业等服务业回归农村，在解决了温饱之后释放了大量的剩余劳动力，为乡镇企业发展和农村工业化提供了人力资源补充。

### 20.2.2 剥离型外包：企业的边界

从1979年一直到20世纪80年代，农村富余劳动力出现，外加上山下乡青年返城，使得乡镇经济、个体经济开始出现并逐渐得到邓小平、叶剑英等领导人的认可。国有和私营二元经济下，由于国有机制僵化，而民营活力四射，私营经济逐步繁荣，给国有经济体系带来巨大的冲击。国有企业由于受到从中央到县乡各级政府的层层监管，虽然很好地解决了经济学上"为谁生产"和"如何生产"的问题，但解决不了市场价格问题，只有全国划一的价格，铁饭碗和平均主义盛行。由于价格不能反映生产效率和市场信息，更不用说政府指令性对企业管理层和普通员工的激励问题了。为此，从1981年开始，国有企业也逐渐参照农业联产承包改革，采用合同责任制，如厂长、经理负责制，逐渐形成了一个按劳分配的多层合约体系。

但本文不讨论国有企业在生产和价格上的改革，主要讨论国有企业中的"包袱"——非生产性活动问题，这个问题与诺贝尔经济学获得者科斯的经典论文《企业的性质》有关，涉及企业的边界问题。科斯认为，当市场交易的边际成本等于企业内部管理协调的边际成本时，就是企业规模扩张的界限。对20世纪80年代和90年代初的国有企业而言，恰恰忽略了企业的边界，各种国有企业，尤其大型的国企都宛如一个小社会，建立和兴办了一些与企业生产经营没有直接联系的机构和设施，职工住宅"三供一业"（供水、供电、供气及物业）、幼儿园、托儿所、浴室、食堂等职能，在企业内部一应俱全（甚至今天有的大型国企仍然如此）。而这些职能是本应由社会化经营主体或公共机构承办的各种社会服务职能（见图20-1）。

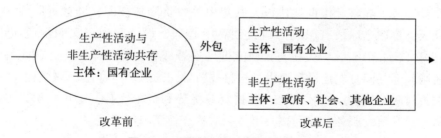

图 20-1 国有企业边界与外包改革

为什么？因为当时政企并未分开，国有企业是政府职能的直接延伸，同时也不允许社会化和市场化服务取代这些职能。但在民营经济的冲击下，非生产性供给成为国有企业与民营竞争的拖累。于是，政府决定将非生产性服务活动进行外包，让学校独立运转，让市场提供理发、餐饮等服务，让专业机构取代大包大揽，使得国有企业的边界限定于生产性活动范围之内，专注于生产和核心能力的提供。这就是国有企业在市场经济体系转轨中的外包式改革逻辑，但这项改革还没有"完成时"。直到今天，这种国有企业"办社会"的现象仍然没有完全根除，主要还残存于大型国有企业中。

### 20.2.3 "飞地"型外包：政府的边界

有的事，政府也在做，企业也在做。问题在于，这些事政府应不应该做，政府是否能比企业做得更好？这就涉及政府的边界问题和激励问题。可以说，过去近 40 年改革的主要任务就是划线——确定政府和市场的边界。最大的政府外包，有国外的城市经理制度，是一种典型的政务服务外包。美国的市政体制包括市长暨议会制、城市委员会制、城市经理制三种形式。城市经理制被誉为"美国行政部门中最伟大的成就"，通常它指的是：市政府设市政经理，市政经理完全是 CEO 专业行政管理科班出身。市政经理由议会聘请，对市议会负责。市政经理全权负责城市行政管理事务，如负责起草市政年度预算，有权任命与奖惩市政各行政部门职员。也有一般性的政府事务外包，有治安巡逻外包，国外有的地方还有超速监管外包等。

案例 I：中关村跨省扩张的逆向思考——政府的外包式思维

中关村管委会、中关村科技发展集团等借全国科技园区蓬勃发展和各地招商引资引智引企的机遇，在全国展开了"圈地"助力创新创业的活动，中关村的影响已经向全国开始辐射。例如，2013 年 9 月 8 日，贵阳市与中关村管委会签订了战略合作框架协议，共建中关村贵阳科技园，助推贵阳经济转型升级，打造全球最有影响力科技创新中心和建设全国生态文明示范城市。2013 年 11 月 30 日，中关村与天津宝坻区签署战略合作框架协议，确定在宝坻新城北部共同开发建设京津中关村科技新城，开启京津合作"双城记"，发挥中关村政策优势、人才优势、科技资源优势和资本优势，重点吸引区域性总部、提升研发服务功能和核心组件制造等产业高端环节。

案例Ⅱ：青山湖区治安管理新模式——"保安巡逻服务外包"

根据《南昌日报》2015 年 12 月的新闻，南昌青山湖区通过引入"保安巡逻服务外包"，开启了治安管理的新模式。青山湖区新增投入近 4000 万元，聘请专职保安公司巡逻人员 879 名，开展"保安巡逻服务外包"模式，有效遏制了偷盗案件。保安骑行队伍 24 小时为社区治安护航，这些专职保安员的平均年纪在 30 岁左右，全部都是退伍军人或警校毕业生。专业保安巡逻队进驻，使得多个社区连续几个月实现零发案，而且通过配合公安局行动，合成作战，提升了破案效能。

从贵阳市和宝坻区的角度来看，政府为了发展采用了外包的合作共赢方式。由于自身资源聚集能力、管理运营能力上的不足，将园区发展外包给中关村，实现了优势互补、合作共赢。正是政府和原有园区管理者有勇气采用外包式思维来促进发展，才能跳出原有"内向型""向下看"等局限，实现新的发展。从青山湖的案例来看，政府为了优化服务采用了外包方式，有效地调动了市场资源。

因此，无论是为了发展，还是为了更高效地服务，政府进行管理和服务外包已经成为一种趋势，也是"服务型政府"与"小政府"两相融合的必然结果，有利于政府加快发展、降低成本、提高效率，提高人民的满意度。

前述分成式、剥离型、借用型三种外包范式，虽然三者含义相近，但涉及外包前后的主体利益关系、合作关系却不相同。例如剥离型，前后主体基本不再关联，但分成式和借用型则有着长期紧密的合作关系。引入外包思维推进改革，需要有选择地采用不同的外包模式。当前，最大的外包莫过于采用剥离型手段，将非政府的一些职能、政府不宜固守的职能和事业单位的一些职能归还于社会和市场之手。

## 20.3 ▶ 关于外包式改革的几点建议

外包最首要的问题是，谁需要外包？政府和企事业单位是践行外包活动的主体。

无论是政府还是企事业单位，都要秉持科斯的企业边界理论和长板理论，充分重视并践行外包思维。政府可以组织机关企事业单位，以赋予企事业单位自主权和明确政府职能为前导，加大调研分析力度，就自身工作领域的业务进行梳理，切实推进政企分开，厘清政府与企业的边界，促进改革迈向全面深化的新阶段。

对外包的推进，可以考虑引入异地智库或本地智库型机构，再加上政府或企业的深度参与，进行顶层设计，探讨外包什么——寻找切入点，如何激励——寻找兴奋点，如何启动——寻找突破点。这可能是推进改革、推进外包的一个重要途径，这也符合习近平总书记提出的建设中国特色新型智库的要求。

### 20.3.1 寻找外包切入点

解决外包什么？哪些事项或任务可以纳入外包的范围，这是外包思维的切入点，也是需要解决的第一个问题。

对当前的服务型政府改革来说，大的外包有三个比较大的方面：一是政府后勤管理外包，包括政府的餐饮、物业、交通等方面。二是人力资源外包，包括对公务员、勤杂人员等采用更加灵活的雇佣方式，例如引入服务采购，聘请政府顾问和专业机构的形式，用于解决政府的人力资源规划、战略规划、数据分析、秘书服务、保洁卫生、实时呼叫服务等；也包括高速超速的监测外包，现有城管为主的模式向社会化治安管理模式外包，减轻政府负担的同时，提供监管和服务效率。三是信息服务外包，主要指电子政务的建设和服务开展。信息化和移动互联已经融入社会运行的血液，政府服务的信息化已成必然。在保密和安全需求之下，政府可以考虑将电子政务的建设、运营、维护等委托外包。

针对当前的国有企业改革，一方面可以大力借鉴宝洁、海尔等鼓励内部创业的新机制，实现产品研发创新和员工创业的内包；另一方面可以借鉴新加坡国有资本的运作模式，探索以资本收益为主和税收贡献为主进行考核的经营外包，在达到固定的资本收益率、税收贡献率后，加大对经营管理者的激励力度，或者参考澳大利亚水务和能源改革中给予受托管理的企业以固定的投资回报率的方式进行改革。这一方式尤其要加强对国有资产、收入和支出的监管，确保利润、税收的准确核算。除去与政府类似的外包活动，如后勤、人力、信息化等的外包，还可以进行研发外包、管理外包，尤其对于中小企业，要充分利用信息化手段。例如，初创企业可以外包会计记账、薪资发放等活动。

### 20.3.2  寻找外包兴奋点

解决外包何以可行。外包之所以能够成功，在于瞄准了政府和企业发展转型中的痛点，要么成本过高，要么产出不足，归其根源在于激励机制的建立。最直接的激励机制就是市场回报。对企业来说，市场回报是不言而喻的，外包可以降低成本，做长长板，增强核心竞争力，能够有更多的时间和精力用于市场开拓、能力提升和品牌培育。

对政府来说，市场回报是什么？政府的回报应该来自人民的满意度，而不是市场回报。因此，针对前述的政府改革切入点，重点在于厘清政府干什么和不干什么，尤其是不干什么。因此，对政府改革的激励是比较困难的，不同于企业可以获取来自市场的回报。或许，政府可参照澳大利亚等国家在推进部门改革时的举措，例如给予部门一定的自主权和相对固定的预算，对于部门负责人而言，可以根据任务安排自主决定部门人员数量，但人员越多，每个人可获得的回报就越低，从而促进部门管理效率的提升。

### 20.3.3  寻找外包突破点

解决外包如何局部启动。改革进入深水区，如何进一步推进？难！难！难！关于要改革的问题，中央和地方都有着较为清晰的认识，但一旦面临出台具有可操作性的措施，则出现了纵向的条条和横向的块块交织带来的推进难题。在中央"三严三实"的要求下，解决谋事要实、创业要实、做人要实，外包思维是一个可供选择的工具。可以探索在不同的领域选择一些点予以突破。

例如自主创新示范园区的建设，可以借鉴引入先进管理机构，与中关村甚至国外先进的运营团队对接，委托管理、运营，实现在资源聚合、资本运作、生产制造上的新突破。

例如国有企业改革，可以借鉴华为研发管理引入 IBM 做资源的先进经验，借鉴 IBM 剥离 PC 业务转型为专注于提供集硬件、软件及服务的信息技术和业务解决方案的公司，推进大型国有企业发展的合理化和国际化。

例如道路交通的监管、治安巡逻问题、环境污染治理等，可以借鉴外国、外地的经验，探索在更大的区域施行，通过引入社会化市场化的组织机构、包括企业、市民和居民参与其中，将法律的监管实施置于社会化组织甚至普通民众雪亮的双眼之下。

---

### 说明

这里的创新已经不再是科学创新和技术创新，更确切地说应该是组织创新、管理创新。写本章内容源起于 2010 年时到美国参加 EMBA 培训学习时，了解到国外的部分城市聘用城市经理人来运营管理一个城市。据我原单位的领导和同事介绍，国外有的地方甚至聘用第三方公司来监督和处罚道路交通违章。这些给我留下了非常深刻的印象。让我联想到很多政府可以放手给市场和社会去干的事情，自己干不好，可以外包给第三方来干。例如，筹建一个研发机构，可以委托有经验的第三方或拟建机构的负责人来操作，就好像建安工程中的交钥匙工程一样，可以避免大量的人力、物力浪费，甚至可以精简更多的政府公职人员，实现大政府向效率政府和服务政府的转变。这也是创新。

---

# 第5篇

# 论天津的人才开发

第 21 章

# 构筑人力资本高地，推进滨海新区开发开放

21 世纪的头 20 年是我国发展的重要战略机遇期。在历史的关键时刻，滨海新区的开发开放上升为国家战略，成为国家抢抓历史机遇的重大战略举措，具有多方面的重大经济意义和政治意义，而充分合理地配置使用和规划海内外的创新型人才将是推进滨海新区创新发展的重要途径。

新增长理论认为，人力资本、物资和自然资本是影响增长和福利的三大要素。滨海新区的开发开放必须转变经济增长方式，大力聚集海内外的优秀人才资源，构建以知识为基础、以高新技术产业为引擎的内生增长模式，实现社会经济全面发展，促进人民福利普遍提升。

## 21.1 ▶ 人力资本是创新发展的第一要素

小平同志指出："科学技术是第一生产力。"他强调，关于教育、科技、知识分子的问题，应当作为一个战略方针立即着手解决。人力资本的知识积累效应可以产生个体收益之外的外部效应，使社会资本的总收益得到提高，从而使人力资本的规模收益率不下降或者有所提高。因此，传统的物质投入密集型的增长方式将遭到摒弃，人力资本将成为创新发展的第一要素。

人力资本是创新发展的第一要素，得益于它在生产过程中的要素功能和效率功能。首先，人力资本是生产过程必不可少的先决条件与投入要素。其次，人力资本投资增加可以提高其他生产要素的生产效率。作为生产要素的人力资本直接对经济增长做出贡献，同时它又通过促进科学和技术进步来促进经济的增长。因此，经济增长依赖于科学和技术的进步，同时也依赖于人力资本的增加（李建民，1999）。

人力资本要想成为创新发展的第一要素，在笔者看来，还必须充分发挥

高级人力资本的创新作用——企业家创业功能，促进经济与科技的协调发展。在面对国内外激烈的经济角逐和科技竞争环境下，中央提出了建设创新型国家的战略。因此，落实"创新型国家"战略，必须增加人才方面的投入，尤其要加强创业型高级人才的培养力度。

只有通过大力推进拥有专利技术或先进技术的科技人才开展自主创业，充分利用人力资本的要素功能和效率功能之外的第三功能——企业家创业功能，培育创新创业氛围，才能确保促进经济创新发展，社会全面进步。通过企业家人力资本，尤其是海内外携有先进研发项目和技术的高新技术人才的创业带动，辐射产业技术精英和管理精英及产业技术工人等中低级人力资本，形成区域的人力资本集群环境，最终彰显人力资本作为创新发展的第一要素功能。

## 21.2 ▶ 滨海新区开发开放需要人力资本的引领和支撑

### 21.2.1 人力资本的需求视角

从滨海新区创新发展的需求来看，滨海新区开发开放离不开人力资本的有力支撑。根据波特的理论，一个经济体要经历要素驱动、要素驱动向效率驱动过渡、效率驱动、效率驱动向创新驱动过渡、创新驱动 5 个阶段（陈伟，2005）。而人力资本作为促进经济发展阶段提升的有力杠杆，通过制度创新和知识创新，将起到引领经济跨越式发展的显著效果。

滨海新区经过 20 多年的改革开放，目前已经逐步进入经济发展的后两个阶段。这两个阶段将更多地依赖于高级人力资本的杠杆作用，通过发挥创新功能，引领滨海新区的知识化发展。在这个过程中，中低级人力资本则主要发挥要素功能和效率功能，起到基础支撑作用。

从高级人力资本的开发来看，滨海新区当前不能再依赖价格或质量优势来获得持续竞争力，应当大力吸纳海内外的携有高新技术的优秀人才到新区，依靠创业投资，生产具有高附加值的创新型产品，占领产业链条的高端。同时需要采取先进的生产方法和组织形式，通过产业集群的组织和出色的运营赢得竞争优势。

从中级人力资本的开发来看，滨海新区当前需要通过实施高等教育和培训项目来提高劳动力素质，改善产品、劳动力和金融市场效率，使之能够适应更先进的生产流程；还需要提高技术准备度，使经济体能够吸纳全世界范围内的最新技术。

从低级人力资本的开发来看，国家对滨海新区"现代制造业和研发转化基地"的定位需要大量的产业技术工人作为支撑。低级人力资本应当作为中高级人力资本的必要投入品而存在，为实现效率提升和创新引领起到基础支撑作用。

### 21.2.2　人力资本的供给视角

滨海新区的开发开放面临着人力资本存量不足的严峻局面。按照空间布局，滨海新区将规划建设 7 大功能区。其中重点发展包括电子信息、汽车、生物医药、新能源、新材料的先进制造业产业区；生物、纳米新材料研发和制造的滨海高新技术产业区。这对高新技术人才提出了迫切的需求。

然而，根据 2005 年的全球知识竞争力指数（WKCI）报告（Huggins，2005），即使就天津市全市而言，从事高新技术的人才也还处于比较落后的水平。WKCI 报告对 125 个知识经济领先的经济体做了分析，我国的上海、北京、天津、珠三角以及台湾和香港有幸入围。笔者对报告和基础数据进行分析后发现，天津在 IT、生物技术、高新技术服务业、工程技术等领域的从业人才水平有待提升。此外，从每千人的管理者数量来看，125 个经济体每千人的平均管理者数量为 32 人，而天津（以及上海、北京）仅为 2 人，与香港地区（39 人）、台湾地区（19 人）相比差距更是明显。

因此，无论从以管理提升效率还是创新促进结构调整方面来看，天津都迫切需要增加专业化人力资本供给能力。

### 21.2.3　人力资本支撑的区域比较视角

滨海新区开发开放的环境与 20 世纪 80 年代深圳特区建设、90 年代浦东新区开发开放相比，发生了深刻的变化。政策优惠和大量投资是深圳和浦东取得辉煌成绩的重要因素。然而，大量人力资本流动所演绎的"孔雀东南飞"是深圳和浦东得以落实区域发展战略的有机构成要素。

滨海新区发展所不同的是，全国都面临着大开发局面，国家已经不能再从投入和优惠政策上予以明确的支持，必须有别于深圳和浦东的发展模式，开创发展的新格局。这就是，在当前高新技术风起云涌之际，充分利用人力资本、知识资本和技术创新建设高水平的现代制造业和研发转化基地，增强整体竞争力。

因此，滨海新区的发展不仅仍然需要"孔雀东南飞"，还需要北京高端人力资本的创新辐射，需要"洋孔雀"滨海飞，需要通过聚集海内外的优秀技术人才和管理人才来实现滨海新区经济发展向效率驱动、创新驱动的转变。

## 21.3 ▶ 制约滨海新区人力资本聚集的因素分析

人力资本的聚集受到人力资本定价、金融环境、企业主体和基础设施等诸多因素的制约。

首先，市场化的人力资本价值体系是影响人力资本聚集的关键因素。例如，香港地区的工资水平通过建立与国际接轨的薪酬体系实现了专业人才与国际水平的接轨。2005 年，香港的平均月收入水平达到了 2046 美元（Huggins，2005），与中等发达国家的水平基本持平。对于海外赴港任教的学者，更是给予了超过国际水平的工资待遇，促进了香港科研水平和学术水平的提高，活跃了创新发展和技术进步的环境氛围。

但是，根据对 WKCI 报告中的 125 个先进地区人力资本水平与其他因素的相关分析，我们发现天津在平均月收入方面与国内先进省市差距明显。天津的平均月收入为 662 美元，北京达到 887 美元，上海超过了 1000 美元（Huggins，2005）。因此，从绝对数量上看，天津的人力资本价值体系与吸纳国内外中高级人力资本的巨大供需缺口极不适应。而上海、北京较高的人力资本回报水平成为其知识竞争力得以继续提升的基础。

其次，我们发现，125 个经济体的人均私人股本（private equity）、企业的研发支出与高技术人力资本存量存在正相关。天津的表现不尽如人意。人均私人股本方面，京津沪粤均为 1 美元左右，处于 125 个经济体的末端。与领衔的圣何塞的人均 1441 美元相比，差别巨大，对于经济发展和人才聚集具有极大的制约作用。企业研发支出方面，天津市的企业平均研发支出仅为 105 美元，低于上海 169 美元和北京 240 美元的水平，更是远低于先进地区 545 美元的平均水平。因此，天津（包括）滨海新区吸纳人力资本的金融环境、企业研发平台和投入都存在明显不足，迫切需要活跃金融环境，促进企业成长为自主研发的主体，增加产业投入和科技投入。

最后，滨海新区适宜国际化人才居住和往来的软硬环境有待改进。古谚曰，"独木不成林，单鸟不成群"。必须构建人力资本价值体系、金融支撑环境和产业发展环境之外的人居生态，通过社会生态系统的配套发展，吸纳高端人力资本和创业投资者到滨海新区发展。当前天津正在加强地铁建设、海河综合改造及快速路建设，但国际化的机场建设有待快速推进，以便加速信息、人才和技术在滨海新区的流通和升值。

## 21.4 ▶ 对策建议

第一，建立与国际接轨的人力资本价值体系。根据投入产出的最基础原则，人力资本投资必须获取能够体现其个体价值的回报，即人力资本投资的回报要与其边际产品价值一致。滨海新区的创新发展必须以吸纳大量的国内外中高级人力资本为引领和支撑。所以必须通过工作评价和内外部薪资调研等手段，制定具有竞争力的工资水平。在条件具备的情况下，实行效率工资，提升人才汇集效应和知识集聚效应，带动主导滨海新区发展的高新技术产业和现代服务业发展。

第二，增加政府研发投入和公共教育支出。历史地看，美国依然引领着当前世界知识经济发展的潮流，其他发达国家紧随其后，而发展中国家亦在奋起直追（姚国琴，2002）。之所以如此，是因为研发投入和教育是增强产业技术创新能力和增大人力资本储量的重要手段。因此，通过深化政府科技管理体制和教育体制的改革，加大政府的 R&D 投入和公共教育支出，能够培育区域未来发展需要的各类型人力资本，丰富人力资本储备，延伸滨海新区创新发展的可持续能力。

第三，改进教育体系，增强人力资本的产业适应性。作为经济增长的引擎，人力资本对于缩小国家、地区的经济发展差距有着决定性作用（李建民，2000）。教育体系的质量决定了一国生产高级人力资本的能力（陈伟，2005）。根据世界经济论坛的调查，"合格劳动力"缺乏生产经营中的一个重要问题（Porter 等，2005）。应该从人力资本存量的角度正确把握我国劳动力资源合理利用的问题，在经济发展的同时注重提高教育水平，特别是基础阶段的教育和职业教育，在加大政府教育投入力度的同时，更加注重提高教育质量，建立与市场经济相适应的教育体系，真正做到学科链和产业链的对接，做到"学以致用"。在电子信息、生物技术等产业作为支柱产业的知识经济时代，尤其要加强与产业密切联系的高新技术产业人才的培养工作，为产业的发展提供当前的和战略的人力资本储备。

第四，鼓励企业实施人才战略和专利战略，引导企业进行制度改革。通过加强技术入股和知识产权定价的研究，明确技术人才的物化价值，增强对技术创新人才和管理人才的激励作用，提高经营管理的效率，培育现代企业管理人才。制定优惠政策，加强企业层面的专利战略，健全专利意识和企业技术开发与专利申请能力，增强企业的自主创新能力，提升核心竞争力。

> **说明**
>
> 本章内容是参加中国科协年会时撰写的一篇文章（唐家龙和陈兵，2006），现略有修改。当时主要基于滨海新区开发开放国家战略的背景，窃以为新区在人才或人力资本方面的开发是非常大的薄弱之处，因此提出要从高端创业人才和中低级人力资本着手，增强新区的内生增长能力。但天津存在着明显的工资陷阱，工资水平相对较低，在吸引海内外人才上存在明显的劣势。换句话说，天津现有的产业不具备吸纳高工资（高水平）人才的能力，因此出现了一个相对低的产业层次和相对低的人力资本构成互相循环嵌套，形成一个低水平的陷阱。到目前为止，这一问题仍然需要破解。

# 第 22 章

# 建设具有国际竞争力的人才制度

知识型团队作为实现经济价值与财富的人力资本载体和一种生产组织形式，日益成为推动知识经济时代社会创新发展的主角。有研究指出，公平感在员工和组织的关系中发挥着重要的作用（Siemens，2005）。因此，如何激励知识型团队个体人力资本，保障公平感，维护知识型团队的绩效表现，是每一个企业及其管理者必须重视的问题，也是构建以人为本的和谐社会所必须关注的重大主题。

## 22.1 ▶ 形势和意义

当前已经进入全球化发展的新阶段，人才成为经济增长最重要的推动力和国家综合国力的根本保证，同时也成为国家和地区战略资源竞争的焦点。加快形成具有国际竞争力的人才制度优势，主动聚集和开发用好国际顶尖人才在内的各类人力资源，建设人才强国，加快中国科技强国、经济强国建设步伐，是实现中华民族复兴的"中国梦"必须确立并践行的国家战略。天津是国家定位的北方经济中心，面临着加快推动滨海新区第三增长极建设、打造东部地区率先发展新高地的重要使命。尽管近年来天津人才规模快速提升，人才制度建设取得了显著成效，但与国际形势、国家发展、自身发展的需求相比，还存在着较大的差距。天津构建一个具有"国际范"的人才制度已经成为新时期和新阶段实现转型发展再创黄金期的必然选择。

一是实现国家由"大"变"强"的需要。我国的经济总量已经跃居全球第二，中国制造已经进入世界的各个角落。但整体上来看，无论是经济还是科技，我国仅仅是大国而非强国，世界知名的品牌、科学家、发明创造、新产品、新的商业模式主要还源自以美国为主的发达国家。在金融危机之后，发达国家加强了对高新技术和战略性新兴产业人才的争夺，一个重要的表现就是抢夺高端技术人才和商业人才。未来的竞争，日益深化地表现为一场没有硝烟的人才争夺战。

二是直面第三次工业革命和科技机遇期的需要。未来学家里夫金预言第三次工业革命已经来临，分布式能源、新一代信息技术和新的商业模式将极大地改变整个世界经济的格局。云计算、大数据、3D 打印、智能电网将迎来新一轮的产业更替并培育形成新的产业巨人。而这些新技术、新模式最直接的引入者和推动者就是走在世界前沿的科学家、工程师和商业精英。

三是落实天津城和滨海新区功能定位的需要。天津经济总量近年来大幅提升，GDP 总量突破 1.2 万亿元，人均 GDP 逼近 1.5 万美元大关，年度专利申请数量突破 4 万件，省市科技综合进步水平已经连续 11 年位居全国前列（第三），成绩显著。天津迎来了创新驱动、转型发展的新阶段，经济持续健康发展和保障、改善民生的需求日益紧迫。但天津还没有像华为、中兴、联想、海尔、阿里巴巴这样的本土知名品牌，在重点学术、关键技术领域和战略性新兴产业、商业模式上先进性不高，根本原因在于天津还缺乏具有较高知名度的领军人才和国家层面的人才，更遑论世界级领军人才。

## ◤ 22.2 ▶ 国内外经验借鉴与启示

世界经济正经历一个产品全球化、生产全球化和人才全球化的深度融合过程。世界范围内的人才竞争愈演愈烈，尤其是世界顶尖人才的竞争已经进入白热化阶段。人才竞争呈现全球化、高端化态势，发展中国家迎来了智力回流的春天。对美国、新加坡、以色列等国外人才制度先进地区和中关村等国内外人才聚集地的制度和背景分析表明，培育形成具有国际竞争力的人才制度优势，人才的教育是根本，教育与科研、产业一体化是重要的纽带，符合人才成长需求的薪酬和激励制度，优越的科研、生活环境是人才竞争优势明显的国家和地区的共同特征。

一是先进的教育体系是构建持续人才制度优势的根本。人才从哪里来，只能来源于教育培养，最主要的是学校教育，最高的阶段是高等教育。从国际经验看，各国都将大量的政府预算用于教育及其相关措施，对高等教育更是投入巨大。美国拥有世界上最优秀的大学、最先进的学科和最顶尖的科学家。美国从 1946 年开始实施"富布赖特计划"，每年通过提供奖学金接受各国学生及学者赴美学习。优厚的奖学金制度使美国成为世界各国人才汇聚的"汇"——人才洼地。以色列教育经费占 GDP 比例基本维持在 8%～12%，高于世界平均水平 4.9% 和发达国家的 5.1%。新加坡高质量的教育水准、良好的社会秩序以及低廉的留学费用，已经使它成为继英国、加拿大之后又一个留学热门国家。新加坡政府设立了"总统奖学金""公共服务奖学金"，并选派最优秀的大学生到世界最有声望的大学攻读深造。学成回国后，这些被视为"精英"的人才都会受到政府的重用。

二是促进优秀人才流入是构建人才制度优势的聚焦点。移民政策是世界主要发达国家进行人才国际竞争的主要手段，发放临时工作签证也是吸引专业人才的重要手段。例如美国给具有特殊专长的外国人签发 H-IB 入境签证，授予非美国籍专业工作人士在美永久居留权，并允许其家人来美一起生活，从而留住高端人才。日本近年来修改入境管理条例，为"具有专门知识和技术"的外国科技人才提供在日本就业以及居住的机会，每年接纳 20 万左右以工作签证为主的临时移民。新加坡以大幅或相对高于国际水平的待遇吸引欧美国家和留学欧美国家的高层次人才。国内的江苏、浙江等提出高层次创新人才招揽计划，如江苏无锡自提出 530 计划以来，用"三个 100"（100 万元启动资金、100 万元安家费、100 平方米住房）吸引了上千名创业人才和一大批海外创新人才。

三是以用为本释放人才能力是构建人才制度优势的着力点。引进和培育人才的目的是发挥人才作用，让人才创造最大的价值。以用为本的主要举措体现在 3 个方面：①配备良好的科研条件。例如，美国科研人才聚集，科研软硬件设施国际一流，人才在美国能够得到社会承认和尊重，在学科领域内具有较高的科研自主权，拥有良好的国际学术交流环境，人力资本保值增值远高于其他地区。②建设高水平的创新创业载体。各国纷纷建立专门的引进海外人才的创业园区和高科技园区，打造产业创新集群，为引进的人才提供优质服务和创业平台。例如，据不完全统计，英国有 46 所大学至少创办了 30 多个科学园。其中，剑桥科学园在世界上的影响仅次于"硅谷"。日本花 20 年时间、超过 100 亿美元建立了筑波科学城，韩国建设的大德研究城，还有印度政府在班加罗尔建立的软件技术园都为国际顶尖人才架起重要的发展平台。③建立与国际规则相符的人才制度。国际先进的科研设施和高额稳定的经费支持是前提，而国际通行的人事聘任及考评制度、行政服务体系等是构筑人才高地的长效机制。北京生科院率先在国内推行与欧美等发达国家科研院所统一标准的学术评价制度，构建了研究组、研究所、生命科学院三级国际学术评估制度，坚持分类评价、质量重于数量、以专家评估为主的原则，注重评价研究工作的创新性、未来发展前景，以及对科学发展的贡献和意义，为优秀人才发展营造公平竞争、宽松自由的学术环境，打造了"体制外"引智的崭新模式。

四是给予具有竞争力的收入待遇是构建人才制度优势的重要前提。优厚待遇是吸引人才的根本措施之一，也是尊重人才价值的体现。高端人才在美国较容易获得高薪和股票期权，因而快速致富的机会较多；同时，各大公司还实施多种具有很大吸引力的补贴，如为子女提供学费、家属医疗保障、免费提供汽车住宅等。以色列专门设立"科学吸收中心"，为科技移民提供就业咨询，并对本国高科技单位提供补助，在开始两年，用人单位只需支付所雇用的科技移民工资的 15%～20%，其余都由"科学吸收中心"支付，以提高科技单位的积极性。一些国家还通过税收优惠等措施，间接提高回国创业者的收益，目前，新加坡税率为 0～22%，而属非居民的个人在新加坡所得到的海外收入不需要在新加坡缴税。清华大学生命科学院、中科院上海生命科学研究所为引进人才，提供具有国际竞争力的薪酬福利方案。

五是建立国际人才库推动国际合作是构建人才制度优势的有效手段。广泛而持续的国际合作是利用国外智力、培养本国人才和网络国际科技人才的重要方式。欧盟和新兴工业化国家韩国等借此建立与国外高层次人才的联系，长期跟踪动态，保持联系合作，为猎取人才提供了可靠对象。例如，美国与世界上 70 多个国家和地区签署了 800 多个科技合作协议，利用各自的资源优势合作攻关。韩国政府也十分重视国际交流与合作，已与美国、日本、中国等多个国家进行国际联合研究项目并设立海外合作中心，建立了海外人员数据库与人才信息库，为韩国政府、大学和研究机构提供人才信息服务。印度建立了"科学人才库"，并在主要发达国家都建有海外专家人才数据库，全面掌握海外人才分布，根据国家发展需要开发和利用海外人才资源，并有针对性地吸引人才回国或者为国服务。

六是优越的生活环境是构建人才制度优势的外部条件。在环境问题日益敏感的今天，良好的生活、工作环境无疑也是吸引国际人才的重要资源之一。美国拥有十分完善的社会福利制度、退休金制度，再加上比较成熟的住房市场，可确保移民美国者生活无忧。这种生活水平加上工作机会成为美国吸引高端人才的主要因素。新加坡干净、整洁，市内随处可见鲜花绿草，社会秩序良好，交通、通信等基础设施完善，政府廉洁高效，法律制度公正透明，对来自世界各地的人才都具有强大的吸引力。新加坡的科技园区还提供幼儿园、会议室、诊所等配套设施和服务，这种完善的商业居住环境，解除了企业家和高科技人才的后顾之忧，对吸引人才也具有重要意义。武汉东湖高新区为建设"人才特区"，打破常规制定了一系列配套政策和措施，如发放人才居住证，在子女入学、技术职务评审、科技项目资助及奖励申报、投资创业注册登记等方面给予照顾，初步形成了"人才特区"建设的政策服务体系。通过开辟"绿色通道"，提供"保姆式"服务，切实增强了对海外高层次人才的吸引力和凝聚力。

## 22.3 ▶ 天津构建人才制度竞争优势的基础和问题研究

### 22.3.1 国家人才开发利用的制度基础和优势

过去三十多年来政治经济制度改革发展的历程和成效表明，我们的党和政府能够带领中国人民在社会主义现代化建设中不断取得新的胜利。"文化大革命"结束后，国内掀起了"实践是检验真理的唯一标准"的大讨论，通过思想解放，破除了"两个凡是"对发展理念的阻滞，为制度创新打开了空间，经济特区先行先试，为经济的发展奠定了制度空间，带动了城乡经济的空间大发展。这期间，恢复了高考制度，中国的研究生制度、博士后制度、863计划相继恢复或建立，出国留学和培训活动日益增多，为改革开放的前十年输送了大量的优秀人才。到1992年，围绕社会主义国家中市场经济与计划经济的关系问题，小平同志著名的南方谈话，为中国"姓资姓社"的讨论明确了基调，为解放生产力、发挥人才的基础性作用和外部性功能奠定了坚实基础。国际人才交流和合作更加广泛，中国迎来了赴发达国家留学的一个高潮期，考托福、GRE趋之者众。

目前，中国已经成为世界第二大经济体，在国民收入提高、社会发展等方面取得了举世瞩目的成就，无可辩驳地证明了中国社会主义制度的优越性。而源起于美国这个发达国家的资本主义社会金融危机，引起了发达国家经济衰退的多米诺效应。当前世界人才的流动已经出现了新的趋势，留学人才、海外人才向发展中国家，尤其是向中国这样的新兴经济体聚集的趋势正在凸显。国家发布了《国家中长期人才发展规划纲要（2010—2020 年）》《国家中长期人才发展规划纲要（2010—2020 年）》，对新时期的中国人才培育和发展提出了要求。2008 年开始，国家开始实施"海外高层次人才引进计划"（简称"千人计划"），已经引进海外高层次人才 2000 多名。2012 年 8 月，"国家高层次人才特殊支持计划"（简称"国家特支计划"，亦称"万人计划"）开始实施，拟用 10 年左右时间，有计划、有重点地遴选、支持 10000名左右自然科学、工程技术、哲学社会科学和高等教育领域的杰出人才、领军人才和青年拔尖人才，形成与引进海外高层次人才计划相互补充、相互衔接的国内高层次创新创业人才队伍开发体系。

一直以来，我国意识形态领域的思想大解放是引领制度创新的重要前奏，政府在集中力量增强国家发展能力方面具有重要的推动作用。当前的"千人计划""万人计划"等引才活动已经在全球引起关注。如何进一步解放思想，促进形成我国特色和地区特色的人才制度，需要进一步的深入研究。

### 22.3.2 天津人才和人才制度建设的现状与成效

当前，天津已经进入创新驱动发展的崭新阶段。2012 年天津市国民生产总值 12885.18 亿元，是 2007 年的 2.5 倍，人均生产总值 1.48 万美元，进入向更高水平迈进的新时期。目前，全市人才总量持续高质增长，人才政策、人才工程作用日益突出，初步形成了具有一定区域竞争力的人才制度优势。

一是全市人才总量持续增长。截至 2012 年年底，天津人才总量达到 214万人，国家"千人计划"80 人，天津市"千人计划"232 人；全年引进留学人员 2100 人，在津留学人员总数达 1.9 万人；引进各类外国专家近 2 万人次；实施引智项目 523 项，引进高层次外国专家 4500 余人次；拥有两院院士 37人，市政府特聘专家 66 人，全市"长江学者奖励计划"特聘教授、讲座教授91 人，国家有突出贡献的中青年专家 179 人，"新世纪百千万人才工程"入选者 94 人，高层次科技创新领军人才入选者 32 人，新型企业家培养工程首批入选者 145 人。入选教育部"新世纪优秀人才支持计划"359 人，国家自然科学基金资助的优秀创新群体 4 个，教育部资助的创新团队 26 个。

二是初步形成颇具成效的人才政策体系。自"十一五"以来，天津加大了人才制度建设力度和工作推进力度，研究出台了《天津市中长期人才发展规划纲要 2010—2020》《天津市中长期教育改革和发展规划纲要 2010—2020》，规划了未来 10 年天津市人才培养的重点领域和方向。天津市"十二五"科技发展规划、科技小巨人计划等重要规划文本对创新创业领军人才等高层次人才提出了需求。围绕规划纲要，出台了 10 余项政策法规，70 多个配套政策文件，建立完善了"天津市科技重大成就奖""天津市科教兴市人才奖"等各类人才奖励制度，各区县、各系统也出台了 100 多个推进人才队伍建设的政策文件。出台了《天津市实施海外高层次人才引进计划的意见》《天津市"高校科技创新工程"实施意见》《关于进一步促进科技型中小企业发展的政策措施》《关于鼓励中央企业研发机构落户天津未来科技城的若干政策》等政策措施；滨海新区出台了《关于加快滨海新区人才高地建设的意见》《滨海新区引进创新创业领军人才暂行办法》《滨海新区"海鹰人才计划"实施暂行办法》等政策。

三是载体建设带动了高端人才突破性发展。依托国际生物医药联合研究院、中科院工业生物技术研究所和南开大学、天津大学等大平台和高等院校，充分发挥"天津市高层次创新型科技领军人才计划"，启动新一轮"131"创新型人才培养工程，推进《天津市文化名家百人工程实施办法》等政策工具的导向作用，全市吸引了一大批高水平的创新创业人才，滨海新区发挥了龙头带动作用。截至 2012 年年底，滨海新区各类人才总量 71 万人；高端人才快速聚集，在新区工作的"两院"院士、长江学者、"有突出贡献的中青年专家"、国家科技奖项主要完成人等高层次人才 380 多人，入选国家和天津市"千人计划"96 人，具有高级职称的各类人才 1.7 万多人，留学归国人员 4700 多人；科技创新能力显著增强，新区科技型中小企业达到 10600 家，集聚了 7.8 万名科技人员。

### 22.3.3　构建具有国际竞争力人才制度优势的主要问题

一是存在着系统性问题。当前，从国家到地方，科研管理体制都还没有理顺，行政化趋势对学术的干扰依然很重；人才流动机制不健全，除部分高校外，国际科技合作与交流的氛围不够；人才引进的户籍、档案、编制、配偶工作、子女上学、出入境手续等方面的体制性障碍依然存在。尤其是天津的薪酬水平相对较低，在省市间和国际的人才竞争中存在着直接的劣势。而科研人才评价机制不完善，重数量、轻质量、急功近利的浮躁科研风气亦影响了高层次创新创业人才的聚集和作用发挥。北方地区保守的思想观念迥异于江浙、珠三角地区的发展理念，造成整体的创业氛围不够深厚。这些都制约了天津对人才的吸引，也成为人才制度的隐形短板。

二是存在着与国内先进省市的比较差距。近年来，天津的人才制度建设取得了很好成效，但与中央和市委的要求相比，与天津经济社会发展需求相比，与先进省市和地区相比，还存在着不少问题和差距。主要表现在：人才资源总量不足，人才结构有待优化，高素质领军型人才紧缺；用人主体对人才优先发展的认识水平还不够高；人才国际化程度不高；人才政策的国际竞争力不足，政策落实度不够；人才政策政出多门、传播方式不合理、区域间不合理竞争也影响了人才制度"一盘棋"局面的形成。例如，从人才资源总量来看，天津才是上海的一半（400 万人），不到深圳 2011 年年底的 60%（373 万人），院士不到上海的 1/4（161 人）；国家千人计划不及上海的 1/5（425 人），不及 2011 年中关村的 1/6（490 人），才与上海浦东或杨浦一个区的数目相当；海外留学归国人员不足上海的 1/5（超过 10 万人），而中关村 2011 年一年则有 1.4 万人；海外人员创业企业（4500 余家）和常住海外专家（8.5 万余人）数量则更少，引才力度和引才效果都需要提升。

三是存在着与国际接轨的多方面问题。从接轨国际来看，加快形成具有国际竞争力的人才制度优势，面临着"三化"（国际化、市场化、职业化）和"三面"（物质方面、科研方面、生活方面）问题。这是人才制度要着力解决的核心问题。

三化问题表现为人才制度的国际化、市场化、职业化不充分。人才和人才制度的国际化体现在多个方面，包括人才来源的国际化、人才水平的国际化、人才待遇的国际化、人才评价的国际化（学术领域由小同行评议，商业领域由市场供需决定）、人才作用的国际化等方面。市场化体现为人才的引进、使用、解聘（退出）采用市场定价和激励的方式，对不同类别的人才要实行区别定价。例如，根据课题组对留美华人博士的初步调研了解到，美国博士毕业聘为助理教授，社会学博士一般给予 3 万~4 万美元年薪，经济学博士 6 万~8 万美元年薪，金融学博士 10 万~12 万美元年薪。对同样的职称不同的专业采用不同的薪资，发挥了人才培养导向的市场调节作用，这与国内当前的职称制度造成人才资源误配的后果明显不同。职业化与市场化相类似，进入和退出人才市场是一个职业选择的过程，不存在僵化的体制机制障碍。职业化最根本的是职业化精神，人才具有职业声誉和职业荣誉感，具备个人诚信和行业自律精神。

三面问题表现为人才在物质方面、科研方面、生活方面的诉求得不到较好满足，"薪酬+事业+环境"的政策机制没有形成。人才的物质诉求体现为薪酬福利能够较好地满足人才的需求，根本体现为人力资本投资要得到高于普通人的投资回报,要拉大普通人与人才的工资和收入差距。人才的科研诉求在国外主要体现为具备开展科学研究、商业实践工作的平台,能够获得持续的科研经费支持,能够在自身职业道德水准下自由地开展科研活动,包括聘用科研助手,合理地使用科研资金。在国内来说,可能还包括给予人才以合适的科研头衔,以利于"行政化"竞争,还包括便利的出入境条件。人才的生活诉求包括家庭、生活环境、交通、医疗、出国、休假等要求。

从发达国家和地区、国内发达地区和天津三个主体比较来看,美国、欧盟、日本、韩国等发达国家以及以色列、新加坡等国家和地区基本实现了国际化、市场化、职业化,较好地解决了薪酬福利、科研条件、生活配套等方面的待遇。而国内上海、北京、深圳的高层次人才,尤其是引进的外国人才、留学归国华人基本实现了国际对等的收入待遇,尤其是在像北京生科所、上海生科院这些科研机构,三化三面问题在局部得到了基本解决,聚集了大量的海外归国人才和外国人才,取得了较好的成效。

从天津看,人才的三化三面还处于一个逐步改进的过程,这主要受制于天津的产业结构和地理位置,也受制于天津人才制度自身的竞争力。天津三次产业结构为"二三一模式",制造业是天津经济的主体,但制造业中的高附加值环节基本掌握在外资手中,再加上历史因素带来的低工资水平,形成了天津人均 GDP 水平位居全国前列,而总体工资水平相对落后的局面。由于历史因素,天津缺乏国家布局的大院大所,近年来建成了天津国际生物医药联合研究院、中科院工业生物技术研究所,南开大学、天津大学开展了国际化的人才招聘,但总体上看,高水平科研机构和创新载体建设并不多,影响了人才聚集。反过来,科研机构、企业和产品处于国际垂直分工和水平分工的低端,导致人才的需求和开发利用同样在中低端聚集,使得创新创业领军人才、创新团队的汇聚成为一个缺乏"主体"的呼声,没有用"才"单位的人才规划终究难以取得切实的效果,没有国际竞争力的机构和企业更是难以迎来国际高水平的领军人才。

## 22.4 ▶ 建设具有国际竞争力人才制度的思路与举措

总体来看,具有国际竞争力的人才制度具有一组鲜明的特征,包括科技国际领先度、人才国际化程度、人才待遇和评价国际化程度、产业国际化程度等多项指标。科技国际领先度是指在重要的学科领域和产业领域拥有世界先进的科研设备和世界级领军人才，如当前天津的超算中心可列入其中一项。人才国际化程度，包括外国人才数、海外留学归国人数、跨国公司总部和组织的数量等，也包括人才跨境活动、国内迁移的自由便利程度。当前无论是国内人才外流、内部流动还是海外人才流入，都存在较大的壁垒，户籍制度、出入境签证制度面临挑战。人才待遇和评价制度的国际化，指按照国际化的薪酬支付高端人才工资、按照学科同行评价研究人员工资、按照市场价格聘用企业科研人员，市场是决定人才待遇和晋升的终极力量。产业国际化程度是人才国际竞争力的重要表征，是指在产业或产品领域是否拥有国际知名的创业或创新领军企业，如国际知名公司 GE、IBM、Microsoft、Google、Facebook、西门子，国内的联想、华为、中兴等。

天津建设具有国际竞争力的人才制度优势，必须充分认识到，人才是稀缺资源，高层次创新创业人才更是稀缺资源，属于人才中的"贵金属"。引进和开发利用稀缺资源必须从供给和需求两个角度着手，着力破解三化三面问题，实现国际化、市场化、职业化，保障人才在自身价值、事业发展、生活待遇上的追求。

### 22.4.1　总体思路

面向天津城市定位和滨海新区第三增长极的发展需求，以国际化、市场化、职业化为导向，以建设国际化高水平的高等院校、科研机构、研发组织、创业园区、创新型企业、重点实验室等创新载体为依托，以高层次创新创业人才为重点对象，以体制创新和人才评价激励制度创新为动力，着力构建国际一流的薪酬体系，着力提供国际一流的科研软硬件条件和学术氛围，着力营造国际一流的生活配套环境，将滨海新区打造为人才特区、科技创新领航区，将天津建设成为全国人才综合改革示范的创新之城、活力之城。

坚持党管人才原则。加快确立人才优先发展战略布局，把各方面优秀人才集聚到天津发展中来，造就规模宏大、素质优良的人才队伍，推动天津成为各类人才汇聚、各尽其才、具有国际化竞争力的大都市。

坚持需求导向结合。围绕天津国际港口城市和北方经济中心的城市定位，在政府的适当指导和推动下，形成具有区域统筹特点的人才制度体系，重点面向科学研究、商业发展等领域创新创业的高层次人才需求，加大本土培养和海内外人才引进的力度，构建以用人单位为主体的国际化人才开发体系。

坚持国际标准原则。融入世界经济科技发展变迁的大势，按照国际人才开发激励的准则，加大力度吸引和培养具有国际话语权和影响力的跨国总部、研发机构、科学家、新兴产业领军人才等创新创业人才，推动形成世界级领军人才带动、群贤毕至的局面。

坚持制度创新原则。着力推动存量和增量领域的人才制度改革创新，加大外来人才和本土人才的评价标准和激励体系建设，优化建设海内外人才汇聚的人才开发使用和持续激励机制，破解阻碍人才聚集、使用、激励的体制机制瓶颈，构建保持人才制度优势的长效基础。

### 22.4.2　重大举措

一是构筑"体制外高地优势"。探索建设天津市能源开发国际研究院、中新生态城节能环保综合研究院、现代先进技术研究院等创新大平台。由市财政拨付专门经费，和（或）滨海新区共建国际化科研基地，面向新区和全市重点推进的战略性新兴产业，面向产业关键技术和共性技术以及杀手锏产品开发，在未来科技城、中新生态城等区域建设新能源、新材料等专业领域的国际一流科研平台。该类平台完全采取国外类似科研机构的管理模式，实行国际化的薪酬体系，引进科技领军人才的同时，赋予其人事独立权和团队管理自主权，允许其以创新、公开和市场化的竞争机制来选拔人才和组建创新团队，推动任人唯才、用人唯能的考核机制，以点带面地推动和促进创新创业氛围的形成。

二是构筑"领军科学家优势"。探索建立科学家工作室，促进部分学科和产业领域的科研国际化。初期可依托南开大学、天津大学、医科大学或由滨海新区推动，选择3~5个世界前沿的领军科学家，在重要的前沿学科领域组建科学家工作室。以全球公开招聘模式引进首席科学家，赋予首席科学家自主组建科学家工作室的所有权限，由其选择招聘或组建创新团队，以此形成一个顶尖人才带领一个团队，带动一个学科或促进一个产业，培养一批领军人才的良好局面。重点是引进领域内具有世界级科研水准的战略型领军科学家，引领学科和产业发展，增强学科和产业发展的持续竞争优势。

三是构筑"体制内特区优势"。探索推进人事制度的体制内改革，在全市范围内遴选重点学科、重点行业领域和科研机构，开展人才制度综合配套改革试点，允许试点学科、领域和机构在职称评聘制度、绩效考核制度、科研经费制度上先行先试。改变按专业技术职务等级赋予薪酬待遇的机制，参照欧美先进做法，区分专业技术类别和人才的供需实际，鼓励试点机构、部门对技术职称相同但技术领域不同的人才实行差别化工资待遇，充分反映人才的市场供给情况；推进评价标准和方法的国际化，针对不同类别的人才采取不同的评价体系，应对不同专业采取不同的标准，做到学术领域人才引进和开发使用引入国际化的"同行评议"，创业和商业领域人才使用市场化原则评议；推进绩效工资制度改革，允许试点企事业单位扩大奖励性绩效工资在工资总额中的比例，突破当前事业单位改革"大锅饭"、平均分配的局限，按劳动贡献赋予劳动者报酬，加大对突出贡献者的激励和分配力度；改革科研项目预算管理模式，扩大科研经费中人头费的比例，赋予项目承担单位和项目负责人自主用人的权利。

四是构筑"人才大交流优势"。依托南开大学、天津大学等知名高校，借助海内外人才资源、首都高校和科研院所高层次人才资源，大力促进天津内高校和科研院所国际化发展，大力招聘国际化师资和科研人才，招录海外留学生，扩大外国人在津比例，为市内学生、老师出国留学和培训提供便利和可能的支持，为海外人才赴津开展短期科研活动、留学培训提供科研、住宿等方面的帮助。加大与海外华人、留学生学生会等组织的交流合作，借助亲缘、地缘、朋友圈的社交网络优势，优化建设天津国际人才库。借助首都科研人才智力资源，为京津人才同城化提供有效的科研合作平台。实现天津人才"流出不可怕，一个流出带动多个流入"的人才汇聚格局。

五是构筑"一体化品牌优势"。探索构建全市一体化的高层次和各类符合天津经济社会科技发展人才引进的全市一体化优势。加强党管人才的组织落实，全面推进中长期人才规划纲要的实施。各委办局、区县要加强配套服务，建立国际人才库，推动实施人才国际化招聘、评价制度，对国际化人才落实税收补贴制度，加大对创业创新人才的科技成果转化奖励力度，形成完善的股权、期权激励制度。针对人才成长的生命周期和激励保健因素，推动人才居住证"绿卡"制度和家庭子女配套服务的就业、上学、医疗等制度优化落实，对海外高层次人员和各类人才就业和创业提供一站式服务，简化注册和评审手续。在滨海新区试行有限责任公司注册资本认缴制，在公司章程中明确记录各股东认缴的出资数额、出资形式或方式，以及应承担的出资法律责任，无须提交验资报告。

六是打造"国家人才制度试点先行区"。争取国家有关部门支持，优化协调人才移民签证制度，并以国际通行的积分制来评估申请进入中国工作的外国人的资格，简化外国人来中国工作必须办理外国就业证的手续，或将外国专家证、外国人就业许可证书以及居留证这三个证件合为一个证件，力争试点"同胞证""华裔卡"和"人才签证"等人才流入的签证新举措，面向我国海外族裔人才、我国海外留学人才、外国来华留学人员这三个特殊群体，支持天津滨海新区打造滨海人才特区，构建一批海外高层次人才创新创业大平台，赋予海内外高层次人才享有出入境的便利，打造一流的生活环境和工作环境，形成国家支持、市委组织部统筹、各区县功能区协调一致的人才制度建设格局。

## 22.5 ▶ 构建具有国际竞争力的人才制度的保障措施

一是要加强组织保障。充分发挥党管宏观、管政策、管协调和管服务的作用。由市委组织部牵头，在市人才领导小组的领导下，各委办局各司其职，统筹协调，形成合力。组织部负责总体协调指导工作；市发改委、市科委、滨海新区管委会会同人力社保部门提供全市及滨海新区重点产业领域和技术领域人才需求目录，系统设计不同层次人才引进开发的政策体系，充分整合资源，打破部门间壁垒，推动人才制度和政策切实有效。

二是要加大投入保障。统筹全市人才计划体系，在国家千人计划、万人计划之外，建议设立"海河计划"和"滨海计划"，统筹全市各层次人才计划。同时充分利用国家和市级、区县、功能区人才经费和科研项目经费，加大对人才薪酬、科研条件、生活待遇的改善和资助力度，形成具有国际竞争力的投入保障体系。建设海外高层次人才和各类不同层次人才的公寓，通过补贴、公租、配租等形式满足人才的住房需要。加大资金投入力度，允许人才薪金在企业支出中列支成本，参考人才来源国税收体系予以税收补贴；加大对科技创新人才国际交流和项目合作研发资助。

三是要加快载体建设。国际化水平的人才需要有国际化水平的科研机构来容纳，围绕战略性新兴产业发展，以南开大学、天津大学等为依托，建立类似上海杨浦"三区联动"的天南大知识经济圈。大力推进市内初中高等教育、职业教育的体制机制改革，形成有利于人才培育成长的自由活跃的学术科研氛围。引进国际知名投资公司和新型研发机构，优化建设一批科技孵化转化一体化载体，建设国家级特色产业基地和实验室，打造滨海高新区产业创新大平台。加强载体基础条件建设，为科研和创新创业提供国际一流的科研条件。

四是要加大宣传推动。要建设人才发展研究中心或依托有实力的科研机构加挂人才研究所牌子，加大力度研究人才成长规律和国际动态、人才政策，借助各方资源建设国际人才库。要整合全市人才政策，构建人才荣誉制度，采用适应海内外人才实际需求的政策宣传模式，逐步形成鲜明、统一的人才制度宣传优势，为海内外人才营造天津"尊重劳动、尊重知识、尊重人才、尊重创造"的整体氛围。

---

**说明**

本章内容是笔者承担天津市委组织部 2013 年人才工作重点调研课题的成果，其中部分内容发表在李锦坤主编的《2014 年天津市经济社会形势分析与预测（社会卷）》上。针对天津的人才问题，笔者从 2005 年以来承担了多项研究，多次就人才、领军人才、高层次人才、科技人才等问题邀请天津市内院士和专家学者提出意见和建议。目前看来，天津在领军人才、高层次人才、创业人才、培育领军人才等方面还处于相对落后的局面，在建设创新型天津的过程中，在新一轮的双一流高校和学科建设中会面对来自外省市的越来越大的挑战。

# 第 23 章

# 加强高层次创新型科技人才队伍建设

建设创新型国家，关键在人才，尤其在创新型科技人才。面对激烈的国际竞争，我国政府将人才强国战略列为国家战略的重要部分，对高层次创新型科技人才队伍建设问题十分重视，上海、江苏、浙江等省市纷纷推进高层次创新型人才队伍建设，展开了一场没有硝烟的人才争夺战。

天津市大力培育、引进和聚集高层次创新型科技人才，加强创业创新人才及创新团队的建设，是深入贯彻落实党中央关于更好实施人才强国战略的重要部署，是推进天津市"三步走"战略和五大战略举措、落实市九次党代会精神和市委"一二三四五六"战略部署及工作目标、加快建设北方经济中心的迫切需要，对于更好地发挥滨海新区在改革开放和自主创新中的重要作用，加快天津创新型城市建设，实现科学发展、和谐发展、率先发展，意义重大。

## 23.1 ▶ 高层次创新型科技人才的内涵和操作性定义

我们认为，高层次创新型科技人才是以科技为基础，以高层次和创新型为特征的人才，指的是在某个产业或技术领域内，具有较强的专业知识水平和技术能力，且做出过或能够做出突出贡献的人才。高层次创新型科技人才是一个复合概念，并非统计概念，目前在国内研究及各省市实践中还没有公认的定义。从语素看，"高层次"是对人才水平特征的描述，是指专业知识、业务水平和技术能力很高的人才，对应于"中低层次人才"；"创新型"是对人才素质特征的描述，指具有创新意识、创新能力和创新素养的人才，对应于"常规型人才"。与常规人才相比，高层次创新型科技人才能够承担领先性、前沿性的科研项目，具有创造实践活动优化的发展空间，具有创造实践活动的自主控制权,具有能够建立并带领一支结构合理的创新科研团队的能力,同时也离不开创新团队对他们技术和业务发展的支撑。

从实务操作角度,课题组认为,高层次创新型科技人才必须依托于中低层次的创新型科技人才,才能更好地发挥带动作用,放大自身能效。若进一步对高层次创新型科技人才做一个区分,可以细分为三个梯队:第一梯队包括院士、领军人才、天津市授衔专家等,与国家的重大项目和工作相结合,服务于国家目标和地方目标、企业目标;第二梯队指科学家和工程师,以及第一梯队人才所统率的创新团队中的中高级人才,主要服务于第一梯队人才以及地方的发展目标和企业研发与产业化的目标;第三梯队指研发活动人员和科技活动人员,服务于工作单位的目标,争取在局部取得突破。不同梯队的人才队伍建设的工作侧重点也不同,第一梯队是政府工作的重点,要做好对第一梯队人才的选荐、培养和扶持工作。第二、第三梯队要做好培育、开发、扶持和激励工作,政府可以提供经费、项目和政策引导与服务。

对于天津市来说,当前的重点是大力引进、培育高层次创新型科技人才的第一梯队。第一梯队可能包括:①两院院士以及在本领域有很深造诣、在国际上有一定影响、具有总揽全局能力的战略科学家或科技帅才;②重大科学领域的领军人物、科技将才、杰出科学家;③对国家有突出贡献的专家、国家主要科技奖励获奖者;④百千万人才工程、"863"计划、"973"计划等重要项目的首席科学家、重大科技成果发明人、著名科技型企业家及其技术负责人。

## 23.2 ▶ 国内外高层次创新型科技人才队伍建设的实践及启示

### 23.2.1 发达国家的人才引进培养经验与实践

从发达国家来看,随着全球经济科技一体化进程的加速及创新驱动型经济增长模式的形成,国际竞争的焦点也在逐渐转移,人才资源已成为各国竞相争夺的重要战略资源之一。通常发达国家通过自身培养和引进开发的方式实现对高层次人才资源的"占有、使用和收益"。

在人才培养方面,日本制订了全国性的普适性人才培养计划,出台了"240万科技人才开发综合推进计划""21世纪卓越研究基地计划"和"科学技术人才培养综合计划"等一系列全国性计划,目的是培养面向信息技术、环境、生物、纳米材料等重点产业的高端人才；以色列采取超高教育经费投入的做法，其教育经费占 GDP 的比例基本维持在 8% ~ 12%（世界平均为 4.9%，发达国家平均为 5.1%）；韩国采取按需培养和使用人才制度，对当前和未来高端人才的需求开展周期性调查与预测，将其结果反映到人才培养计划和政策中。2002 年 10 月，韩国科技部根据调查和预测出台了《科技人才中长期需求展望（2001—2010 年）》，另与政府有关部门共同提出了"IT 领域中期人才需求展望""下一代十大增长动力产业人才需求展望"等，为按需培养和使用人才提供依据。

在人才引进方面，由于美国、加拿大、澳大利亚等发达国家对自然科学领域，尤其是基础研究和应用研究方面的人力资本需求旺盛，通常利用本国良好的科研、生活环境，对国外高层次人才放宽移民限制，给予优厚待遇，吸引高端人才。韩国、日本等国通常采取外向型的人才吸引战略，通过重金购买、吞并或资助知名企业或研究机构的形式，使国外高层次人才能够为自己的国家服务。

### 23.2.2 国家的综合指导性及专项政策实践

在综合指导性政策方面，2003 年国务院下发《中共中央、国务院关于进一步加强人才工作的决定》，强调要"突出重点，切实加强高层次人才队伍建设"；《中央人才工作协调小组 2005 年工作要点》提出要"大力加强高层次人才队伍建设"，主要措施包括组织实施"高层次专业人才培养工程"、建立高层次人才库、加大吸引留学和海外高层次人才工作力度等；《中央人才工作协调小组 2006 年工作要点》进一步提出要"以创新型领军人才为重点，大力加强高层次专业技术人才队伍建设"。

在人才培养相关措施方面，教育部、人事部等单位纷纷出台措施，从国家层面推进高层次人才队伍建设。①"高层次创造性人才计划"。1998 年教育部启动"高层次创造性人才计划"，包括"长江学者和创新团队发展计划""新世纪优秀人才支持计划"和"青年骨干教师培养计划"三个层次，充分发挥人才、基地、项目、资金和政策的综合效益，致力于遴选和造就一批具有国际领先水平的学科带头人，形成一批优秀创新团队。②"百千万人才工程"。1995 年人事部会同有关部门组织实施了培养造就年轻学术技术带头人的专项计划——"百千万人才工程"，提出在我国科学技术发展的主要学科和技术领域形成一支结构合理、高效精干的学术和技术带头人队伍的目标。③专业技术人才知识更新工程，即"653 工程"。一是根据经济社会发展和科技创新的需要，开展可供选修的公共科目的继续教育活动；二是开展五个重点行业领域的专项继续教育活动。计划从 2005 年到 2010 年的 6 年内，在现代农业、现代制造、现代管理、信息技术、能源技术 5 个领域，重点培训 300 万名紧跟科技发展前沿、创新能力强的中高级专业技术人才。

在人才吸引相关政策方面，加大了对留学人才和海外人才开发的政策指导。①留学高层次人才政策。2005 年人事部会同其他相关部门共同制定印发了《关于在留学人才引进工作中界定海外高层次留学人才的指导意见》，对海外高层次留学人才的范围进行了界定，对吸引海外高层次留学人才的主要原则、条件等做了明确规定。②吸引国外高层次人才的政策。中共中央办公厅、国务院办公厅于 2002 年 5 月出台了《2002—2005 年全国人才队伍建设规划纲要》，明确指出要"鼓励留学人员回国工作或以其他方式为国服务""吸引和聘用海外高级人才"。作为配套支持，公安部、外交部于 2004 年 8 月联合发布实施了《外国人在中国永久居留审批管理办法》等政策措施，分别对外国高层次人才申请在中国永久居留的资格条件、申请材料、审批程序、审批权限、取消资格等方面做出了明确规定。

### 23.2.3　主要省市的做法及经验

#### 1. 浙江

浙江省高层次创新型人才队伍建设曾计划到 2010 年培养和引进 100 名左右学术、技术水平国际先进、国内领先，能够组织领导创新团队、实施重大科技创新活动的创新领军人才，和 1000 名左右具有较强组织创新能力的学术和技术带头人。

浙江的政策主要体现为：①出台了《关于进一步加强高层次专业技术人才队伍建设的若干意见》《实行浙江省特级专家制度暂行规定》等十项专项措施，在高层次人才队伍建设方面实现了几项突破：一是设立特级专家评选制度，二是建立创新人才引进机制，三是规定高技能人才可破格晋升。②切实加强高层次、创新型人才选拔培养工作。按照浙江省"新世纪 151 人才工程"（2001—2010 年）的实施意见要求，对高层次创新型科技人才展开层层选拔培养，第一层次培养人员 50 名，第二层次培养人员 200 名。③大力引进高层次紧缺急需人才。将大力引进人才，特别是高层次急需紧缺人才作为人才资源开发和加强人才队伍建设的重要环节，围绕优先发展的重点产业和重点工程，适时启动实施浙江省企业紧缺急需人才引进工程，以企业为主体，以项目为载体，省市县联动，采用多种形式引进一批高层次科技创新人才，为企业创新创业提供人才智力支撑。④积极开发博士后、海外留学人才。⑤加大引进国外智力工作力度。设立一系列专项计划，如"重点建设项目引智计划""引智成果推广计划"等，以"请进来"和"派出去"为主要方式。⑥加大经费支持力度。

2. 上海

上海市高层次创新型科技人才队伍建设的工作目标是，到2010年，打造一支由500名"国家队"、1000名"地方队"和5000名"后备队"组成的，思想道德素质过硬、学术技术水平领先、业内广泛认可的高层次创新型人才队伍及创新团队。

上海市的主要做法，一是在"十五"期间建立了科技领军人才专项资金，提出了优先资助的原则。例如对重点学科、领域、行业优先资助；达到或攀登国内领先或国际先进水平的项目优先资助；创新团队优先资助；产学研结合项目优先资助。二是致力于建立完善的高层次创新型科技人才培养体系，提出要：①充分发挥人才自主领衔作用。允许人才打破所有制限制和地域限制，聘用"柔性流动"人员和兼职科研人员，自主组建团队。在团队人员配备、设备配置、经费使用等方面充分尊重人才的自主权。②为人才创造良好的科研环境。鼓励和支持人才申报承担国家或地方、部门的重大科研项目，领衔承担重大工程建设任务。鼓励和引导人才根据经济社会发展的需要，积极开展创新性研究，自主选题。市相关部门、区县和领军人才所在单位要支持其优先申报、优先立项。③搭建人才开发平台。集中力量建设一批国家和上海市重点科研机构、重点学科和重点实验室、工程研究中心、企业技术中心、产业示范基地和文化团体，充分发挥其在高层次创新型科技人才培养中的载体作用，为人才及其团队成员能力素质提升提供条件。

3. 江苏

江苏省在"高层次创业创新人才培育计划"中将领军人才区分为了三个层次，提出的目标是：每年从海内外引进100名左右高层次创业创新人才，计划到2010年培育产生企业年营业收入超10亿元的创业创新领军人才10名，超1亿元的创业创新杰出人才100名，超1000万元的创业创新优秀人才1000名。在省市联动方面，江苏南京、苏州、无锡纷纷出台配套措施，推进高层次人才队伍建设。

其中无锡提出的530计划颇见成效，引起了各地的关注。江苏无锡市的政策重点是吸纳集聚领军型海外留学归国创业人才，对高层次海外留学归国人才做了界定：要求有海外硕士博士学历，在海外工作三年以上，在国际某一学科、技术领域内的学术技术带头人，拥有市场前景广阔、高技术含量科研成果的领军人才；在国外拥有独立知识产权和发明专利，且其技术成果国际先进，能够填补国内空白、具有市场潜力并进行产业化生产的领军人才；在引领无锡电子信息、新材料、机械装备、汽车及零部件、高档纺织五大支柱产业和环保、新能源、生物三大先导产业中带技术、带项目、带资金。在经费支持方面，江苏无锡"530"计划不断进行年度调整，在 2008 年"530"计划中，重点针对创业人才提出资助政策，对最高层次人才提出了"三个100"（100 万元创业启动资金，提供 100 平方米的工作场所和不少于 100 平方米的住房公寓，三年内免收租金），及其他配套措施。

### 23.2.4 对天津的启示

一是领导要高度重视。其他省市通常成立由人才领导小组领导的专门机构，与各委（厅）办局明确分工、夯实任务，推进人才队伍的引进培育工作。二是要面向发展需求。人才开发战略要结合区域特殊性，天津市在培养和吸引人才方面要适应经济转型和产业发展、技术发展对智力资源的需求。三是要重视环境建设。要建立合理的人才评价机制和遴选机制，为人才发展提供良好的科研环境和成长环境。四是要制定有突破性和竞争力的政策。各省市为引进培育人才，大力增加财政投入，配套优惠政策，这要求天津只能加大投入力度、提高政策在区域的竞争力，提高人才的收益水平，才能在这场人才争夺战中脱颖而出。这对于前期对自身人力资本投资较大的高层次人才至关重要。

## 23.3 ▶ 天津市高层次创新型科技人才队伍建设的综合分析

### 23.3.1 天津市高层次创新型科技人才的现状

#### 1. 总体情况

多年来，天津市人才队伍建设取得了巨大的成就：一是人才总量不断增长。2007 年，天津市人才总量规模已经达到 118 万人，占总人口的 10% 以上，比"十五"末增加了 2.3 万人；二是人才素质不断提高。就业人口中大学专科占

9.7%（4.3%）、大学本科占 7.0%（2.1%）、研究生占 0.54%（0.23%），在全国处于先进行列；三是高端人才引进工作成效显著，2007 年，天津市共引进各类人才 1.36 万人，新建博士后工作站 10 家（2006 年为 17 家），全市博士后流动站、工作站达到 163 个（2006 年为 143 个），在站博士后 500 余人（与 2006 年相当）。全市高级以上技术工人达到 23.4 万人，占技术工人队伍的 27%。

2. 科技活动人员

2007 年天津市专业技术人员达到 41.78 万人，其中受过高等教育的占 74.4%（31.1 万人）；高级职称的比重占到 14.6%（6.1 万人），比 2002 年高出 4.3 个百分点，中级职称占 35.1%（14.67 万人），二者合计接近 50%。

（1）科技活动人员逐年增加。2007 年达到 11.27 万人，较 2001 年增加了 4.27 万人。每万人口中科技活动人员数量达到了 92.14 人，每万名从业人口中从事科技活动的人员达到 183.6 人。全市科学家与工程师达到 7.74 万人，占从事科技活动人员的比重达到 68.7%。

（2）R&D 人员和素质不断提高。2007 年达到 4.50 万人年，比 2001 年 2.39 万人年增长了近 1 倍，每万从业人口中有 R&D 人员 73.3 人，是全国平均水平的 3.25 倍。R&D 人员中科学家与工程师达到 3.75 万人年，占 R&D 人员的比重达到 83.3%，人员素质明显上升。

3. 高层次人才

（1）高校人才资源进一步充实。2007 年教职工总量达到 25166 人，较上年增长 702 人。正教授（或相当职称）3381 人，占教职工总量的 13.4%；副教授 8090 人，占 32.1%；中级职称 7860 人，占 31.2%；初级 4822 人，占 19.2%。各级职称人数教授：副教授、中级、初级之比为（正教授为 1）1：2.4：2.3：1.4。从学科分布来看，人文与社会科学 1.2 万人，理工农医类 1.3 万人，其中工学领域的教职工人数达到 8111 人，占理工农医学科总量的 27.6%。

（2）顶尖人才存量基础良好。2007 年天津市共有两院院士 34 名（其中科学院院士 15 名，工程院院士 19 名），在全国各城市院士排名中位列第 6。2007 年天津市有 13 人入选 2007 年"新世纪百千万人才工程"国家级人选，占全国入选人数的 2.3%。到 2007 年年底，天津市国家级"百千万人才工程"人选已达到 73 人。2008 年年初，天津市有 28 位博士后入选教育部"新世纪优秀人才支持计划"，共有 114 人进入国家级人才培养计划。为表彰为天津市科技事业做出贡献的科技工作者，天津市于 2005 年召开科学技术奖励暨授衔专家命名大会，授予严泽生等 98 名同志天津市授衔专家称号。

（3）柔性智力引进与留学人才开发成果明显。"十五"期间，天津市以柔性流动方式聘请 2 名诺贝尔奖获得者和 39 名两院院士为天津市特聘专家。同时，吸引大批留学归国人才到天津创新创业，近年天津留学归国人员的数量年均增长率在 10% 以上，目前天津市留学归国人员有 5000 余名（2003 年数据）。

### 23.3.2　天津市高层次创新型科技人才队伍建设的基础与条件

（1）创新体系与平台建设不断完善

天津市以技术创新体系为核心、知识创新体系和科技服务体系为支撑的三大创新体系建设步入良性互动发展格局。截至 2007 年年底，天津市拥有国家重点实验室 5 家，部局级重点实验室 24 个，国家级工程技术中心 22 家，国家级企业技术中心 14 家，8 个国家级科技产业化基地；市级重点实验室 60 个；市级工程中心 29 个；市级企业技术中心 236 个。

（2）科技活动经费大幅增加

2007 年天津科技活动经费支出达到 277.64 亿元，较 2006 年增长 30.8%，占 GDP 的比重达到 5.5%，较 2006 年增加了 0.63 个百分点，为 7 年来之最高水平，为人才的创新活动提供了保证。2007 年，天津 R&D 经费支出达到 114.7 亿元，比 2006 年增长 20.4%，比 2002 年增加了 2.53 倍，占 GDP 的比重达到 2.27%，支撑科研的作用明显。

（3）人才政策环境不断完善

"十五"期间，天津市先后出台了全市性人才政策法规 34 件，内容涵盖人才培养、引进、使用、激励、保障等各个环节，基本形成了具有天津特色的人才政策法规体系。人才工作重点也逐步从加强人才培养，到鼓励引进人才，再到鼓励引进国内外优秀人才转变，注重引进海内外高层次人才，向高端人才发展。进入"十一五"之后，天津市积极探索高层次人才培养新机制，对原有各项人才政策进行补充更新，并针对新时期高层次创新型人才队伍建设的新要求，出台了一系列专项政策措施，细化操作准则，不断完善支撑科技人才发展的政策环境。

在 2006 年出台的天津市科技创新配套政策 50 条中，提出从高层次创新人才及创新团队培养和积极引进海内外优秀人才，建立有利于激励自主创新的人才评价和奖励制度等方面对创新型人才培养和引进工作进行支持。为落实国家和天津的人才战略，天津开发区于 2006 年出台了《天津经济技术开发区人才引进、培养与奖励的规定》，设立"泰达人才专项资金"，用于支持和鼓励人才引进、培养和奖励；高新技术产业园区于 2008 年 5 月出台了《天津高新区鼓励科技领军人才创新创业暂行办法》，明确规定了对高新区内科技领军人才的项目资助和鼓励办法；天津市人民政府于 2008 年 8 月发布了《关于印发京津冀生物医药产业化示范区优惠政策的通知》（津政发〔2008〕068号），针对天津市重点发展和优先发展的生物医药产业制定了特别的领军人才引进与培育政策，用于吸引和鼓励海内外创业领军人才和知名生物医药企业、研发机构进入示范区发展。

### 23.3.3　天津市高层次创新型科技人才队伍存在的问题

2007 年，天津市人口总量为 1115 万人，北京为 1663 万人，上海为 1858万人，相差 500 万~800 万人。从学历构成来看，天津市大专及以上学历人口占到 15.74%，北京这一比例为 30.13%，上海为 21.34%。天津市大专及以上学历的人口数约为北京的 1/3，不足上海的 1/2，人才基数与素质与京沪相比差距明显。

（1）科技人才总量有待提升

天津高水平的科学家、工程师及研发人员数量不多，难以支撑建设创新型城市的目标。要达到北京、上海乃至国际化创新型都市的水平，需要大力提升人才总量。天津市 2006 年科技活动人员数量为 9.91 万人，接近上海（20.07 万人）的 1/2，略多于北京（38.28 万人）的 1/4；科学家和工程师方面，天津为 6.90 万人，同样不足上海的 1/2，略多于北京的 1/4。从 R&D 人员看，北京达到 16.8 万人，广东（14.7 万人）、江苏（13.9 万人）、浙江（10.3 万人）分列前 4 位，山东、上海、辽宁、四川、湖北紧随其后，天津以 3.7 万人排在第 17 位。

（2）科技人才领域分布有待优化

从专业技术人员的分布看，高职称和高学历的人才主要集中在传统的制造业以及教育、卫生等领域，天津市生物医药、能源环保、纳米与新材料、航空航天等产业和技术领域发展急需的高层次创新型科技人才不能满足需求，高新技术产业和金融、物流等现代服务业人才所占比重偏低，自主创新能力不强。

（3）科技人才能级结构有待提升

从最顶层的人才来看，天津市两院院士、国家级专家等一流的领军人才总量不足，支撑领军人才的创新团队相对匮乏，需要通过大力集聚领军人才，带动创新团队的培育并发挥功效。以院士分布为例，根据 2008 年院士排行榜的分析，天津拥有院士 38 名，位列北京、上海、南京、武汉、西安之后，排在全国第 6。但在绝对数量上，北京 911 名，上海 196 名，南京 110 名，天津还存在着数量级的差距。

（4）科技人才国际化有待提速

以归国留学人才为例，天津市拥有南开大学、天津大学两所国际知名的院校，历年输出大量的高层次人才。国家从 1978 年以来，已经向国外输出了 114 万人，留学归国人员数量达到 26.6 万人，但天津截至 2003 年只吸引了 5000 人左右。天津人才的国际化程度不高，严重制约了产业和技术参与全球竞争的能力。

### 23.3.4　天津市高层次创新型科技人才队伍建设的影响因素

（1）综合经济实力和收入水平差距

从经济总量及分配体制上看，天津市综合经济实力不足，人均 GDP 与京沪深差距较大。天津市地区 GDP 为 5050 亿元，是北京的 0.54 倍。如果以北京为 1，上海是北京的 1.54 倍。天津人均 GDP 为 46122 元，北京是 58204 元。若以北京为 1，那么天津是 0.79，上海是 1.14。从工资收入来看，天津市职工工资 2007 年达到 34938 元。但天津市工资长期以来一直低于北京、上海，目前浙江、广东、江苏等省已经缩小了与天津的差距，天津人均工资与北京人均工资的差距却在拉大。决定人才流向最重要的风向标——收入水平，成为天津吸引集聚海内外高层次人才面临的最大挑战。

（2）教育和科技投入差距

从财政科技支出看，天津的科教投入总量为 22.3 亿元，占 GDP 比重为 3.3%，而北京达到 90.7 亿元，占 GDP 比重为 5.5%，上海达到 105.8 亿元，占 GDP 比重为 4.8%。天津科教投入总量和比重都大大落后于京沪、浙江、广东。科教经费投入不足，使得天津市的人才培养体系和人才开发缺少强有力的经费支持，一些富于创新性和开拓性的研究难以实施，对于高层次人才的引进、培养、激励和开发有着直接的影响。

（3）创业文化与营商环境问题

中国已经进入"机会型创业"阶段，受过高等教育的人群是机会型创业的主体。作为卫文化的本源，天津长期以来以娱乐文化为主导，虽然在医药、餐饮方面的经营上颇有心得，但还没有本土性的国际国内品牌，整体上还没有形成全社会以创业优先的发展氛围和价值观，对于机会型创业的推进需要加速。与此同时，天津的创业环境亟待改善。根据世行集团营商环境报告，天津开办企业平均成本是人均 GDP 的 3.7%，高于上海的 3.1%；开办企业用时 41 天，高出广州 13 天。

（4）人才评价体系和科研环境问题

天津市（乃至全国）现行人才评价体系重学历和职称、轻实际能力，在人才评价与选拔上，缺乏对人才实际工作能力和社会贡献的考核指标，对高层次创新型科技人才队伍的建设极为不利，大大影响了高层次创新型科技人才管理工作的科学化和制度化进程。有关调查表明，科研环境不佳已经成为许多留学生不愿回国、回津的重要原因。

（5）职业与事业发展问题

不仅工资水平、科研投入、创业环境、科研环境影响到人才的去留任用问题，福利与社会保障也是影响因素。根据市科技统计与发展研究中心对在津 681 名博士的调查，博士科技人才的工作满意度指标偏低，其中工资福利、晋升机会、权限级别等指标的评价最低。而且博士科技人才最关注的就是"职业声望"和"个人发展空间"两大发展因素，偏重自天津导向的激励类型。

（6）人才政策的目标与操作问题

天津市政策的作用与企事业单位的微观需求，以及与重点发展产业和技术领域的需求还存在着不相一致之处。一是宏观政策目标上，没有像上海、江苏那样提出明确的数量指标，并围绕该指标推出一系列的财政、人事、社会保障、薪酬体系政策。二是操作机制上，政府与企业需要进一步增强有机合作的理念。不少企业对人才重视不够，没有把人才工作纳入企业发展计划中去。三是政策之间需要更好地实现联动。比如，我们的软件人才政策得到较好的落实，但相当多的产业政策、人才政策、税收政策间缺少协调性，落实起来效果不佳。

## 23.4 ▶ 天津市高层次创新型科技人才队伍建设的思路与目标

### 23.4.1 指导思想和基本原则

以邓小平理论和"三个代表"重要思想为指导，深入贯彻落实科学发展观和科学人才观，紧密围绕天津发展的需求，坚持以人为本，以体制机制创新为动力，以行业、企业的发展需求为导向，以创业、创新能力为核心，大力引进海内外高层次创新型科技人才，充分发挥高层次人才在改革开放和自主创新中的重要作用，促进经济增长、技术进步和产业升级，为新型城市建设和滨海新区开发开放提供强有力的人才支撑和智力保障。

遵循四个方面的基本原则：

（1）政府大力引导。高层次创新型科技人才队伍的建设离不开财政的大力支持和政策的大力引导。要通过政府投入扶助和加强人才政策与产业政策配套，依托企业需求，大力引进培育高层次创新型科技人才。

（2）创业引领创新。大力引进高层次创新型科技人才创业，推动整体经济向非公有制经济尤其是民营经济占优、创新活力更旺盛的高层次产业结构转变，提升本土创业活力和创新能力，打造自主知识产权的技术与品牌，形成创业创新集群区。

（3）引进培育并重。高层次人才总量匮乏不容忽视，引进是手段，培育是关键，要做到引得进、用得好，留得住。进一步完善创新体系，形成相对完善的人才引进培育与激励开发模式，提升天津市高层次创新型科技人队伍的国际化水平。

（4）重点领域突破。生物医药、新能源、新材料等是当今世界发展最迅猛且最有前景的产业领域，应当加大对这些领域科技领军人才的大力引进与培育，突破一批关键技术，培育一批新兴科技产业，全面提升科技支撑能力。

### 23.4.2 总体目标和阶段目标

总体目标：最终形成一支以院士和大师级人才领衔的科技领军人才为塔尖、科学家和工程师为塔中、科技活动人员为塔基的三个层级，数量充足、素质优秀、结构布局合理的高层次创新型科技人才队伍，在优先发展领域、重要研究方向和新的学科生长点、经济增长点方面，形成具有国际竞争力的人才优势和产业技术优势。

阶段划分：根据人才成长规律和天津市当前发展的迫切需求，天津市高层次创新型科技人才队伍建设划分为三大阶段。

第一阶段（2008—2012 年）为引进阶段。在这一时期，以引进科技领军人才及其创新团队为主，重点围绕产业发展的需求和技术创新的需求，针对生物医药、纳米技术、新能源、新材料等高新技术领域，大力引进高层次创新型科技人才。

第二阶段（2013—2020 年）为开发阶段。在这一时期，在个别领域继续开展引进工作，但工作重心向大力开发引进的科技领军人才及其创新团队的功能转移，重点培育创新型科技领军人才及打造团队，将领军人才及其后备队伍和创新型科技团队的培养作为重要工作，大力开发和培育后备人才队伍。

第三阶段（2021—2030 年）为自主阶段，在这一时期天津市已经进入成熟的人才自主开发和培育时期，能够充分利用国内外的科技资源并对人才总量和结构进行自主调整，人才队伍建设进入相对成熟的阶段。

第一阶段的总体目标：经过 5 年的持续努力，到 2012 年，通过大力培育、引进一批高层次创新型科技人才（500 名）及其创新团队（500 个），优化人才队伍的年龄结构和知识结构，形成能够快速适应优势产业和重点产业发展需求的人才梯队（后备科技领军人才 1000 名），科技活动人员总量 15 万人，其中科学家和工程师数量达到 10 万人，打造形成人才总量充足、人才结构合理、人才效能国内领先并跻身国际先进行列的人才高地，使天津成为全国高层次创新型科技人才的创业密集区、创新先导区。

由于篇幅所限，此处仅介绍第一阶段的关键时期 2009—2012 年：

（1）在 2009—2010 年，率先在生物医药、纳米技术、新能源、新材料等高新技术领域及装备制造业领域培育引进形成高层次创新型科技人才 200 名，创新团队 200 个，培育资助后备高层次创新型科技人才 400 名；从事科技活动人员的总量达到 12 万人，每万人中科技活动人员达到 100 人，其中科学家与工程师的数量达到 8.5 万人；R&D 全时当量达到 5 万人年，进行基础研究、应用研究、试验发展人员的比例进一步优化。

（2）在 2011—2012 年，进一步推进人才培育引进工作，将引进高层次创新型科技人才和创新团队的领域扩大到包括传统产业领域和一般学科领域（如海洋科技、环保科技、循环经济），重点培育引进科技领军人才 300 名，打造创新团队 300 个，培育资助后备高层次创新型科技人才 600 名；从事科技活动人员的总量达到 15 万人，每万人中科技活动人员达到 110 人，其中科学家与工程师的数量达到 10 万人；年度 R&D 全时当量达到 8 万人年，初步形成一支以高层次创新型科技人才领衔的数量充足、素质优秀、结构布局合理、专业领域优势明显的创新型科技人才队伍，全面提升天津市高层次人才资源的基础和服务经济社会发展的能力。

## 23.5 ▶ 天津市高层次创新型科技人才队伍建设的重点工作

### 23.5.1 实施五大重点计划

（1）实施创业型科技人才滨海创业计划

以滨海新区开发开放为契机，依托滨海高新区、大学科技园、留学生创业园等创业创新基地，积极吸引带技术、带项目、带资金的创业型海内外高层次创新型科技人才到滨海新区创业发展。

（2）实施创新型科技领军人才引进培养计划

以国际视野、技术水平和产业化能力为标准，在美国、英国、日本等优秀人才比较集中的国家和地区以及国内先进地区，吸揽高层次科技领军人才及团队，引导和鼓励企业、高校、科研机构以重点项目为依托，大力吸引和集聚高端人才，促进人才引进模式由数量型向质量型、创新型、团队型转变。

（3）实施创新型青年科技人才开发计划

以天津市人才发展基金为依托，设立"天津市有突出贡献中青年科技专家"奖项，用以表彰在科学技术进步和现代化建设中做出突出贡献，取得显著经济、社会效益的中青年科技人才。入选人员由天津市人民政府授予荣誉称号并给予一次性物质奖励，在科技项目中予以优先立项支持，逐步培育促进青年人才成长。同时改革中青年人才工作条件，充分发挥他们在学术研究和技术开发领域的带头作用。

（4）实施创新型高端智力柔性引进计划

围绕天津市重点发展的产业领域和紧缺型专业技术人才，以高技术产业、高水平基地、高水平项目为载体，重点面向中国科学院院士、工程院士、杰出科学家和工程师，实施高端智力柔性引进计划。以咨询、顾问、讲课、兼职等形式引进国内外高校、科研院所的高层次智力资源，促进技术转让、委托开发、合作开发、合资合作等。

（5）实施高层次创新型人才密集区建设计划

依托国家重大科技专项课题、国家战略项目、重点建设工程和重大攻关项目，加快建设一批重点科研机构、企业技术研发中心、科技创新型企业、企业工程技术研发中心产业示范基地。吸引全球 500 强企业和国家级科研院所、工程技术中心等在滨海新区及区县设立研发中心或分支机构，构筑科技人才创新基地。鼓励和扶持区域内高校、科研院所和企业设立博士后科研流动站、科研工作站或科研基地，搭建产学研互动结合的良好平台，加大企业博士后项目资助力度，大力招收和吸引博士后研究人员。

### 23.5.2 推进六项重大任务

（1）夯实科技人才政策体系

制定吸引海内外高层次创新型科技创业创新人才的政策措施，对引进的海内外高层次创新人才，各级政府和用人单位提供相应的创业启动资金和工作生活场所。完善高层次创新型人才培养政策，制定人才项目资助办法，对引进和选拔的高层次创新创业人才给予人才发展专项资金项目补贴。完善高层次创新型人才分配政策，建立能够反映人才价值、与人才贡献和业绩相适应、科学灵活的薪酬制度。建议：

1）由市人才领导小组牵头，由市政府出台《天津市推进高层次创新型科技人才队伍建设的实施意见》，将推进高层次创新型科技人才队伍建设及其团队的措施规范化，制定《天津市科技领军人才和创新团队引进培育实施办法》及《天津市科技领军人才和创新团队专项经费资助与使用办法》等，完善吸引高层次创新型科技人才的政策体系。

2）建立自主领衔机制和分配机制。赋予高层次人才以立项自主权或项目获准的优先权，最大限度地保障领军人才和创新团队的经费支配自主权和立项、待遇上的优先权，创造优越的工作生活环境。尤其是赋予他们包括人权、事权、物权、财权在内的资源或资本要素的充分自主支配权。加大对科技领军人才的分配激励，鼓励用人单位以股权、期权或扩大技术入股比例的形式向领军人才实行分配倾斜。

（2）建立多元化多渠道招聘模式

进一步拓展引才引智渠道。以引进科技领军人才和创新团队为重点，每年由市人才领导小组牵头，联合组织一次大型海内外人才招聘活动和不定期举办专业领域的国际化招聘活动，重点引进支柱产业、优势产业、重大项目急需的高层次创新型科技人才。要把人才招聘作为招商引资活动的一项重要内容，在重大招商引资活动中，同步召开人才招聘会，使海内外高层次、高技能人才与天津市重大产业化项目和市长专项资金项目等直接对接。加强国际人才市场和区域国际人才交流协会建设，发挥国际猎头公司和社会中介组织作用，多渠道、多举措引智引才，以柔性引才方式吸引诺贝尔奖获得者、院士等国内外顶尖人才。在海外留学生密集的城市设立人才工作站，延展海外招才引智的领域和空间。

大力引进高端金融人才、高级技术人才，促进天津市二、三产业，特别是现代科技服务业的发展。

（3）大力完善人才开发培养平台

加大以滨海高新区、科技园区等为代表的创业基地和重点实验室、工程（技术）研究中心和企业技术（研发）中心等创新基地的建设力度，吸引更多的海外高层次留学人才来天津市创业创新。

鼓励、帮助、支持企业利用创新机构、技术开发、研发转化项目等活动，通过自己培养、定向培养、校企联合培养、国际交流等方式，培养高层次创新型科技人才及后备人才，使企业真正成为技术创新的主体、科技投入的主体、人才培养的主体。

以重大产业化项目和科技专项为依托，采取组织选派和市场配置相结合的办法，鼓励优秀人才向天津市重点产业化项目和科技创新专项集聚，造就一批知名企业和品牌，实现项目吸附人才、人才支撑项目的良性循环。依托大项目，特别是滨海新区正在建设的国家级重点项目，如大飞机、大火箭项目等组建后继支援研究团队，借项目引进高级创新人才。

加大博士后科研流动（工作）站建设力度。充分发挥博士后制度在引进和培养高层次人才方面的优势，从重点需求出发，增加数量，扩大规模，规范管理，提高质量。建立和完善政府经费扶持和激励制度，建立博士后社会保险和住房保险制度，完善博士后信息网络和服务体系。

（4）创新人才开发应用机制

开展以院士为首的顶级专家产业对接活动。面向重大产业化项目、重大科技专项、重点科研平台，促进人才聚集。以院士中心为纽带，以柔性机制聘请院士和顶尖专家，深入以滨海新区为首的生产科研实践一线提供技术咨询和智力支持，解决产业领域和技术领域发展中的难点和关键点。

着眼形成选贤任能的科学机制，坚持民主、公开、竞争、择优的原则，实施优秀专家智力支持行动，每年组织百名左右优秀专家围绕天津市优势产业、重点项目和骨干企业开展科技攻关和智力服务，促进科技成果转化。

（5）健全人才评价激励机制

完善科技人才评价办法。针对不同类型科技人才的特点、规律，制定不同的评价标准。凡是面向市场的应用性研究和试验开发等创新活动的人才，以获得自主知识产权及其对经济社会发展的实际贡献作为评价重点。对具有特殊专业技术才能、获得重大科技成果、做出突出贡献、得到社会和同行认可的科技人员，可不受现行技术职务申报条件和程序的限制，采取更加灵活的方式进行评审。把非公有制单位的专业技术等领域的人员的职称评定纳入正常的评定范围。建立科技创新首席专家制度和中青年科技专家选拔制度。以实施创新型科技人才引进培育工程为契机，加大对科技创新人才选拔培养力度，选拔科技创新首席科学家和中青年科技专家。

积极推进分配制度改革，把分配重点向高层次创新型科技人才及其创新团队倾斜。逐步建立符合各种类型企事业单位特点，体现岗位绩效和分级分类管理的薪酬制度。把按劳分配与按生产要素分配结合起来，鼓励技术作为生产要素以多种形式参与收益分配。改革和完善科技奖励制度，建立以政府奖励为导向、以社会力量奖励和用人单位奖励为主体的科技人才奖励制度。对科技人员将科技成果转化为现实生产力的，可在新增利润中拿出一定比例进行奖励。鼓励有条件的企业对做出突出贡献的科技人才实行期权、股权激励。对于在引进和培养人才方面成绩突出，提升自主创新能力成效明显，经济社会效益显著的用人单位给予政策优惠和奖励，包括优先支持开展科技研发和政府采购。

（6）健全完善服务人才的公共政策体系

加快行政管理体制改革，建立领军人才个性化服务体系，提供全方位、个性化、专业化的高水平服务。建立高层次创新型科技人才定期普查制度和年度抽样调查制度，重点建立高层次人才信息资源数据库，为人才定期提供全市就业需求和最新优惠政策，向海内外展示天津市人才聚集的态势和政府服务水平，吸纳集聚优秀人才；设立优秀人才进驻天津市的专门服务机构，建立人才进驻的绿色通道。协调解决工作安排等问题，完善对高层次智力资源在医疗、社会保障、子女受教育、出入境、学习培训等方面的综合配套服务体系。

大力推进滨海新区科技与人才体制综合配套改革，建立居住证与户籍的对接制度，对科技领军人才及其创新团队实行"绿卡"制度，赋予滨海新区在人才引进方面更大的自主权，给予人才工作居住证审批权限，适当放宽人才户籍引进额度。给予持有"绿卡"者在参与科技活动、行政机关聘用、资格评定考试与登记、子女就学、享受基本养老保险、享受基本医疗保险、享受住房公积金、外汇兑换以及申请银行信用贷款等方面的市民待遇。如建立政府投保制度和跟踪服务工作联络网络，完善体检、疗休养、学术休假制度等。

## 23.6 ▶ 天津市高层次创新型科技人才队伍建设的保障措施

### 23.6.1 加强组织领导

进一步加强对人才队伍建设工作的领导，切实把高层次创新型科技人才队伍建设作为"一把手"工程，放在突出位置。建议：

（1）成立以市人才领导小组牵头的人才整体开发领导小组，加强党管人才工作体制和机制建设。建立市、区、县和各功能区一把手领导定期协调制度，定期召开各级党政领导联席会议，考察区域人才整体开发工作情况，确定下一步工作重点，协商解决有关问题。

（2）落实职责分工。在市人才领导小组的领导下，各委办局团结协作，形成引进和培育高层次科技领军人才队伍和创新团队的强大合力。组织部主要负责人才引进的综合和协调工作；市发改委、市经委、市科委提供全市重点产业领域和技术领域发展目录，从人才的需求结构角度，审查引进人才的投资方向和技术项目水平；建议在组织部牵头下，由市人事局方面负责高层次创新型科技领军人才和团队的招聘、引进及宣传工作；由市科委负责对高层次创新型科技人才及其创新团队的组织评审工作以及各类科技计划对引进人才的配套支持；各区县和功能区积极配合市里部署，制定相关投入配套和政策配套措施。

（3）建立目标考核管理制度。将高层次创新型科技人才开发工作纳入对各级党政领导班子年度工作目标考核体系。各级组织部门定期向市委组织部汇报人才整体开发工作进展情况。由市人才领导小组办公室提出落实高层次创新型科技人才队伍和创新团队建设的责任分解意见，报上级批准，作为督办检查的依据。市政府（或市人才领导小组）组织对各委办局、滨海新区及各区县各部门的政策落实情况进行监督检查，对落实情况进行评估，公布年度评估结果。

### 23.6.2 加大资金投入

建立稳定持续的财政投入保障体系，大幅度提升财政对高层次创新型科技人才队伍建设的支持力度，逐步形成以政府投入为引导，企业、金融和社会资本、民间资本多元化的人才开发投入体系。建议：

（1）由市财政出资 2 亿元，建立科技领军人才队伍和创新团队建设专项资金，由市人才领导小组统一管理，专项用于滨海新区领军人才队伍和创新团队的引进与培育工作。区县及各功能区每年应根据人才需求和引进工作安排专项资金予以配套。

（2）支持创业风险基金、中小企业发展资金向创业创新人才倾斜，鼓励银行等金融单位加大对高层次创新型科技人才开发和科技创新活动的信贷支持。

### 23.6.3　营造优良环境

提高全社会对高层次人力资本价值的认识，创造有利于高层次创新型科技人才队伍建设的舆论环境；大力宣传天津市及滨海新区引进、培养、开发科技人才队伍的优惠政策，不断增强对人才的吸引力和凝聚力；加大人才工作的宣传力度。建议：

（1）建立天津市高层次创新型科技人才专业网站，统一发布天津市高层次人才建设的政策、招聘需求和招聘范围。

（2）不定期举办天津市高层次创新型科技人才创业和创新的典型事例宣传讲座，制作成功范例教程，营造和谐的社会氛围。

---

**说明**

　　本章内容是笔者在 2008 年承担市人才领导小组办公室委托开展的一项人才研究课题的成果。课题研究中组织开展了一系列的调研和数据分析，形成了一个相当完整的研究报告。现在看来，当时提出的关于科技领军人才工作的建议、赋予高层次人才科研人事自主权的建议、分配制度改革的建议，至今仍然适用甚至还要进一步加强。

# 第 24 章

# 进一步加强高层次创新人才培养

习近平总书记在十九大报告中明确提出要"培养造就一大批具有国际水平的战略科技人才、科技领军人才、青年科技人才和高水平创新团队"。这一点对于天津尤其重要。当今世界的竞争关键在人才。一个国家顶尖人才占全球的比例标志着这个国家在全球的竞争力水平,顶尖人才的国际转移意味着全球科技中心的转移。一个城市如果聚集了大批国际化人才,意味着这个城市在国际化的发展中就抢占了先机。随着经济全球化和国际竞争加剧,天津迎来了建设五个现代化的历史性新征程,同时也面临着产业转型升级、发展迈向新台阶的重大转折,在吸引国外机构、跨国企业、海外留学生等方面逐渐凸显相对劣势,迫切需要在新兴产业、新兴技术、新兴学科的发展中打破相对落后的局面,发挥高层次创新人才在创新和创业中的作用。

## 24.1 ▶ 天津高层次创新人才发展及其与先进省市的差距

近年来,天津市高层次人才集聚发展取得了较好的进展,高端领军人才初具规模,初步形成各个学科、专业和领域都拥有知名领军人才的良好局面。虽然取得了可喜成绩,但与先进省市比较时仍然存在诸多不足。

### 24.1.1 领军人才数量与部分省份存在明显差距

目前，各个省份对高层次人才的界定范围存在较大差异，为了统计和比较的需要，根据国家各部委推出的人才项目支持体系，我们将两院院士、长江学者奖励计划、国家千人计划等作为高层次人才中领军人才的主要代表。2013—2017 年这五年中，天津新增的两院院士和长江学者奖励计划的高层次人才为 38 人，平均每年增加 7.6 人（事实上，2013 年和 2015 年天津院士增选人数为 0 人，2017 年最终入选 2 人）。

与其他省份相比，差距是明显的。从数量看，天津两院院士和长江学者奖励计划的高层次人才数量在全国 31 个省份中排名第 10，排名落后中西部的湖北、黑龙江、陕西和四川，排名前 6 的北京、上海、江苏、湖北、陕西和四川的高层次人才数量分别达到 430 人、160 人、105 人、92 人、84 人和 59 人，分别是天津的 11.3 倍、4.2 倍、2.8 倍、2.4 倍、2.2 倍和 1.6 倍（见图 24-1）。从人才比重看，天津五年来新增两院院士和长江学者奖励计划高层次人才占全国新增高层次人才的比重只有 2.8%，而排名前 6 的北京、上海、江苏、湖北、陕西和四川的高层次人才比重分别达到 31.4%、11.7%、7.7%、6.7%、6.1% 和 4.3%。同时，第 10 批到第 14 批国家千人计划（创业人才），天津仅为 6 人，而排名前 6 的江苏、浙江、广东、上海、北京和福建分别达到 92 人、56 人、39 人、27 人、25 人和 19 人，分别是天津的 15.3 倍、9.3 倍、6.5 倍、4.5 倍、4.2 倍和 3.2 倍。

### 24.1.2 青年后备高层次创新人才差距较大

国家杰出青年、国家优秀青年科学基金项目和国家青年千人反映了一个地区青年后备高层次人才的发展潜力。2013—2017 年的五年中，天津新增的上述三类青年高层次人才的数量仅为 193 人，而排名前 6 的北京、上海、江苏、广东、湖北和浙江的数量分别为 1929 人、954 人、588 人、460 人、436 人和 385 人，分别是天津的 9.8 倍、4.9 倍、3 倍、2.4 倍、2.3 倍和 2 倍（见图 24-1）。天津五年来新增高层次人才占全国新增高层次人才的比重只有 2.9%，而排名前 6 的北京、上海、江苏、广东、湖北和浙江的高层次人才比重分别达到 29.3%、14.5%、8.9%、7%、6.6% 和 5.9%。

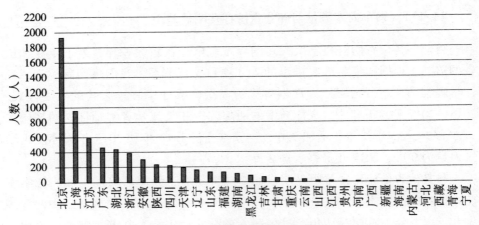

图24-1　2013—2017年全国新增青年高层次人才的省级分布

数据来源：中组部、教育部、人力资源和社会保障部等网站。

### 24.1.3　研发人员的规模和质量与部分省份差距较大

2016年天津研发人员数量约为17.7万人，在全国排名第13，明显低于东部其他沿海经济发达省份，排名前6的江苏、广东、浙江、山东、北京和上海的研发人员数量分别达到76.1万人、73.5万人、51.7万人、47.6万人、37.3万人和25.5万人，分别是天津的4.1倍、2.9倍、2.7倍、2.1倍、1.4倍和1.4倍。同时，具有博士学位的高层次研发人员数量仅为9990人，占本市研发人员总量的比重仅为5.64%，高层次研发人员数量和比重均与经济发达省份存在较大差距（见表24-1）。例如，北京的博士研发人员达到6.8万人，占比18%，意味着每5个研发人员中就将近有一个博士；上海也达到了2.7万人，占全市研发人员的比重超过了10%。

表24-1　2016年大陆各省市研发人员数量和质量比较

| 地区 | 研发人员（人） | 占全国比重（%） | 博士学位研发人员（人） | 博士学位研发人员占本地区研发人员比重（%） |
|------|------|------|------|------|
| 北京 | 373406 | 6.40 | 67867 | 17.92 |
| 天津 | 177165 | 3.04 | 9990 | 2.64 |
| 河北 | 175591 | 3.01 | 6672 | 1.76 |
| 山西 | 68669 | 1.18 | 4247 | 1.12 |
| 内蒙古 | 54641 | 0.94 | 2295 | 0.61 |
| 辽宁 | 139961 | 2.40 | 14432 | 3.81 |

（续）

| 地区 | 研发人员（人） | 占全国比重（%） | 博士学位研发人员（人） | 博士学位研发人员占本地区研发人员比重（%） |
|---|---|---|---|---|
| 吉林 | 80018 | 1.37 | 12733 | 3.36 |
| 黑龙江 | 80651 | 1.38 | 8405 | 2.22 |
| 上海 | 254754 | 4.37 | 26871 | 7.09 |
| 江苏 | 761046 | 13.05 | 34573 | 9.13 |
| 浙江 | 516664 | 8.86 | 19394 | 5.12 |
| 安徽 | 211053 | 3.62 | 11283 | 2.98 |
| 福建 | 201090 | 3.45 | 9740 | 2.57 |
| 江西 | 95141 | 1.63 | 4298 | 1.13 |
| 山东 | 476407 | 8.17 | 19861 | 5.24 |
| 河南 | 249876 | 4.29 | 8792 | 2.32 |
| 湖北 | 218322 | 3.74 | 17290 | 4.56 |
| 湖南 | 191125 | 3.28 | 12443 | 3.28 |
| 广东 | 735188 | 12.61 | 28369 | 7.49 |
| 广西 | 69091 | 1.18 | 5231 | 1.38 |
| 海南 | 13484 | 0.23 | 1313 | 0.35 |
| 重庆 | 111943 | 1.92 | 8142 | 2.15 |
| 四川 | 214761 | 3.68 | 16317 | 4.31 |
| 贵州 | 45222 | 0.78 | 2810 | 0.74 |
| 云南 | 74561 | 1.28 | 6020 | 1.59 |
| 西藏 | 2345 | 0.04 | 271 | 0.07 |
| 陕西 | 143208 | 2.46 | 10496 | 2.77 |
| 甘肃 | 39796 | 0.68 | 4065 | 1.07 |
| 青海 | 7378 | 0.13 | 516 | 0.14 |
| 宁夏 | 16533 | 0.28 | 904 | 0.24 |
| 新疆 | 31651 | 0.54 | 3158 | 0.83 |

数据来源：《中国科技统计年鉴》（2017 年）。

## 24.2 ▶ 天津高层次创新人才建设面临的主要不足

### 24.2.1　科技和教育投入不足

一是全社会研发投入不足。2016 年，天津研究与试验经费内部支出为

537.3 亿元，在全国排名第 10，与东部省份有很大差距，江苏、广东、山东、北京、浙江和上海的支出分别高达 2026.9 亿元、2035.1 亿元、1566.1 亿元、1484.6 亿元、1130.6 亿元和 1049.3 亿元，分别是天津的 3.8 倍、3.8 倍、2.9 倍、2.8 倍、2.1 倍和 2.0 倍（见图 24-2）。天津研发经费外部支出也与上述省份存在较大差距（见图 24-3）。

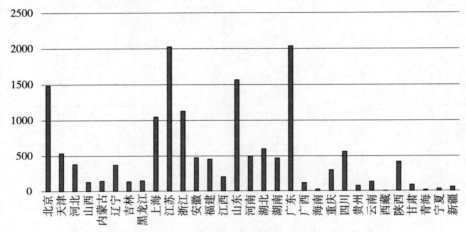

**图 24-2　2016 年各省研发经费内部支出比较（单位：亿元）**

数据来源：《中国科技统计年鉴》（2017 年）。

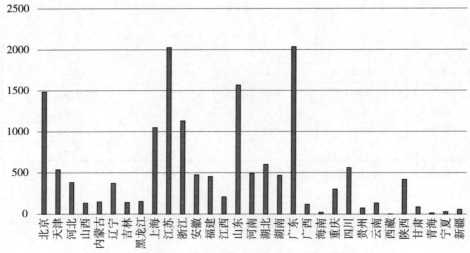

**图 24-3　2016 年各省研发经费外部支出比较（单位：亿元）**

数据来源：《中国科技统计年鉴》（2017 年）。

　　二是财政科技投入不足。无论是财政科技投入的数量还是研发项目支持的数量，天津都存在不足。从财政科技投入看，2016年天津财政科技投入为125.18亿元，投入规模在全国排名第10，财政科技投入占财政支出的比重为3.38%，排名前6的广东、江苏、上海、北京、浙江和安徽的投入规模分别达到742.97亿元、381.02亿元、341.71亿元、285.78亿元、269.04亿元和259.50亿元，分别是天津的5.9倍、3.0倍、2.7倍、2.3倍、2.1倍和2.1倍（见图24-4）。广东、江苏、上海、北京、浙江和安徽六省市财政科技投入占财政总支出的比重分别达到5.53%、3.82%、4.94%、4.46%、3.86%和4.70%，均高于天津。

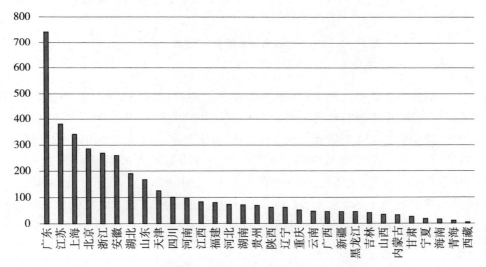

**图24-4 2016年财政科技投入规模的省级比较（单位：亿元）**

数据来源：《中国统计年鉴》（2017年）。

　　天津的研发项目数也比较少。2016年天津研发项目为39415项，在全国排名第15位，而江苏、广东、北京、浙江、山东和上海的研发项目数分别达到了138251项、135652项、135387项、129607项、82245项和75608项，分别是天津的3.5倍、3.4倍、3.4倍、3.3倍、2.1倍和1.9倍（见图24-5）。

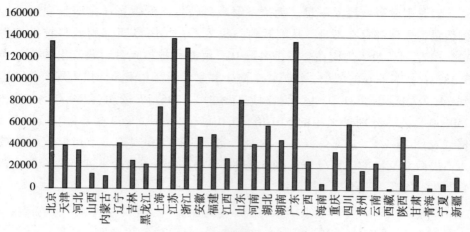

**图 24-5　2016 年各省研发项目数比较（单位：项）**

数据来源：《中国科技统计年鉴》（2017 年）。

　　三是高校财政投入不足。高校是培养和引进高层次创新人才的重要场所，政府对高校的投资能有效促进高层次创新人才的发展。2015 年，天津高等学校的经费支出为 139.2 亿元，在全国的排名比较靠后，不仅与东部的经济发达省份有较大差距，也与中部和西部的部分省份有较大差距（见图 24-6）。同时，天津高校来自政府的研发经费也较少，2016 年仅为 40.3 亿元，与浙江相当（33.2 亿元），而北京、广东、上海和江苏分别达到 108 亿元、75.9 亿元、60.7 亿元和 60.3 亿元（见图 24-7）。

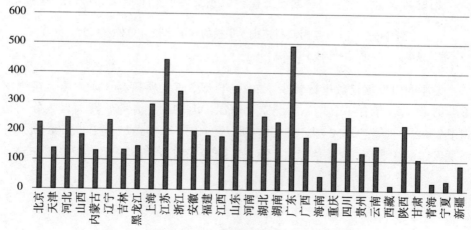

**图 24-6　2015 年各省高校经费支出数比较（单位：亿元）**

数据来源：《中国教育经费统计年鉴》（2016 年）。

教育部近期公布了全国"双一流"高校和学科名单。随后广东、江浙等地纷纷公布将加大对双一流高校的支持，在项目经费、人才编制上予以重点学科大力倾斜。这将进一步扩大财政富裕的省市与落后省市之间的差距。

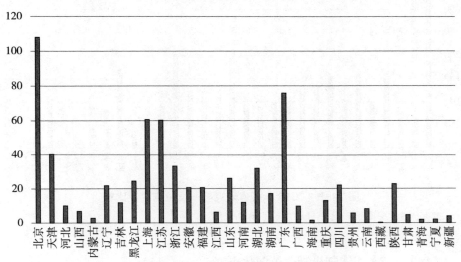

图 24-7 2016 年高校来自政府的研发经费支出（单位：亿元）

数据来源：《中国科技统计年鉴》（2017 年）。

### 24.2.2 高水平创新平台不多

2016 年天津研究与开发机构的数量只有 61 个，仅优于海南、重庆、西藏、青海、宁夏等省区，在全国排名处于后列，不仅东部省份超过了天津，而且多数中部和西部的省份也超过了天津（见图 24-8）。

如果从外资研发机构的数量来看，可以更明显地看到天津在聚集高层次人才方面存在的不足之处。例如，世界 500 强企业中，已经有近 280 家在北京投资发展，其中 1/3 把地区总部设在北京，使北京向打造世界高端企业总部聚集之都又迈进了一步。北京市外资跨国公司总部企业和研发机构达 714 家；2015 年，上海外资研发中心已累计达 388 家，占中国内地比重约 1/4，其中独立的外资研发机构 229 家。天津的外资机构数量，尤其是独立外资研发中心较少，在吸纳高层次人才方面存在明显的劣势。

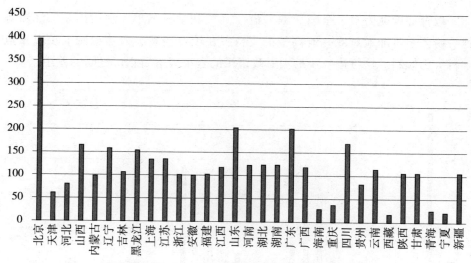

**图 24-8　2016 年各省研究与开发机构数量比较**

数据来源：《中国科技统计年鉴》（2017 年）。

### 24.2.3　人才体制机制改革深化不够

天津市出台了系列人才体制机制改革的政策举措，取得了一些效果，但仍然与国家战略要求、区域人才竞争态势和天津发展需求存在较大的差距。一是宏观上，面向人才强市、科技强市的目标，没有明确地提出高层次人才发展的数量指标，并围绕高层次人才指标推出一系列的资助扶持政策，包括财政投入、人事、社会保障、薪酬等政策。二是在人才开发使用上，发挥高校院所、国有企业、民营企业等用人主体的主体作用不够。不少企事业单位对人才重视不够，没有把人才工作纳入企事业发展计划中去。三是在人才引进和培养上没有形成系统性，人才从中高端向高层次迈进的过程中缺乏系统的支持手段。例如，人才从省部级向上迈向国家级时，需要在重大项目、省部级奖励、职称职务上得到系统的支持，但我们的政策在这方面的各个环节上没有体系化，使得在与外省市竞争国家级人才称号和国家级项目时，天津市人才获得的省部级重大项目、省部级奖项有所不足。相反，外省市加大了这方面的项目支持和奖项支持力度，这造成天津市人才在迈入国家级人才层面时还面临着一个天津市的"自我束缚"。

### 24.3 ▶ 加快培养造就高层次创新人才的若干思考

创新是引领发展的第一动力，高层次创新人才是实施创新驱动发展战略的核心。只有人才引领了创新，创新才能引领发展，才能使天津的五个现代化征程不至于成为无源之水。数据分析显示，与京沪粤江浙鄂等相比，天津在科技领军人才、青年后备人才、博士和博士后人才的集聚上，有着明显的差距。尤其要突出领军人才的引进和开发，这是因为一个杰出的领军人才可以带动一个学科，可以兴盛一个产业。无论是高层次人才群体规模、总体质量和竞争力，还是科研投入和体制机制，天津都存在着较大的改进空间。

#### 24.3.1　进一步加大对高层次人才的投入

在人才市场上，高层次人才因为稀缺而价格高启，这是各个国家和地方政府为什么要重金买骨的根本原因。随着"双一流"建设的推进，各个省市高校在引进海内外人才方面纷纷加大力度。东部沿海的部分高校甚至整建制地引进相对落后地区的高水平科系，给予具有竞争力的薪酬待遇和发展空间。天津在这方面的力度还不够大，举措还不够坚决，需要从市和校两个层面深入推进。首要的就是面向打造一流学校和学科的目标，做到给予充足的资金保障。

建议设立高层次人才引进培养专项基金，可以上不封顶，专项用于高层次创新人才的引进和培养。按照中央对天津"一基地三区"的目标定位和市委十一次党代会目标要求，围绕全市发展的重点领域，制定吸引海内外高层次人才的政策措施，为引进的海内外高层次创新人才、各级政府和用人单位提供相应的创业启动资金和工作生活场所。

尤其要大力度重点推动南开大学、天津大学及有潜力的市属高校加快"双一流"建设，提升天津市的高等教育综合实力和国际竞争力，培养一流人才，产出一流成果，完善高层次创新型人才培养政策，制定对高层次创新人才的持续性项目资助办法；完善高层次创新型人才分配政策，还要建立能够反映人才价值、与人才贡献和业绩相适应、科学灵活的薪酬制度。

#### 24.3.2　发挥顶尖人才在人才培养中的作用

人才在成长为领军人才和高层次人才的过程中，往往离不开已经成为院士、领军人才等前辈的教育培养、扶持和帮助。众多的研究表明，年龄、教育经历、师承、工作经历、留学经历等因素对领军人才成长有着重要影响。例如王通讯（2006）提出了人才成长的最佳创造年龄规律，以及师承效应、共生效应等八大规律。师承效应的影响得到了广泛的认可。对24位国家最高科学技术奖获得者的研究发现，自身努力固然重要，但接受优质教育，获得名师指导等外部因素，对于拔尖创新人才的成长至关重要（李祖超等，2014）。

天津过去多年获得国家级人才称号的情况，与先进省市的数量差距较大。其中一个原因，笔者认为，就是我们现有的领军人才包括院士在内，在培养和开发后备领军人才方面发挥的作用还不充分。当然，这也与天津高水平研究平台、国际国内领先的科系相对较少有关，没能形成高水平人才+高水平机构再衍生出新的高水平人才的良性机制，使得后备高层次人才出现了断层。通过进一步吸引顶尖人才，发挥顶尖人才在团队建设中的作用，有利于带动并形成一批高层次人才，从而出现人才群体性涌现的现象，使得一个学科和领域呈现出持续的竞争优势。

### 24.3.3 聚焦开发重点学科和领域的人才

过去的人才工作和政策主要是普适性的，针对学校、学科建设的倾斜性政策不多。即使有，也引来了其他学校学科的争议。但是，作为一个城市、一个学校，在当前相对于先进省市落后的经济和科技局面下，要充分地发挥优势、培育优势，将学校、学科和市委市政府重点发展的产业领域作为政策支持的焦点、重点、热点，给这些学科和领域"开小灶""吃偏饭"，加大人才的引进和培养力度，着力解决学科和领域发展的关键瓶颈问题。

针对新经济、新技术、新模式，结合既有优势学科和优势产业，围绕移动互联下的新商业模式、人工智能、新能源汽车、新材料、生物医药、节能环保等领域，加大资本投入、基础设施投入和人力投入，通过重大科技项目的实施、重大产业科研平台的建设、典型科技成果的研发转化，实现人才、资金和产业的多位一体，形成具有国内外竞争力的产业集群、人才集群、学科集群，构建一个具有活力的，研发、创业投资和产业化复合的创新网络，大力推进落实全国先进制造研发转化基地的定位和建设发展，逐步将天津打造为具有国际影响力的全国产业创新中心。

### 24.3.4　构建完善高层次人才政策扶持体系

目前，天津市在培养高层次人才方面已经有了较为明确的梯次结构。从人才成长历程来看，主要的轨迹就是：通过展现人才个人的科研水平、承担重大项目，逐渐成长为领域内在国内外获得认可的拔尖人才，然后被评选为省部级人才、国家级青年后备人才，最终成为国家级人才（院士、杰出青年、长江学者等）。因此，高层次人才的成长是有梯度的，也是有时序的。

但在当前的人才培养过程中，对高层次人才在每一个人生的重要阶段上，政府政策的支持还没有体系化和深入到每个阶段的转折点上去。目前来看，自然科学和社会科学人才评选的主要指标就是论文、项目、奖励，以及评选时的年龄。因此，我们的政策就要梳理人才成长的阶梯，在人才成长的关键时段，如进入国家级人才梯队时予以充分的支持。这个支持主要是要让天津市人才达到与省外竞争对手可比的程度。例如前面提到，省部级人才在评选为国家级人才时，需要在重大项目、省部级奖励、职称职务上得到支持，这时候我们的政策就要有导向性，在保持公平公正的前提下，做到给待遇、给事业平台、给发展空间，通过政策聚焦，使我们的人才在参与国家项目竞争和人才评选中获得优势。

---

**说明**

本章内容是笔者与南开大学经济学院黄乾教授合作的一篇论文，原文《天津市高层次创新人才引进开发的对策建议》发表在天津市科学学研究所主办的《科技战略研究报告》2017 年第 33 期上，在对策建议处有较大修改。感谢天津工业大学经济学院经济学硕士缪鹏帮助更新有关数据。2017 年，天津在院士增选中突破了自 2011 年以来的"零封"宿命，在中国科学院和中国工程院各入选了 1 名院士，取得了可喜的成绩。但这不能改变天津在高层次人才方面薄弱的现实。在当前激烈的省市人才争夺战面前，天津仍然需要清醒地认识自己，通过加大力度、体系化支持、重点突破，形成火力点强攻下的局部开花，再形成多领域收获人才和成果的良好局面。

---

# 第 25 章

# 人力资本效能损失与知识型团队管理

　　知识型团队作为实现经济价值与财富的人力资本载体和一种生产组织形式，日益成为推动知识经济时代社会创新发展的主角。有研究指出，公平感在员工和组织的关系中发挥着重要的作用（Siemens，2005）。因此，如何激励知识型团队个体人力资本，保障公平感，维护知识型团队的绩效表现，是每一个企业及其管理者都必须重视的问题，也是构建以人为本的和谐社会所必须关注的重大主题。

　　本章从知识型团队人力资本效能的基本特征和对人力资本投资回报公平性的影响因素分析出发，从理论上探讨了人力资本回报公平失衡下知识型团队的产出损失问题，希望借此对知识型团队的人力资本管理与实践有所助益。

## 25.1 ▶ 知识型团队的人力资本效能特征

　　知识型团队是知识、智力和情感相结合的组织形式。它既具有一般团队的特征和功能，又主要依托于高素质的人力资本。知识密集的科研创新团队、专业化的咨询服务组织是知识型团队的主要代表。笔者认为，知识型团队具有两个突出而必备的特征表现：一是外在表征——突出的高生产率，二是内在表征——高协同性。这两个表征分别是以智力资源和团队协作为基础，但又相互依存、相互促进。

　　外在表征是知识型团队核心竞争能力的具体体现，高生产率表现为知识型团队具有不同于一般团队的生产能力和工作效率，产出具有高附加值，能够为产品和服务带来较强的竞争优势和利基。这主要得益于知识型团队较高的群体人力资本存量储备和积累。

　　内在表征是知识型团队持续发展的保障，高协同性表现为团队个体人力资本之间的替代、互补和互动的作用。知识型团队的个体人力资本在工作过程中易于实现思想火花的碰撞，激发创造性思维，实现功能互补，从而有效地提高个体人力资本对团队的正外部性，彰显外在特征。内外在特征相互依赖，交互作用，从而实现高人力资本存量与高协同性的共同作用，形成知识型团队对个体人力资本的功能放大效应，提升知识型团队的生产率和持续发展能力。通过经常性的投入与产出交换，知识型团队在内部建立了互惠的相互依存关系。从而知识型团队的人力资本不仅是一种要素资本，还是一种效率资本，能够同时提高个体人力资本的工作效率和其他要素的生产效率（李建民，2003）。所以，稳健的内外特征表现是决定知识型团队绩效和产出水平的基石，将直接决定知识型团队的竞争优势和持续发展能力。

## 25.2 ▶ 影响知识型团队人力资本效能的公平因素解析

"不患寡而患不均"，这句古语就是我国古人对公平问题的思考。由于高素质的人力资本投资期长、投资成本高、收益期短，因此往往追求更高的投资回报。所以，以知识密集的个体人力资本为构成要素的知识型团队的绩效表现，在很大程度上受到团队中个体效能发挥的影响。其中一个重要的影响因素就是经济公平——人力资本回报的公平性，即个体人力资本效能的发挥将极大地受到"不均"的影响。人力资本回报的公平性指个体人力资本认为的自我付出与所得的比例关系。人力资本投资与回报公平性度量的是一个比例关系，它取决于客观和主观双重因素和内外部双重环境。首先，根据投入产出的最基本原则，知识型员工要求团队能够体现其个体的价值——知识型人力资本个体收入回报要与其边际产品价值一致。这是经济公平的最物质化的体现，也是当前提倡的按贡献原则进行分配所致力于达到的结果。当现实的回报水平与边际产品价值不一致时，人力资本回报处于公平失衡的状态。其次，公平是个体的一种价值判断。它不仅取决于投入的物质回报，还取决于这种回报与投资者期望水平的一致性程度。例如，尽管客观上某人的边际产品价值为某一常量，但他可能期望的人力资本回报水平要高于边际产品价值，这时就会出现公平失衡；当然，另一方面也可能出现期望的人力资本回报水平低于边际产品价值，从而使公平感超过个体的预期。最后，内外部环境会影响到个人实际的和期望的回报水平。公平不仅可以从个体角度加以分析，它还受到社会和组织系统的约束。有研究指出，在实际收入与边际产出一致性的个体公平之外，收入公平还与内部薪酬公平和外部薪酬公平有关（栾海霞和林玳玳，2005；邰美秋和徐中奇，2004）。

可见，从组内和组间角度对公平进行结构化分解是公平研究的必备范式（Cowell，2000）。但是，诺贝尔经济学奖获得者 Kahneman 在其领衔的国民幸福指数研究中指出，幸福测试不仅需要考虑到不同主体间的比较，还必须考虑个体在不同时间和不同情境下的感受（Kahneman 等，2004）。

因此，作为一种价值判断，公平的度量也必须考虑到影响因子的时空复杂性，考虑个人所处的内外部环境和时空情境对个人公平观的重大影响。例如，宏观经济环境、行业利润率等会左右实际收入，而就业环境、同期群收入水平会影响个人对收入的期望值，个人所处的生命周期也会影响到个人对实际收入和期望收入的判断。

## 25.3 ▶ 知识型团队人力资本效能损失的函数解析

根据亚当斯的公平理论，当员工感受到现实与期望不一致或内外部不公平时，会调整自身行为，以实现效用最大化。而这种调整将直接影响到团队的生产力水平和协同性，对团队的发展有重大影响，甚至直接决定团队的成长与消亡。

### 25.3.1 知识型团队的生产函数与传统的生产函数

为了说明当人力资本回报不公时，个体人力资本的调整行为对知识型团队带来的效能损失，在这里我们引入知识型团队的生产函数。为了论述的方便，我们假定知识型团队只有一种生产要素投入 $L$，它代表了知识型团队作为一个整体拥有的人力资本存量。因此，知识型团队的产出 $Y$ 将取决于人力资本投入 $L$（团队成员人力资本投入 $L > 1$）和生产技术 $F(\cdot)$。

对于传统的生产函数，根据古典经济学假定劳动的边际产量递减，即生产函数的二阶导数 $F''(L) \leq 0$。但对于知识型团队而言，更多地依靠知识进行生产，人力资本的积累使得生产效率和生产水平得以提高，使个体人力资本的边际产量不变并实现规模收益不变或递增，二阶导数会出现 $F''(L) \leq 0$ 的情况，从而实现知识经济中财富的持续增长。收益不变或递增得益于知识型团队人力资本的内外在的共同表征，使得人力资本对各生产要素发挥作用（孔令锋和黄乾，2004），引发正的外部性和"溢出效应"。

因此，根据内生增长理论，我们不妨假设知识型团队的产出函数采用如下的形式：

$$Y = AL \qquad (25-1)$$

此时，人力资本的边际产量 $MP_L = A$ ，$A$ 代表给定的生产技术和效率。或者说，人力资本的实物回报率为 $w/p = MP_L = A$ 。

同理，对于传统的生产函数，可得到在劳动边际产量递减情况下的生产函数为：

$$Y = AL^{1-\beta} , 0 \leqslant \beta < 1 \qquad (25-2)$$

$\beta$ 表示传统生产模式下的产出折扣因子，此时劳动的边际产量 $MP_L = (1 - \beta)AL^{1-\beta}$ 。或者说，实际的劳动工资率为 $w/p = MP_L = (1 - \beta)AL^{1-\beta}$ 。

### 25.3.2　退化的知识型团队生产函数与公平测度的统一

综上可知，公平是一个影响产出水平的内在决定因素，它通过个体人力资本调整自身行为，破坏知识型团队的内外在表征实现对生产函数的改变。特别地，如果我们假设对公平的测度就是产出损失因子 $\beta$ ，那么通过统一前面的生产函数就可以得到下面的生产函数：

$$Y = AL^{1-\delta} , 且 0 \leqslant \delta \leqslant 1 \qquad (25-3)$$

这里，$\delta$（$0 \leqslant \delta \leqslant 1$）取代了 $\beta$ ，代表了对公平的综合测度，随着 $\beta$ 从 0 增加到 1，公平程度下降，不公平程度上升。当 $\delta = 0$ 时，意味着完全公平，这时投入的边际产出不变，属于理想的完全公平情况，正是我们前面分析中提到的知识型团队的生产函数；当 $\delta = 1$ 时，意味着完全不公平，这时投入的改变对产出没有影响；当 $0 < \delta < 1$ 时，意味着公平介于二者之间，这时边际产出 $MP_L = (1 - \delta)AL^{1-\delta}$ 随着不公平程度的增加而下降，说明公平失衡对知识型团队带来的边际产出带来了损失。

更一般的情形是，人们对于不公平感有一个承受的范围，或者说在某个值域内，人们对不公平度并不敏感；而在另一个值域内，人们对不公平度非常敏感。这样，当公平属于某个值域范围时，产出水平没有受到影响；当公平水平低于某个域值时，产出函数才开始退化；当公平水平降到某个更低的域值时，虽然实际收入水平与期望收入水平还没有达到完全偏离的状态，但产出函数会发生完全的退化,导致组织的消亡。设 $0 \leq a < b \leq 1$,$L > 1$,从而有如下的生产函数:

$$Y = \begin{cases} AL & b \leq \delta \leq 1 & (\text{公平度对知识型团队产出无影响}) \\ AL^{1-\delta} & a \leq \delta < b & (\text{公平失衡使知识型团队产出递减}) \\ 0 & 0 \leq \delta < a & (\text{极度不公使知识型团队运作失灵}) \end{cases}$$

$$(25-4)$$

知识型员工理应是用智慧创造价值高于用体力创造价值的员工(张瑞玲和丁辐聪,2005)。但是,退化的生产函数分析表明,当个体人力资本感受到不公平(实际收入与产出价值不匹配或期望收入不匹配)时,他主观地将智慧所能创造的价值降低到用体力去创造价值,最终实现自己的公平感。即当个体人力资本认识到实际收入或期望收入达不到自身满意度时,个体人力资本的生产效能将受到伤害,使得知识型团队边际产量不变的假设不再成立。从而,人力资本回报的公平失衡将导致知识型团队的产出能力损失,甚至导致组织的崩溃。

### 25.3.3 公平失衡时知识型团队人力资本效能损失的函数和图形测度

由于我们考虑既定的知识型团队,我们假定在团队内人力资本存量不变的情况下发生了公平性失衡问题。这个损失可以从知识型团队的产出函数与传统生产函数的对比来说明。从产出函数来看,由于公平失衡引致生产函数退化,造成的产出损失为:

$$\Delta Y = AL - AL^{1-\delta} = AL(1 - L^{-\delta}) \qquad (25-5)$$

团队成员主观感受到的公平感越强,不公平测度因子 $\delta$ 越小,则产出损失越小,反之则产出损失越大。当 $\delta$ 增加时,即团队成员的公平失衡越来越大,则人力资本生产函数向传统的生产函数退化得越厉害,从而产出差距越来越大。从边际产出角度来说,当团队成员的不公平感上升到一定程度时,人力资本的边际产量由 $MP_L = A$ 下降为 $MP_L = (1-\delta)AL^{1-\delta}$,从而拉大了内生增长假定下与传统条件下产出增长的差距,造成知识型团队产出损失,如图25-1 所示。

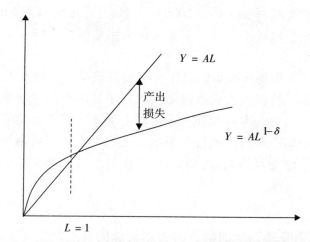

图 25-1　公平失衡时生产函数的退化和知识型团队的产出损失

## 25.4 ▶　公平失衡导致人力资本效能损失的团队表现

综上可见，公平失衡对知识型团队的产出损失相当严重。它通过人力资本效能损失造成生产技术无效，或间接地损害潜在的产出能力。当个体人力资本认为实际收入不足或期望收入偏低时，将对团队表现产生灾难性影响。

首先，短暂的公平失衡将对团队产生扰动效应，导致团队表现不稳定。由于成员对自身人力资本成本收益评估与实际投资回报存在着差异，会导致员工产生相对剥夺的心理负荷，使得士气下降，工作效率降低。对于知识型团队来说，要求注重合作与创新，需要的是人力资本的聚合效应。在这种情况下，团队的人力资本存量将发挥出大于个体人力资本存量之和（李建民，1999）。然而，公平失衡则会导致团队功能的萎缩，损害团队工作的协同性，包括团员个体人力资本间存在的替代、互补、互动功能，使团队的人力资本产出功能出现边际产品减少的现象。

其次，持久的公平失衡将增加团队的管理成本，导致团队绩效下降。在个体的不公平感上升产生扰动效应的同时，也增加了团队内部的冲突，使得团队的功能失调，降低团队工作的反应速度和效率，造成人力和精力的浪费，甚至一部分成员的不公平感将影响组织与所有成员的契约关系，产生非常恶劣的影响（Siemens，2005）。例如，直接增加企业的招聘成本、培训成本、职位空缺成本，导致业务损失和团队绩效下降（伊兰伯格和史密斯，2000）。

总之，公平失衡将导致知识载体发生偏好改变，导致在既定报酬水平下边际产出下降，使得人力资本效能发挥低于其潜在最优水平，团队生产率下降。这时，人力资本的互补和互动能力下降，团队效能的发挥受到个体人力资本主动而隐形的"短边"影响，人力资本边际贡献下降，不利于团队实现高生产率与高协同性，将妨碍工作目标的实现，甚至可能危及团队的存续性。

## 25.5 ▶ 增强知识型团队人力资本管理的几点建议

为了降低人力资本回报不公引起的相对剥夺感，防止产能下降或工作目标失败，知识型团队必须重视对人力资本回报的公平管理，结合知识型团队人力资本效能发挥的特征，从影响个体人力资本回报公平性的内外部因素和个体价值观着手，维护、改进和提升团队绩效。

首先，要构建一个合理的人才梯次，促进内部公平。知识型团队的发展，必须根据团队的特征和工作目标确定组织管理的层级与机制。通过增加人才梯次和差异性，设计合理的内部薪酬制度，可以有效降低同职级比较产生的内部不公平感，增强协同性，提高生产率。

其次，要加强团队薪酬体系的设计，增强外部公平。通过工作评价和内外部薪资调研等手段，制定具有竞争性的工资水平。在条件具备的情况下，实行效率工资。例如，1914 年，福特汽车开始实行效率工资制度，有效地吸引、留住和激励了员工，避免了产出损失。对于敏感的知识型个体而言，此举能够有效增强团队薪酬的外部竞争力和成员的优越感，提升员工的努力程度和士气，培育忠诚度。

最后，要改造个体人力资本的公平观。必须充分考虑知识型团队人力资本投资的独特性和对投资回报的敏感性，以工作本身的愉悦性、成就感和成长机会来激励员工，以和谐的工作生活环境及同事关系来引导员工，改变员工对公平的主观评价，降低纯粹以收入为标准的公测量所带来的片面影响，引导个体人力资本建立以综合指标为基础的价值体系。

　　笔者从 2005 年年底开始逐步深入科研管理和行政管理工作，在一路的懵懂中对于公平与绩效之间的关系有了一种模糊的认知。我越来越发现，要想营造一个公平的环境，营造一个有利于鼓励好学上进之人的环境，是相当困难的。2013 年，全国范围内开始实施事业单位分类改革和绩效工资改革。在改革进程中，如何提高绩效、做到公平、做好激励，是我思考得比较多的问题。事实上，什么是公平，如何评价绩效，如何激励，这是一个组织或一个团队发展需要面对的永恒话题，必须平衡好这三个方面。

# 参考文献

［1］ 齐良书. 天津篇——重拾昔日的辉煌 ［J］. 领导之友, 2003 (4)：22-24.

［2］ 刘涓涓. 天津复兴的引爆点 ［N］. 21 世纪经济报道, 2005-07-10.

［3］ 王平. 600 年：诉说天津沧桑 ［J］. 中国政协, 2003 (11)：61-63.

［4］ 王玲. 北京地位变迁与天津历史发展（上）［J］. 天津社会科学, 1986 (1)：92-96.

［5］ 高福美. 租界与天津城市现代化进程关系探析 ［J］. 城市, 2008 (12)：72-75.

［6］ 汪寿松. 从历史视角看天津城市竞争力 ［J］. 天津经济, 2007 (8)：44-46.

［7］ 张旭. 浅议天津与北京的发展关系 ［J］. 城市, 1993 (1)：47-50.

［8］ 傅韬. 关于天津经济地位问题的看法 ［J］. 天津经济, 2003 (3)：16-18.

［9］ 杨继绳. 天津经济：80 年代关于指导思想的争论 ［J］. 中国改革, 2004 (7)：
43-44.

［10］ 田国强. 改革开放 30 年回顾：从拨乱反正、市场经济到和谐社会构建 ［J］. 当代
财经, 2008 (12)：5-14.

［11］ 韩万满, 许文建. 关于北京、天津与张家口、承德区域经济一体化发展的探讨
［J］. 经济改革与发展, 1996 (7)：48-50.

［12］ 满维钧. 纪念天津建卫 600 周年天津港口兴起与城市发展溯源 ［J］. 港口经济,
2004 (2)：37-39.

［13］ 刘明哲. 以港兴市建设天津现代物流中心城市 ［J］. 港口经济, 2005 (2)：42-43.

［14］ 王玉明. 港口在天津城市发展中的作用 ［J］. 港口经济, 2008 (9)：43-44.

［15］ 吴良镛. 从京津冀及更大空间范围看天津和滨海新区的战略意义 ［J］. 港口经济,
2005 (5)：5-7.

［16］ 杨义芹. 重塑天津北方金融中心的地位 ［J］. 天津经济, 2005 (4)：50-52.

［17］ 刘继欣. 近代天津金融业在国际贸易中的地位和作用 ［J］. 华北金融, 1989 (2)：
44-47.

［18］ 周立群, 潘宏胜. 国内城市金融体系竞争力的比较研究——以天津为例 ［J］. 天津
社会科学, 2003 (2)：93-98.

［19］ 冯之浚. 关于重塑北方经济中心的若干思考 ［J］. 环渤海经济瞭望, 1995 (5)：
21-25.

［20］郑士贵. 加快天津经济发展重塑北方经济中心［J］. 管理观察，1996（12）：7.

［21］冯之浚. 加快天津经济发展，重塑北方经济中心［J］. 天津社会科学，1996（3）：
5-9.

［22］王爱兰. 天津与国际化港口城市发展进程比较［J］. 天津社会科学，1999（2）：
38-41.

［23］唐家龙. 天津经济发展需要面对的十大关系［J］. 天津经济，2010（8）：25-31.

［24］Dobbs R. Urban World：Mapping the Economic Power of Cities［J］. McKinsey Global
Institute，2011.

［25］唐家龙. 天津——迈向 2025 年的世界城市［J］. 环渤海经济瞭望，2012（5）：
3-6.

［26］李勇. 发挥开放开发的先行优势，推动京津塘科技新干线的建设［J］. 管理评论，
2004，16（10）：3-4.

［27］孟广文. 京津冀区域经济发展与合作研究［J］. 环渤海经济瞭望，2009（6）：1-4.

［28］马海龙. 历史、现状与未来：谈京津冀区域合作［J］. 经济师，2009（5）：16-17.

［29］王红茹. 给北京一条出路"首都经济圈"全解密［J］. 中国经济周刊，2011
（29）：24-31.

［30］陈剩勇，马斌. 区域间政府合作：区域经济一体化的路径选择［J］. 政治学研究，
2004（1）：24-34.

［31］王健，鲍静，刘小康，等. "复合行政"的提出——解决当代中国区域经济一体化
与行政区划冲突的新思路［J］. 中国行政管理，2004（3）：44-48.

［32］马斌. 长三角一体化与区域政府合作机制的构建［J］. 经济前沿，2004（10）：
15-18.

［33］李伟，夏卫红. 城市群府际治理机制：区域经济一体化的路径选择［J］. 天津行政
学院学报，2011，13（5）：85-89.

［34］孙久文，邓慧慧，叶振宇. 京津冀都市圈区域合作与北京的功能定位［J］. 北京社
会科学，2008（6）：19-24.

［35］孙翠兰. 区域经济一体化与京津冀区域经济合作［J］. 环渤海经济瞭望，2007
（3）：18-21.

［36］蒋满元. 京津冀区域经济合作中的问题分析及对策选择［J］. 河北科技大学学报
（社会科学版），2008，8（4）：12-17.

［37］张树建. 人力资本与区域经济协调发展研究［D］. 天津：河北工业大学，2012.

［38］王海稳. 试论京津冀区域经济合作的困境及路径选择［J］. 改革与战略，2008，24
（4）：93-95.

［39］韩士元，唐茂华. 京津冀都市圈一体化发展的合作重点及政府作用［J］. 天津行政
学院学报，2005，7（4）：10-14.

［40］吴良镛，等. 京津冀地区城乡空间发展规划研究三期报告［M］. 北京：清华大学出版社，2013.

［41］彭永芳，谷立霞，朱红伟. 京津冀区域合作与区域经济一体化问题分析［J］. 湖北农业科学，2011，50（15）：3236-3240.

［42］陈红霞，李国平，张丹. 京津冀区域空间格局及其优化整合分析［J］. 城市发展研究，2011，18（11）：74-79.

［43］祝尔娟. 京津冀一体化中的产业升级与整合［J］. 经济地理，2009，29（6）：881-886.

［44］赵黎明，张莉. 京津冀产业一体化动力基础研究［J］. 天津师范大学学报（社会科学版），2011（6）：11-16.

［45］杨连云，石亚碧. 京津冀区域协调发展的战略思考［J］. 河北学刊，2006，26（4）：74-80.

［46］于永达. 京津塘优势技术经济带发展战略［J］. 管理评论，2003，15（8）：14-16.

［47］张云，窦丽琛，高钟庭. "京津冀协同发展：机遇与路径学术研讨会"综述［J］. 经济与管理，2014（2）：95-97.

［48］于刚，鲁红英，陈莹莹. 市场化指数与人均 GDP 关系的实证研究［J］. 沈阳师范大学学报（社会科学版），2008，32（3）：16-18.

［49］康继军，王卫，傅蕴英. 中国各地区市场化进程区位分布的空间效应研究［J］. 统计研究，2009，26（5）：33-40.

［50］刘和旺，王宇锋. 政治资本的收益随市场化进程增加还是减少［J］. 经济学，2010，9（3）：891-908.

［51］张晓晶. 中国市场化进程报告：现状分析与未来预测［J］. 管理世界，2004（3）：5-13.

［52］奥尔森. 权力与繁荣［M］. 苏长和，嵇飞，译. 上海：上海人民出版社，2005.

［53］唐家龙. 京津冀协同发展中的天津优势与对策［J］. 环渤海经济瞭望，2015（3）：3-9.

［54］杨开忠. 京津冀协同发展的探索历程与战略选择［J］. 北京联合大学学报（人文社会科学版），2015，13（4）：27-32.

［55］张可云，蔡之兵. 京津冀协同发展历程、制约因素及未来方向［J］. 河北学刊，2014（6）：101-105.

［56］纪良纲，晓国. 京津冀产业梯度转移与错位发展［J］. 河北学刊，2004，24（6）：198-201.

［57］周立群，邹卫星. 京津冀地区差距、因果累积与经济增长［J］. 天津社会科学，2006，6（6）：73-81.

［58］赵全超，汪波，王举颖. 环渤海经济圈城市群能级梯度分布结构与区域经济发展战

略研究 [J]. 北京交通大学学报（社会科学版），2006，5（2）：28-32.

[59] 孟祥林."三 Q+三 C"发展思路下的"京西城市群"发展对策分析 [J]. 城市，2013（8）：6-14.

[60] 陆大道. 京津冀城市群功能定位及协同发展 [J]. 地理科学进展，2015，34（3）：265-270.

[61] 边丽娜，商钊敏. 京津冀协同发展的制约因素及对策研究——基于河北省视角 [J]. 产业与科技论坛，2014（12）：27-28.

[62] 魏后凯. 推进京津冀协同发展的空间战略选择 [J]. 经济社会体制比较，2016（3）：14-18.

[63] 宋海鸥，王滢. 京津冀协同发展：产业结构调整与大气污染防治 [J]. 中国人口·资源与环境，2016（1）：75-78.

[64] 赵弘. 北京大城市病治理与京津冀协同发展 [J]. 经济与管理，2014，28（3）：5-9.

[65] 孟翠莲，赵阳光，刘明亮. 北京市大城市病治理与京津冀协同发展 [J]. 经济研究参考，2014（72）：21-29.

[66] 王继源，陈璋，胡国良. 京津冀协同发展下北京市人口调控：产业疏解带动人口疏解 [J]. 中国人口·资源与环境，2015（10）：111-117.

[67] 韦文英，孙莉. 京津冀协同背景下的北京治理 [J]. 开放导报，2016（6）：28-32.

[68] 张贵，梁莹，郭婷婷. 京津冀协同发展研究现状与展望 [J]. 城市与环境研究，2015（1）：76-88.

[69] 赵弘，何芬. 京津冀协同发展视角下北京城市空间布局优化研究 [J]. 经济与管理，2017（1）：17-21.

[70] 孙瑜康，李国平. 京津冀协同创新水平评价及提升对策研究 [J]. 地理科学进展，2017，36（1）：78-86.

[71] 叶振宇，叶素云. 京津冀产业转移协作的阶段进展与实现途径 [J]. 河北学刊，2017（3）：139-144.

[72] 韦文英. 京津冀协同发展"马太效应"预警：问题、成因与建议 [J]. 广西社会科学，2017（3）：64-68.

[73]《天津经济》课题组. 京津冀一体化的综述与借鉴 [J]. 天津经济，2014（4）：22-29.

[74] 赵嘉，唐家龙. 美国产业结构演进与现代产业体系发展及其对中国的启示——基于美国 1947—2009 年经济数据的考察 [J]. 科学学与科学技术管理，2012，33（1）：141-147.

[75] 安树伟，肖金成. 京津冀协同发展：北京的"困境"与河北的"角色" [J]. 广东社会科学，2015（4）：5-11.

[76] 步淑段，宁金辉. 改革户籍附加福利是京津冀协同发展的关键 [J]. 经济与管理，2016，30 (1)：9-11.

[77] 罗荣渠. 现代化新论——世界与中国的现代化进程 [M]. 北京：北京大学出版社，1995.

[78] 中国现代化战略研究课题组. 中国现代化报告概要 2001—2007 [M]. 北京：北京大学出版社，2007.

[79] 杨永华. 现代化和经济领域的现代化 [J]. 电子科技大学学报（社科版），2002，4 (1)：31-34.

[80] 陈友华. 现代化指标体系构建及其相关问题 [J]. 社会科学研究，2005 (2)：104-108.

[81] 薄成珍. 中国经济现代化内涵研究述评 [J]. 经济研究导刊，2008 (13)：5-6.

[82] Lewis W A. Economic Development with Unlimited Supplies of Labour [J]. Manchester School，1954，22 (2)：139-191.

[83] 赵寅，张永庆. 现代产业体系理论研究综述 [J]. 经济师，2010 (1)：40-41.

[84] 中国现代化战略研究课题组. 中国现代化报告：2005 [M]. 北京：北京大学出版社，2005.

[85] 向晓梅. 着力构建现代产业体系 [J]. 港口经济，2008 (9)：42.

[86] 张明哲. 现代产业体系的特征与发展趋势研究 [J]. 当代经济管理，2010，32 (1)：42-46.

[87] 张耀辉. 传统产业体系蜕变与现代产业体系形成机制 [J]. 产经评论，2010 (1)：12-20.

[88] 刘吉发. 产业政策学 [M]. 北京：经济管理出版社，2004.

[89] 彭兴庭. 论现代产业体系的构建 [J]. 华北电力大学学报（社会科学版），2009 (5)：11-15.

[90] 李春成，贾彦彦. 基于现代产业体系的科技发展思考 [J]. 第五届全国技术预见学术研讨会暨技术预见与科技规划理论与实践研讨会，2011.

[91] Chang H. Kicking Away the Ladder Development Strategy in Historical Perspective [M]. London：Anthem Press，2002.

[92] 童星，崔效辉. "现代化" 概念及其内涵 [J]. 江苏行政学院学报，2004 (4)：53-58.

[93] 唐家龙. 经济现代化与现代产业体系的内涵与特征 [J]. 天津经济，2011 (5)：14-17.

[94] BEA. Industry Economic Accounts [EB/OL]. http://www.bea.gov/industry/gdpbyind_data.htm, 2010-08-31.

[95] 李悦. 产业经济学 [M]. 3 版. 北京：中国人民大学出版社，2008.

［96］范·杜因. 经济长波与创新［M］. 刘守英, 罗靖, 译. 上海: 上海译文出版社, 1993.

［97］陈佳贵, 黄群慧. 工业发展、国情变化与经济现代化战略——中国成为工业大国的国情分析［J］. 中国社会科学, 2005（4）: 4-16.

［98］臧旭恒, 杨蕙馨, 徐向艺. 产业经济学［M］. 北京: 经济科学出版社, 2002.

［99］胡鞍钢. 未来经济增长取决于全要素生产率提高［J］. 政策, 2003（1）: 31-32.

［100］李京文. 中国生产率分析前沿［M］. 北京: 社会科学文献出版社, 1998.

［101］王小鲁. 中国经济增长的可持续性与制度变革［J］. 经济研究, 2000（7）: 3-15.

［102］World Bank. China 2020: development challenges in the new century［M］. Washington D C: World Bank, 1997.

［103］郑京海, 胡鞍钢. 中国改革时期省际生产率增长变化的实证分析（1979—2001年）［J］. 经济学（季刊）, 2005, 4（1）: 263-296.

［104］Wu Y. Has Productivity Contributed to China's Growth?［J］. Pacific Economic Review, 2010（1）: 15-30.

［105］Wu Y. Is China's economic growth sustainable? A productivity analysis［J］. China Economic Review, 2002, 11（3）: 278-296.

［106］林毅夫, 刘培林. 经济发展战略对劳均资本积累和技术进步的影响——基于中国经验的实证研究［J］. 中国社会科学, 2003（4）: 18-32.

［107］王兵, 颜鹏飞. 中国的生产率与效率: 1952—2000——基于时间序列的 DEA 分析［J］. 数量经济技术经济研究, 2006（8）: 22-30.

［108］Fare R, Grosskopf S, Norris M, et al. Productivity Growth, Technical Progress, and Efficiency Change in Industrialized Countries［J］. American Economic Review, American Economic Association, 1994, 84（1）: 66-83.

［109］杨向阳, 徐翔. 中国服务业全要素生产率增长的实证分析［J］. 经济学家, 2006（3）: 68-76.

［110］孙琳琳, 任若恩. 资本投入测量综述［J］. 经济学（季刊）, 2005, 4（4）: 823-842.

［111］张军, 吴桂英, 张吉鹏. 中国省际物质资本存量估算: 1952—2000［J］. 经济研究, 2004（10）: 35-44.

［112］Solow R M. Technical Change and the Aggregate Production Function［J］. Review of Economics & Statistics, 1957, 39（3）: 554-562.

［113］蔡昉, 都阳. 中国地区经济增长的趋同与差异——对西部开发战略的启示［J］. 经济研究, 2000（10）: 30-37.

［114］张焕明. 扩展的 Solow 模型的应用——我国经济增长的地区性差异与趋同［J］. 经济学（季刊）, 2004, 3（2）: 605-618.

[115] 张培刚. 农业与工业化 [M]. 武汉：华中工学院出版社，1984.

[116] 李建民. 人力资本通论 [M]. 上海：上海三联书店，1999.

[117] 陈伟. 新指数、新思维、新趋势——世界经济论坛新的全球竞争力指数简介 [J]. 经济研究参考，2005（82）：15-27.

[118] Huggins R，et al. World Knowledge Competitiveness Index 2005 [J]. World Knowledge Competitiveness Index，2005.

[119] 姚国琴. 知识竞争力与世界知识经济格局 [J]. 学习论坛，2002（6）：35-37.

[120] 李建民. 人力资本投资与西部地区大开发 [J]. 人口与计划生育，2000（4）：10-13.

[121] Porter M E，Schwab K，Eds L C. The Global Competitiveness Report 2005—2006 [J]. World Economic Forum，2005，15（1）：16.

[122] 王通讯. 人才成长的八大规律 [J]. 决策与信息，2006（5）：15-16.

[123] 李祖超，李蔚然，王天娥. 24 位国家最高科学技术奖获得者成才因素分析 [J]. 教育研究，2014（12）：61-71.

[124] 李建民. 论人力资本的社会功能 [J]. 广东社会科学，2003（5）：18-26.

[125] 栾海霞，林玳玳. 薪酬管理中的公平性原则探析 [J]. 现代管理科学，2005（7）：30-31.

[126] 邰美秋. 薪酬的内部公平 [J]. 企业改革与管理，2003（12）：40-41.

[127] Cowell F A. Measurement of inequality [J]. Lse Research Online Documents on Economics，2000，1（3）：87-166.

[128] Kahneman D，Krueger A B，Schkade D A，et al. A Survey Method for Characterizing Daily Life Experience：The Day Reconstruction Method [J]. Science，2004，306（5702）：1776-1780.

[129] 孔令锋，黄乾. 人力资本价值、外部性与产权 [J]. 中南财经政法大学学报，2004（2）：3-9.

[130] 张瑞玲，丁韫聪. 知识型员工激励机制研究综述 [J]. 经济与社会发展，2005，3（11）：98-100.

[131] 伊兰伯格，史密斯. 现代劳动经济学：理论与公共政策 [M]. 6 版. 北京：中国人民大学出版社，2000.

# 致　谢

本书的完成得到了许多的帮助。

感谢我原来的工作单位——天津市科学学研究所。后面这段话与我在2013年出版第一本书时致谢的内容相同，这一点我仍然坚持："我之所以能够坚持完成本书的研究和出版，得益于工作单位天津市科学学研究所宽松的学术氛围和领导同事的支持。李春成所长大气、开明、宽厚，对我的工作和学习给予了最大限度的支持，对科技战略与政策研究把握深刻，认识到位，思路清晰，让我在工作的困惑乃至迷茫中不至于迷失方向。他也让我相信，走学术正道，走人生正道，依然可以有出路，而且可以有作为。也感谢单位同事对我工作的大力支持和帮助。"

感谢天津工业大学，感谢天津工业大学经济学院，感谢天津工业大学人文社会科学高等研究院。感谢学校领导和学院领导给予了大力的支持和帮助，给了我良好的工作环境。

感谢国家软科学计划项目、天津市科技战略研究计划项目、天津市重点调研课题、天津市人才工作重点调研课题等一系列项目的前期资助和支持，感谢天津市科技战略研究计划项目《天津市科技人才发展五年（2016—2020年）规划实施方案研究》（项目编号：16ZLZLDZF00240）对项目出版的资助。

感谢知识产权出版社编辑黄清明、韩冰老师的专业支持和热情帮助。

感谢父母、妻子和女儿。

感谢神奇的命运。24年前，我离开重庆丘陵地带老家的小村落，来到了我原本不知所在的南开大学的所在城市——天津。从起伏的巴蜀之地到平坦的津沽大地，从懵懂的学子到如今的依然有惑之年，我很难想象命运的神奇，却又不得不感叹它的奇妙。我从来没有想过自己会进入科技战略决策咨询这个行当，从来没有想过会进入一家科研事业单位从事科技战略研究，而且一干就是十五六年，直到 2017 年选择进入高校工作才离开。

谨以此书作为我过去工作的总结和记忆，也作为我高校教学科研生涯的新的开端。

这是我的感谢，无问西东，希望天津越来越美好。

唐家龙

2018 年 3 月 19 日